BLUME

jardinería práctica

HORTALIZAS, FRUTAS Y PLANTAS COMESTIBLES

...ería práctica

HORTALIZAS, FRUTAS Y PLANTAS COMESTIBLES

LUCY PEEL

BLUME

Título original:
Kitchen Garden

**Traducción y revisión científica y técnica
de la edición en lengua española:**
José Manuel Blanco Moreno
Departamento de Botánica
Facultad de Biología
Universidad de Barcelona

Coordinación de la edición en lengua española:
Cristina Rodríguez Fischer

Primera edición en lengua española 2005

© 2005 Naturart, S.A. Editado por Blume
Av. Mare de Déu de Lorda, 20 - 08034 Barcelona
Tel. 93 205 40 00 Fax 93 205 14 41
E-mail: info@blume.net
© 2003 HarperCollinsPublishers, Londres

I.S.B.N.: 84-8076-565-8
Depósito legal: B. 10.530-2005
Impreso en Filabo, S.A., Sant Joan Despí (Barcelona)

CONSULTE EL CATÁLOGO DE PUBLICACIONES ON-LINE,
INTERNET: HTTP://WWW.BLUME.NET

Contenido

Introducción

¿Por qué los huertos resultan tan atractivos? ¿Será quizás debido a que en el fondo aún somos seres primitivos siempre en busca de alimento, lo que hace que un pedazo de tierra atestado de hierbas, frutas y hortalizas sea tan agradable a la vista? ¿O quizás es la calma que transmite el sentido del orden de un huerto lo que atrae? Sea lo que fuere, hay poca gente que pueda decir, con el corazón en la mano, que no se deleita con la visión de un huerto bien planificado y surtido.

En el pasado, el cultivo de plantas era fruto, principalmente, de la necesidad. Los creadores de huertos en casas de campo no pretendían crear una obra de arte. Su trabajo era la respuesta a la necesidad. Que estas creaciones fueran bellas además de productivas era, en gran parte, algo accidental.

Asimismo, los monjes de los monasterios medievales que laboraban sus parcelas, donde crecían hierbas, frutas y hortalizas, tenían por objetivo la producción de medicinas para tratar a los enfermos y alimentos para los pobres, así como para la comunidad religiosa. El diseño de sus huertos, que hoy se considera tan atractivo, resultaba de la necesidad de optimizar el uso del espacio disponible; así pues, era bello como resultado de un propósito meramente práctico.

Actualmente la horticultura doméstica está impulsada por una fuerza completamente diferente. Ya no es necesario cultivar frutas, hierbas y verduras –apenas se da escasez en estos

Cherry «Morello»

Judía enana «Purple Queen»

productos, y muchos de ellos son relativamente baratos–. Toda la comida que se pueda desear está esperando a ser entregada a domicilio con un solo clic del ratón.

Sin embargo, resulta un placer hacer crecer algo en el jardín, lo que produce la emoción de la cosecha, ya que así se puede disfrutar de alimentos frescos, plenos de aroma y vitaminas y, fundamentalmente, libres de la miríada de sustancias químicas que con frecuencia plagan los alimentos del supermercado. En esencia: uno desea saber qué come.

Con esta idea *in mente*, cobra un sentido especial seguir un camino holista, orgánico en la conversión del jardín en huerto. Obviamente, es una decisión personal, si bien resulta un tanto frustrante esforzarse en un huerto sólo para tratar sus frutos de la misma manera que lo haría un productor comercial.

No se puede pretender que el cuidado del huerto sea una tarea que no requiera esfuerzo alguno. Un huerto implica mucho trabajo duro, desde la planificación y la preparación hasta la siembra y el mantenimiento. Sin embargo, son tan grandes las recompensas y las satisfacciones que todo el esfuerzo es compensado con creces. No hay nada tan grato como recoger el producto propio y llevarlo, triunfalmente, a la mesa. Pruébelo y verá.

Cómo utilizar este libro

Este libro está dividido en tres partes. Los capítulos introductorios le guiarán en todas las áreas de la práctica de la horticultura, desde la evaluación del terreno, los cuidados generales y la poda, hasta la cosecha, el almacenaje y la congelación. Sigue una extensa guía de más de 150 de las hortalizas, frutas y hierbas más comúnmente disponibles, ordenadas por categorías. Se incluyen los frutos y vegetales más gustosos y versátiles, y abarca una variada gama de estilos de cultivo y usos. También incluye detalles sobre las variedades miniatura de muchas plantas. La sección final del libro cubre los problemas de las plantas, con soluciones para diagnosticar las causas probables de cualquier problema, y un extenso catálogo de plagas y enfermedades que ofrecen consejos sobre cómo combatirlas.

descripciones detalladas, con consejos específicos sobre el cuidado de cada planta, incluidas fechas de siembra, enfermedades y plagas

cuadros de cuidados que en un vistazo proporcionan un resumen sobre las necesidades específicas de cada cultivo (nota: cuando aparece más de un vegetal o fruto en la página, el cuadro hace referencia a ambos).

indicador alfabético en el margen de la página que indica la categoría de la planta que se trata y le ayudan a moverse con facilidad a través de los contenidos

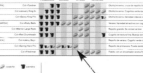
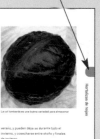

cuadros de cultivos miniatura que ofrecen recomendaciones útiles sobre las mejores variedades enanas disponibles de la planta en cuestión, si éstas existen

una leyenda al pie de página explica qué significa cada símbolo

tablas de variedades listan las variedades recomendadas para cada género de hortalizas y frutas, o la mejor especie en su caso. Estas tablas exponen la información fundamental para ayudarle en la elección de su planta ideal:

- cuándo sembrar o cultivar la planta durante el año
- cuándo realizar el trasplante
- cuándo cosechar las hortalizas o los frutos
- períodos en los que es posible realizar segundas siembras o cosechas
- comentarios adicionales

(Nota: cuando aparece más de una planta en la página, en la tabla se enumeran las variedades para todas ellas)

Evaluación del huerto

El momento de la planificación es absolutamente vital. La medida, el análisis y el diseño son las claves del éxito, por lo que no es ninguna pérdida de tiempo invertir sus esfuerzos en esta fase.

Elección del lugar

El éxito que se consiga con el huerto estará determinado, en parte, por su posición y por el estado del suelo. El lugar ideal para un huerto será una zona soleada y protegida a la vez, con un buen drenaje y con un suelo ligero, neutro o un poco ácido. Además, deberá contar con un fácil acceso a una fuente de agua y, si fuera posible, a un invernadero, un lugar para un montón de abono y un cobertizo para las herramientas.

Si el terreno disponible es demasiado pequeño como para poder escoger la parcela que se dedicará al huerto, entonces el problema radica en mejorar lo que se tiene. Es asombroso lo que se puede conseguir con una pantalla contra el viento bien situada, una poda para permitir el paso del sol y un laboreo en profundidad junto con el acondicionamiento del suelo. ¿Por qué no hace crecer sus frutos, hortalizas y hierbas entre los parterres o en recipientes?

Debe utilizar estructuras verticales que hay en el jardín –vallas y paredes– a modo de soporte para plantas trepadoras, como tomates o judías, y para los árboles frutales. Además de ser

decorativas, las paredes y las vallas retienen el calor, de modo que son ideales para árboles amantes del calor.

No debe preocuparle si el terreno no está nivelado. Si la pendiente es muy pronunciada, la solución radica en escalonar el terreno creando pequeñas terrazas planas; si esto es difícil, se deben hacer los caballones de través, en vez de a lo largo de la pendiente.

SÍMBOLOS

Este símbolo indica la parte más sombreada del terreno, que suele ser allá donde un árbol o un edificio proyecta su sombra.

La línea amarilla denota la zona soleada del jardín. En un lado el sol incidirá durante la mañana, mientras en el otro lo hará durante la tarde.

Esta flecha azul señala la dirección del viento. En este caso, el viento corre de un extremo al otro del terreno.

Esta flecha verde indica la variación del nivel del suelo del jardín. En este caso, el jardín presenta una inclinación suave de un extremo al otro.

un invernadero es un elemento esencial si pretende cultivar hortalizas o frutas durante el invierno

puede considerar eliminar un arbusto grande como éste para crear espacio para nuevos cultivos

puede reemplazar una valla como ésta por un seto natural o una pantalla de malla

un área sombreada bajo un árbol es la localización ideal para una pila de abono

este jardín drena naturalmente en la dirección de la flecha

en este caso, la mayor parte del jardín está soleada durante casi todo el día

puede ser necesaria la instalación de una pantalla para proteger a los cultivos de los vientos

Trabajar el suelo

Una vez elegido el lugar adecuado para el huerto y tomadas las decisiones oportunas sobre los elementos más difíciles de ajardinar, es el momento de ocuparse del suelo.

La calidad del suelo será un factor decisivo para el éxito del huerto. Si el suelo es pobre, los esfuerzos que se destinen a la siembra, el riego, el desherbado, el tratamiento de plagas y enfermedades, sólo serán una pérdida de tiempo. Los cultivos necesitan alimentarse –y el suelo es su única fuente de alimento, fuerza, salud y generosidad.

Así pues, es preciso aprender a entender el suelo. A un nivel muy básico, es necesario conocer sus características físicas –es decir, el tipo de suelo o su textura, si es un suelo pesado, como la arcilla, o un suelo ligero, como la arena o las margas– y sus características químicas –si es ácido, alcalino o neutro.

Es importante conocer las características físicas por dos razones. Primero, porque dan una idea de con qué facilidad deberá trabajarse y cuánto esfuerzo será preciso invertir en cavarlo. Si el suelo es ligero y arenoso será, obviamente, mucho más fácil trabajarlo que si es arcilloso, pesado y forma grandes terrones. Segundo, porque la textura del suelo tiene una importancia fundamental en las cualidades de drenaje, y el tipo de suelo indica cuán fértil puede ser.

Tipos de suelo

Existe una sorprendente cantidad de tipos diferentes de suelos, pero todos contienen partículas de arena, limo y arcilla, y son las proporciones de estas partículas las que determinan la textura del suelo. Pueden distinguirse suelos arenosos, arcillosos, margosos, calizos, turbosos y limosos, y combinaciones de estos tipos principales. Todos tienen sus ventajas y sus inconvenientes.

Una manera simple de saber qué tipo de suelo se tiene consiste en tomar un puñado de suelo húmedo, frotarlo entre los dedos y apreciar sus características. Si se nota seco y con granos y se escurre entre los dedos, es un suelo arenoso. Si mancha las manos y puede ser moldeado en forma de bola, entonces es arcilla.

La arcilla resulta pegajosa cuando está húmeda, y dura en estado seco, por lo que se dice que es un suelo pesado, pues laborarla es literalmente un trabajo muy duro. Estas características hacen que la arcilla requiera un trabajo intenso en el momento de cavar y que drene muy lentamente. Por otra parte, con frecuencia la arcilla contiene muchos nutrientes, pero las plantas se ven impedidas por la dificultad para establecer sus raíces, que son vitales para la absorción de los nutrientes. A fin de mejorar la textura de un suelo arcilloso será necesario incorporar una cantidad importante de grava o aportes de materia orgánica tales como corteza picada u hojas trituradas, que ayudan a abrir y airear el suelo.

Los suelos ligeros o arenosos necesitan riego frecuente y un aporte regular de materia orgánica debido a que drenan muy rápidamente, de manera que los nutrientes se pierden con facilidad con la lluvia. Sin embargo, presentan ciertas ventajas: estos suelos se calientan enseguida, lo que es ideal para cultivos tempranos, y por su ligereza, la incorporación de materia orgánica no representa un trabajo muy duro.

Los suelos calizos y margosos tienden a ser alcalinos y, en general, también presentan un buen drenaje, aunque frecuentemente resultan pastosos tras la lluvia. Suelen ser suelos bastante superficiales, poco profundos; esto, junto con la facilidad con la que drenan el agua, hace que resulten pobres en cuanto a retención de nutrientes, así que acostumbran a necesitar aportes constantes de materia orgánica y abono.

El suelo turboso está formado por tanta materia orgánica en proporción a los otros componentes que suele ser un suelo húmedo y ácido. Sin embargo, si uno se esmera bastante en la mejora de la estructura y el abonado de un suelo turboso, podrá conseguir un crecimiento excelente del cultivo.

El suelo favorito de cualquier hortelano es un suelo de textura franca, con un equilibrio ideal de la proporción de arena y arcilla, en una posición intermedia entre los suelos arenosos y los arcillosos. Se trata de un suelo ni muy ligero ni muy pesado, de manera que resulta fácil de trabajar sin correr el riesgo de que pueda encharcarse o resultar demasiado seco. Suele ser profundo y fértil, con una buena retención de los nutrientes si se hace un aporte saludable de humus (la materia vegetal descompuesta que mantiene el suelo bien drenado y ligero).

EL SUELO

El abanico de «suelos» y enmiendas disponibles es enorme. En términos generales, use mezclas con suelo para plantas perennes y mezclas sin suelo para montajes de temporada. Las enmiendas incluyen la grava para el drenaje, o harinas de sangre, pescado y huesos –así como la materia orgánica– para proveer los nutrientes necesarios.

Mezcla con suelo para recipientes

Mezcla sin suelo para macetas

Mezcla para contenedores –abono multipropósito

Enmienda de harinas de sangre, pescado y huesos

Enmienda de materia orgánica

Enmienda de grava

Composición química

Una vez averiguado el tipo de suelo con el que se está trabajando, se necesita saber su composición química, si es ácido, alcalino o neutro. Este punto es importante, ya que la mayoría de los vegetales prefieren un suelo neutro. Ciertos tipos de suelo son casi invariablemente de un tipo químico particular, por ejemplo, la turba es ácida, mientras que las margas y las calizas tienden a ser alcalinas; sin embargo, los suelos arenosos y los arcillosos pueden ser de ambos tipos.

El grado de acidez de un suelo se mide en la escala del pH, en la cual, valores bajos inferiores a pH 7 indican un pH ácido; cualquier valor superior a pH 7, un pH alcalino, y un valor neutro es cercano a pH 7.

Averiguar el pH del suelo es algo muy sencillo, pues existen equipos indicadores del pH del suelo que pueden adquirirse en cualquier centro de jardinería o vivero especializado. El equipo indicador muestra los diferentes niveles de pH en un lateral del recipiente, identificados con diferentes colores. Se introduce una pequeña muestra del suelo del huerto en el recipiente y se agita. La lectura de pH se consigue al identificar el color obtenido en la escala de color del recipiente [A].

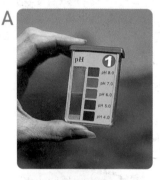

A

Otros equipos indicadores de pH pueden indicar en términos más generales si el suelo es ácido, alcalino o neutro. Una muestra se introduce en un pequeño tubo, se agita y el color que toma se compara con un gráfico de color que muestra los diversos grados de acidez o alcalinidad del suelo [B].

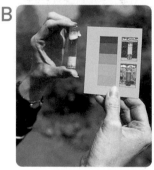

B

Para medidas mucho más precisas, existen aparatos con una sonda que se introduce en el suelo para obtener una lectura del pH.

Los acolchados de lascas van bien pero pueden reducir el nitrógeno

Enmiendas

Aunque no sea posible cambiar completamente el tipo de suelo del jardín y se tenga que vivir con él, hasta cierto punto sí se puede alterar de forma temporal su pH (por ejemplo, añadiendo caliza), alimentarlo y mejorar su estructura. El propósito es acabar teniendo un suelo rico en humus, con una cubierta de tierra fina y suave.

Incluso en el caso de que su suelo sea neutro y fértil, necesitará un cierto aporte de materia orgánica para poder mantenerse así. Las plantas crecerán bien en este tipo de suelo durante el primer año, pero al mismo tiempo absorberán y sustraerán los nutrientes del suelo. El suelo deberá ser continuamente repuesto si se quiere continuar obteniendo buenas cosechas.

La gama de abonos y fertilizantes disponibles para la mejora y la nutrición del suelo es enorme, y puede resultar desconcertante decidir cuál es el mejor para la parcela y para el cultivo.

La primera cosa que se debe tener en cuenta es que los fertilizantes se dividen en dos grupos. Los orgánicos se obtienen a partir de fuentes animales o vegetales, mientras que los inorgánicos se producen a partir de minerales o compuestos químicos. Los orgánicos suelen ser granulados y de acción relativamente lenta, mientras que los inorgánicos o químicos proveen rápidamente los nutrientes, que son de absorción fácil. Sin embargo, los fertilizantes químicos no mejoran nada el gusto de los cultivos y, a largo plazo, significan más trabajo, pues rompen el equilibrio natural del suelo. Como en todos los tipos de cultivo, no existe ninguna solución rápida.

Compost y estiércol El compost hecho a partir de residuos orgánicos domésticos o del jardín (*véanse* págs. 31-33 para las instrucciones sobre cómo hacerlo), el estiércol de caballos, vacas o aves de corral o el compost de champiñones son valiosísimas fuentes de nutrientes. Se debe comprobar que el estiércol está maduro (bien descompuesto) antes de incorporarlo al suelo, ya que el fresco quema las plantas que toca. Se debe evitar el uso de compost basado en turba, ya que la extracción masiva de turba está destruyendo rápidamente ciertos humedales, que constituyen el hábitat irreemplazable de numerosas especies de animales y plantas. En vez de éstos, se pueden utilizar algunos sustitutos disponibles en el mercado, como la fibra de coco, que resultan igualmente efectivos para airear el suelo, mejorar su estructura y ayudar en la retención de agua.

Fertilizantes orgánicos concentrados Las harinas de sangre, pescado, cuerno, pezuñas, hueso y algas marinas son fertilizantes orgánicos concentrados que liberan lentamente los nutrientes a medida que se descomponen en el suelo. Son fáciles de manipular y aplicar, pero resultan bastante caros y de acción lenta.

Abono verde Una alternativa atractiva e igualmente eficaz al compost tradicional es el abono verde. Este método utiliza plantas vivas, tales como el trébol híbrido, la consuelda y los altramuces, que se cultivan con el único propósito de ser labradas e incorporadas al suelo para acondicionarlo. El abono verde funciona especialmente bien en suelos ligeros arenosos

Un montón de compost bien descompuesto es esencial para cualquier huerto

El mantillo de hojas es una fuente inapreciable de nutrientes para el suelo

y suelos arcillosos pesados, y presenta la ventaja de que ahorra los esfuerzos de recoger, voltear y esparcir el compost hecho en casa. Una desventaja de este método es que el suelo no se puede aprovechar para el cultivo de otras plantas mientras se tiene el cultivo de cobertera.

Fertilizantes químicos Este tipo de fertilizantes existe en formas sólidas y líquidas. Pueden incorporarse mediante el riego y alimentan los árboles y las hortalizas, de manera que facilitan un crecimiento instantáneo. La desventaja es que, al contrario que los fertilizantes naturales, no mejoran el suelo, y en general son lavados y eliminados por la lluvia. Los fertilizantes de aplicación foliar son similares: se pulverizan sobre la planta directamente en vez de aplicarse al suelo; así pues, son más adecuados para el cultivo en invernadero o en maceteros.

Planificación del huerto

Una vez que haya decidido dónde va a situar su huerto y se haya familiarizado con las condiciones de crecimiento y las características del suelo, el siguiente paso consiste en diseñar el trazado, decidir qué desea cultivar y diseñar un esquema de plantación teniendo en cuenta la rotación de cultivos y la progresión de siembra (*véase* pág. 22 para más detalles).

Diseño de la parcela

Diseños de arriates

Siempre es deseable mantener el diseño más sencillo posible. El objetivo es que el huerto resulte atractivo al mismo tiempo que optimice el espacio disponible (*véase* ilustración inferior).

Una parcela cuadrada, por ejemplo, resulta ideal dividida en cuatro arriates cuadrados, o triangulares, con los caminos de acceso en forma de cruz. Una parcela circular con tres o cuatro arriates en forma de cuña

constituye un diseño especialmente eficaz, pues el espacio alrededor del borde exterior puede usarse para los árboles, siempre que se tenga en cuenta que conviene plantar los árboles más altos allá donde no puedan hacer sombra a los otros cultivos.

Existen diversas razones para dividir un huerto en arriates más pequeños. La primera es la accesibilidad. Como es fácil estropear la estructura del suelo si se pisa en exceso, restringir los arriates a una medida razonable –por ejemplo un máximo de 1,5 m– asegura que el suelo se pise lo menos posible, de manera que se reduce el riesgo de compactación. Asimismo, es más fácil manejar tres o cuatro arriates pequeños que uno grande. Psicológicamente nunca se debe subestimar el hecho de tener un arriate del todo desherbado, en vez de haber desherbado parcialmente uno grande. Y, por último, así es más fácil controlar el plan de rotación de cultivos, sobre todo si el número de arriates coincide con el de años del plan de rotación (*véase* pág. 22).

Los números en rojo se refieren a la rotación de cultivos (véase pág. 22)

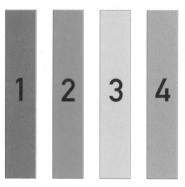

Diseños de arriates de hortalizas

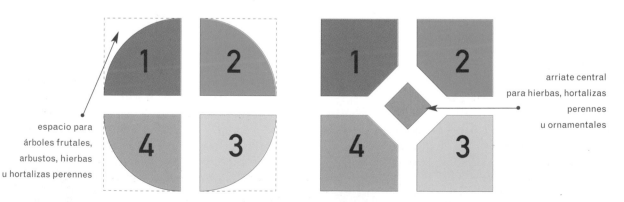

espacio para árboles frutales, arbustos, hierbas u hortalizas perennes

arriate central para hierbas, hortalizas perennes u ornamentales

Plantas «permanentes»

Durante el diseño se debe cuidar especialmente dónde se van a situar las plantas movibles y las inamovibles. Sólo las plantas anuales se rotan, de modo que las hierbas y las hortalizas perennes, tales como el ruibarbo, el espárrago y las alcachofas, requieren posiciones permanentes. De la misma manera, los árboles y arbustos frutales serán de instalación fija en el diseño.

En el momento de decidir dónde se van a situar estas plantas perennes se deberá tener en cuenta, sobre todo, la altura que puedan alcanzar y si pueden llegar a ser muy tupidas, ya que esto determinará la sombra que proyectarán. Por ejemplo, en un diseño con cuatro arriates, tres de ellos pueden utilizarse en la siembra de hortalizas, mientras que el cuarto puede reservarse para las perennes y las hierbas; o mejor aún, reservar el espacio alrededor de los arriates de manera que no sombreen las hortalizas anuales.

Construcción de la parcela

Una vez diseñado el huerto, se debe decidir qué elementos se van a necesitar y cómo van a construirse –concretamente, tipos de vallado y pantallas, caminos y márgenes, así como los sistemas de drenaje y de riego.

Arriates elevados

Los arriates de siembra pueden estar justo a nivel del suelo o elevados mediante un margen especialmente diseñado para sostener la tierra. Los arriates elevados pueden ser de cualquier altura o longitud, pero tienen que resultar lo bastante estrechos como para que las plantas se puedan alcanzar y cuidar sin necesidad de caminar sobre el arriate. Esto implica que el suelo no corre ningún riesgo de compactación y que su estructura no se ve perjudicada. Asimismo, y ya que no hay que dejar espacio entre las hileras para acceder, el cultivo se puede sembrar más junto que de ordinario, de manera que se incrementa la producción al tiempo que se reduce el crecimiento de malas hierbas. Los arriates de 1,3 m de anchura son ideales.

Los arriates deben estar correctamente construidos. Los bordes deben ser suficientemente resistentes como para retener el peso de la tierra en el arriate y lo bastante altos como para permitir un incremento del nivel del suelo a medida que se añade compost o estiércol cada año. La construcción más simple de un borde consiste en tablones sujetos mediante estacas hundidas en el suelo, aunque se pueden hacer bordes de obra, más duraderos.

Para elevar el nivel del suelo, primero hay que retirar el suelo de las capas superiores de las zonas colindantes y situarlo sobre el arriate; luego se debe mezclar con grandes cantidades de materia orgánica –unos 6 kg por metro cuadrado esponjarán bien el suelo–. Si los arriates están convenientemente preparados, durante años sólo necesitarán poco más que un sachado ligero y esparcir un poco de fertilizante.

Pantallas y cercados

En el momento de decidirse sobre la pantalla que va a colocar es primordial tener en mente que los setos y las vallas laxamente entretejidas son más efectivas que las barreras sólidas, aunque duran menos. Esto se debe a que las barreras permeables, tales como las de mimbre o las vallas de haces de avellano, filtran el viento, con lo que reducen su intensidad, mientras que las barreras sólidas lo intensifican, ya que crean pequeños remolinos devastadores en el otro lado.

Si se decide por plantar un seto, hay que asegurar cierta distancia hasta los arriates para evitar que éste produzca demasiada sombra sobre el cultivo o compita con éste por los nutrientes del suelo. Las pantallas de plástico resultan muy efectivas como protección temporal mientras el seto consigue establecerse.

Caminos y márgenes

Los caminos son importantes en tanto que aseguran el acceso a los arriates. Deben ser de un mínimo de unos 90 cm de anchura para permitir el acceso de una carretilla, y lo suficientemente fuertes como para resistir el pisoteo constante de las pesadas botas. Un elemento esencial es el uso de un material duradero y resistente a los elementos –los caminos de césped muestran un aspecto maravilloso siempre que no llueva y se vuelvan un fangal–. Además, deben ser elementos que prácticamente no

Ejemplo del diseño de un huerto

un invernadero es un elemento esencial para las plántulas, frutos delicados y el cultivo durante el invierno

haga crecer los frutales contra las paredes o las vallas en forma de abanico o de palmeta regular

una cajonera ofrece una protección muy útil para los arbustos con bayas contra los pájaros hambrientos

incluya arriates separados para el cultivo de perennes y frutos de arriate, como las fresas

facilite cañas u otros soportes a las plantas trepadoras (por ejemplo, judías)

planifique una rotación para las parcelas con hortalizas y reserve el centro para las hierbas

una pantalla hecha de avellano entretejido protegerá las plantas a la vez que permitirá el paso del aire

mantenga el montón del compost en un lugar fresco y protegido –por ejemplo, bajo la sombra de un árbol

necesiten mantenimiento, de manera que no se tenga que malgastar un hermoso tiempo en desherbar los caminos, además del huerto.

Es mejor que se eviten materiales orgánicos tales como las lascas de corteza o la paja; resulta mejor un pavimento duro como los bloques de hormigón, grava gruesa, piedra o losas de cerámica. El hormigón es quizás el material más adecuado, aunque el menos estético. Colocadas sobre un lecho de arena en un patrón en espina de pescado, las losas ofrecen un aspecto decorativo, además de ser muy prácticas y resistentes. La alternativa más sencilla consiste en poner grava sobre una lámina de plástico para evitar el crecimiento de maleza. La capa de grava debe ser suficientemente profunda, aunque no tanto como para dificultar el empuje de una carretilla.

Los márgenes ayudan a contener el suelo y proporcionan una separación visual entre el camino y el arriate. Una popular y atractiva forma de margen se consigue mediante ladrillos colocados de lado para crear un efecto como el de las almenas. Entre otros materiales populares para realizar los márgenes se cuentan los haces de mimbre, un tejido bajo de ramas de avellano o el boj que, en un margen muy bajo, resulta muy popular, aunque acaba siendo un nido de limacos y caracoles.

Drenaje

Resulta casi imposible cultivar frutales y hortalizas en un suelo anegado, de manera que es fundamental para el buen funcionamiento del huerto establecer un sistema de drenaje en las fases iniciales de la planificación. La rectificación posterior puede ser difícil y costosa.

En áreas con suelo pesado será necesario hacer una zanja de drenaje para eliminar el exceso de agua, es decir, una zanja abierta de 1 m de profundidad con las paredes inclinadas y rellenada con grava. Sin embargo, la mejor manera de asegurar un drenaje adecuado para el huerto es evitar instalarlo en aquellas zonas que se encharquen. Simplemente, la observación del jardín y de las depresiones, para poder entender por dónde se produce la escorrentía, puede ser suficiente para evitar zonas problemáticas.

Las losas de cerámica crean un elegante camino a los arriates

Sistemas de riego

Mientras que el drenaje es un problema puntual, el riego constituye una preocupación permanente, y más en determinadas épocas del año, en que será una tarea diaria. Durante los períodos cálidos y secos, las plantas con raíces superficiales, como las hortalizas de ensalada, se agostarán y se espigarán rápidamente, a no ser que se las mantenga bien irrigadas. Así pues, no tener una fuente de riego al alcance puede hacer imposible la vida del hortelano.

Los bidones para recoger el agua de lluvia que se escurre por el tejado de la casa o del invernadero son extremadamente útiles, ya que el agua de lluvia es mucho mejor para las plantas que el agua corriente, además de prevenir las restricciones de agua durante los períodos de sequía. Asimismo, el agua de lluvia contiene menos sales que el agua corriente, y si está a temperatura ambiente, es más beneficiosa para las plantas. Sin embargo, es poco probable que el agua de lluvia recogida pueda cubrir todas las necesidades del huerto. Si uno se toma en serio el cultivo de frutas y hortalizas, es muy útil disponer de un sistema automático de riego.

Existen diferentes sistemas en el mercado en un amplio abanico de precios: el más simple es el riego gota a gota, que proporciona un suministro constante de pequeñas cantidades de agua. Los aspersores automáticos, conectados a un temporizador, dan a las plantas, además, un buen remojón, aunque el riego por goteo es más flexible y a la vez uno de los sistemas más eficaces.

Qué cultivar

Lo que decida cultivar en su huerto dependerá en buena parte del tipo de suelo que tenga, así como del espacio disponible. Pero además de pensar qué podrá cultivarse mejor, piense en qué está realmente interesado, pues tiene poco interés tener una cosecha abundante de algo que no apetece comer.

Es recomendable fijarse en aquellos productos que resultan caros o difíciles de encontrar en el mercado. O en los que tienden a ser desabridos en las tiendas. Por ejemplo, los tomates del mercado no muestran ni una pizca del aroma de los que se han cultivado en casa. Asimismo, se debe considerar cuáles son los cultivos que más rinden, cuáles tienen un aspecto apetitoso y aquellos que necesitan una inversión de tiempo considerable. Si el tiempo que se puede dedicar al huerto es escaso, entonces es mejor olvidarse de cualquier producto que exija cuidados constantes.

Hay ciertos productos que todos los huertos, por pequeños que sean, deberían tener. Las hojas para una ensalada o las hierbas acabadas de cosechar tienen un aroma irreemplazable; y las patatas nuevas, recién recogidas, poseen un sabor intenso, imposible de igualar por las que se adquieren en un mercado.

Plantación atractiva

En un huerto pequeño, especialmente, cualquier producto que se plante debe ganarse su sitio. No existe ninguna razón por la que las frutas y las hortalizas no deban ser decorativas. Los diferentes colores, texturas y formas pueden combinarse para conseguir este efecto. Tampoco existe ningún motivo por el que deba limitarse estos productos al huerto. Las judías pintas encaramadas a una pérgola o una celosía pueden ser un tanto atípicas, y sin embargo resultar tan atractivas como una macolla de bambú en el huerto.

Igualmente, los arbustos de fruta como los groselleros o la uva espina no tienen por qué estar siempre en cajoneras de malla. Es fácil conseguir darles una forma bonita con una poda adecuada durante unas pocas temporadas. Éstos pueden adquirir un aspecto maravilloso flanqueando el camino a una

Las macetas y las jardineras son ideales para el cultivo de hierbas

puerta o una escaleras. Pero se debe acordar de cubrirlos con una malla tan pronto como la fruta empiece a madurar, pues si no los pájaros darán buena cuenta de ellos.

La fruta, las hierbas y las hortalizas también pueden cultivarse entre las flores o los arbustos de un jardín. Algunas variedades son enormemente decorativas por sus formas y aspectos fantásticos –como, por ejemplo, una alcachofa bien formada– o por su follaje vistoso –por ejemplo, el hinojo y las coles rizadas–. Situados entre una buena selección de flores comestibles, no hay razón por la cual cada planta y árbol del jardín no pueda hacer su contribución culinaria.

Cultivar junto a las paredes

Entre los frutales, los que son verdaderamente amantes del calor, como los albaricoques, melocotones, nectarinos e higueras, precisan estar situados frente a una pared que les pueda ofrecer todo el sol posible. Otros, sin embargo, como los duros perales, manzanos y ciruelos, se mantienen bien en las exposiciones más frías.

Entre las bayas que se benefician de crecer al lado de una pared soleada se cuentan los groselleros y las parras. De hecho, si se decide por cultivar parras en lugares fríos y fuera de un invernadero, la única manera de conseguir algún fruto comestible es haciéndola crecer contra una pared protegida y bien soleada.

CONSEJO

Las variedades más ornamentales de hortalizas, frutales y hierbas incluyen: alcachofas, espárragos, remolacha, coles de Bruselas «Red Rubin», coles moradas, acelgas moradas, achicorias, endibias, hinojo, col rizada, arándanos, uva espina, fresones; cilantro, tomillo, perejil, cebollino, eneldo y perifollo.

Frutales para ahorrar espacio

No se debe caer en la creencia de que los árboles son para los espacios grandes. Existen diversas opciones para que los frutales no ocupen demasiado; algunas variedades de manzano se seleccionan específicamente para pequeños huertos.

Los manzanos «Ballerina» son formas muy atractivas porque crecen en altura con una escasa producción de brotes laterales, como una columna, de manera que producen poca sombra. Los «Minarette» son formas similares que se hacen crecer sobre un patrón enanizante, que también se encuentra disponible para perales y ciruelos.

Las ramas de perales y manzanos pueden ser guiadas a lo largo de alambres horizontales para crear espalderas, con dos o más alambres para guiar las ramas a diferentes niveles, así como mediante un arco o en una pérgola. Las parras y los kiwis también se prestan a este manejo. Las espalderas bajas pueden servir, a su vez, de margen para los caminos, y constituyen unas atractivas divisorias entre arriates.

Recipientes

Incluso aunque el espacio disponible sea realmente pequeño y se reduzca a un balcón o un pequeño patio, es posible disfrutar

de fruta fresca, hierbas y alguna hortaliza. Sólo hay que forzar la imaginación, hallar la mejor manera de aprovechar cada rincón y comprar un buen lote de macetas.

Muchas frutas, hortalizas y prácticamente todas las hierbas estarán más que a gusto en un recipiente, siempre que la posición, el riego y la nutrición sea la adecuada. Entre las hortalizas mejor adaptadas a los recipientes se cuentan las patatas (existen macetas especialmente diseñadas para éstas), los puerros, las zanahorias, los espárragos, los calabacines, los tomates (la albahaca comparte los mismos requerimientos, por lo que pueden combinarse para utilizarlos al instante), las lechugas, las espinacas, las judías y ciertas verduras orientales.

Una de las ventajas del cultivo en recipientes es que éstos son portátiles, lo que es particularmente útil para frutas delicadas (como la nectarina o los cítricos), y durante el invierno pueden trasladarse a un lugar protegido como un invernadero.

Algunos frutales, como la higuera, realmente fructifican mejor si las raíces están constreñidas; así pues, una higuera que crezca en una gran maceta, adosada a una pared soleada y resguardada, se desarrollará mejor que una que esté directamente en un arriate. Los fresones tradicionalmente se cultivan en macetas de barro y barriles hondos, y las uvas de postre crecen bien en una maceta con guías.

Las hierbas son especialmente aptas para el cultivo en recipientes, ya que muchas provienen de regiones cálidas y secas, así que las macetas, que imitan estas características a la perfección, son ideales para ellas. Una selección de hierbas cultivadas en macetas en la puerta de la cocina ahorra tiempo y espacio, y asegura que las hierbas sean frescas.

Necesidades del suelo

El tipo de suelo del huerto determinará lo que crecerá en condiciones. Es posible alterar la acidez o la alcalinidad del suelo, así como esponjar los suelos pesados y hacer más pesados los arenosos (*véanse* págs. 10-11). Sin embargo, el hecho de cultivar sólo las plantas que debido a su naturaleza crecen bien sin muchos suplementos supondrá un ahorro considerable de trabajo.

Los suelos calizos y margosos son buenos para los guisantes, las judías, las coles y afines y frutales de hueso, como los ciruelos. Los problemas surgen con las patatas y las frutas blandas. Las primeras deben cultivarse en zanjas con cubiertas de sustituto de turba, y las frutas blandas requieren un buen acolchado anual de sustituto de turba o de estiércol maduro. Los suelos arenosos son buenos para los cultivos tempranos y para los invernales; además, las variedades largas de los cultivos de raíz no crecen bien en suelos arcillosos. Las arcillas permiten el desarrollo satisfactorio de la mayoría de las hortalizas y los frutales, aunque puede costarles establecerse.

Diversos frutales, como este manzano, pueden cultivarse en recipientes para ahorrar espacio

Preparación de la parcela

Después de evaluar, analizar y diseñar viene la parte de trabajo físico duro –cavar, desherbar, preparar el suelo y construir, si fuera necesario–. En esta fase es habitual acabar deslomado, pero todo el esfuerzo es recompensado con creces por una cosecha extraordinaria.

La roza

Una vez decidido el sitio en donde se va a situar el huerto, es el momento de preparar el suelo para la siembra. La preparación debe hacerse entre otoño y principios de primavera, pues así todo estará dispuesto para el momento de la siembra, entre finales de primavera y verano.

Si el espacio escogido para el huerto es ua zona que ha estado inculta durante años, donde se han establecido hierbas tenaces como ortigas y zarzas, la única solución que queda es aplicar un herbicida potente y cubrir el área con polietileno negro durante un año.

Sin embargo, en general no es tan difícil acondicionar el área escogida. Se debe retirar toda la vegetación que sea posible, así como los escombros y las rocas. Es importante quitar también los tocones viejos, pues pueden albergar *Armillaria* (un hongo muy destructivo). También hay que arrancar cualquier trozo de raíz y maleza que quede.

Desherbar

En la fase de preparación resulta fundamental eliminar cualquier rastro de maleza, anual o perenne, especialmente la de crecimiento desenfrenado como las correhuelas, las ortigas y la grama.

Existen tres maneras básicas de eliminar las malas hierbas –mecánica, manual y químicamente–. Se puede desherbar mecánicamente mediante el uso del motocultor y los aperos adecuados. Ésta es la forma ideal de eliminar las malezas anuales de un lugar inculto, pues ahorra mucho tiempo y esfuerzo. Sin embargo, se corre el riesgo de compactar el suelo y, si hay malas hierbas perennes, lo único que se

Se deben eliminar regularmente las malezas perennes de alrededor del cultivo

consigue es cortar las raíces en trozos y distribuirlos por todo el huerto. El desherbado manual consiste en arrancar las hierbas a mano, con la azada y el rastrillo. Es aconsejable hacerlo durante los períodos secos, ya que entonces resulta más fácil arrancarlas y se pueden dejar en la superficie para que se sequen y mueran. Las malas hierbas anuales se pueden eliminar fácilmente sachando de forma repetida. Es especialmente importante que se eliminen antes de que produzcan semillas; de lo contrario se multiplicarán con desenfreno.

Las malezas perennes son mucho más difíciles de controlar, ya que se propagan a partir de semillas y de rebrotes desde las raíces y los tallos. Cualquier trozo de raíz que quede crecerá y se convertirá en un nuevo problema antes de que sea posible reaccionar.

Herbicidas

Si la presencia de maleza pone en serio peligro el huerto, será necesario complementar el desherbado manual con la aplicación de herbicidas. Es mejor evitar los herbicidas en el huerto en la medida de lo posible, pero en los casos extraordinarios se puede echar mano de ellos como una solución puntual. El herbicida se debe aplicar antes de cavar, se deja que funcione y entonces se retiran los restos de hojas y raíces.

CONSEJO

Las malas hierbas pueden ser controladas privándolas de la luz. Se debe cubrir la zona que se va a tratar con una lámina de plástico negro o una vieja alfombra, preferiblemente durante una temporada entera. Así, incluso algunas hierbas perennes que no habrán muerto estarán tan debilitadas que será fácil eliminarlas.

Los herbicidas actúan de diferentes maneras. Los de acción foliar o de translocación se pulverizan sobre las hojas; matan las plantas por contacto o al ser absorbidos y transportados a las raíces. Pueden ser necesarias unas cuantas semanas para surtir efecto, y es posible que sea precisa más de una aplicación.

Los herbicidas de aplicación en el suelo se incorporan directamente al suelo y desde allí son captados por las raíces de las plantas a medida que crecen, matándolas. Estos herbicidas pueden permanecer activos durante bastante tiempo, por lo que no se pueden sembrar las áreas tratadas hasta que no se han degradado.

También existen en el mercado herbicidas selectivos que eliminan hierbas de hoja ancha, mientras dejan las gramíneas, o viceversa.

CONSEJO

Recuerde que debe llevar a cabo una buena planificación antes de empezar a cavar el suelo. Sería una lástima invertir un precioso tiempo en preparar toda la tierra para la siembra y después pisotearla y compactarla para hacer caminos, pantallas, márgenes...

Cavar el suelo

La finalidad de cavar el suelo es esponjar y airear su estructura. Esto mejora el drenaje y ahueca el suelo compactado –entonces es el momento de incorporar la materia orgánica y eliminar restos de maleza.

En suelos muy arcillosos, que son difíciles de trabajar, la naturaleza puede echar una mano. Se debe cavar la parcela a principios de Invierno, pero sin preocuparse por romper todos los terrones. Si se permite actuar a los elementos y el clima es lo bastante frío, las heladas desmenuzarán mágicamente los terrones. Si el problema es un suelo arcilloso con tendencia a anegarse, entonces será necesario añadir arena o grava para ahuecarlo y mejorar el drenaje. Se debe evitar la arena fina, pues no hará sino agravar el problema.

Los suelos arenosos, ligeros, son mucho más fáciles de laborar, y puede que sólo sea necesario un rastrillado suave, eliminar las malas hierbas y añadir una buena capa de mantillo. Este método se conoce como de laboreo mínimo, y es ideal en suelos arenosos, frágiles, donde un cavado excesivo puede abrirlo demasiado, con lo que que la mayoría de los nutrientes pueden perderse por la lluvia y el terreno puede acabar siendo un suelo pobre y seco en primavera.

Métodos de cavado

Hay dos maneras principales de realizarlo: el cavado simple y el doble. Con ambos métodos se debe hacer algo más que mezclar la materia orgánica con el suelo. El cavado simple implica voltear el suelo hasta la profundidad de la hoja de la pala. El doble consiste en cavar el suelo a una profundidad de dos paladas, y después voltearlo con la ayuda de una horquilla. El cavado doble es particularmente útil en los suelos compactados o que necesitan mejorar el drenaje.

Técnicas de cavado:

Se debe marcar primero un área cuadrada y dividirla mentalmente en dos filas de zanjas alargadas de unos 30 cm de anchura. Luego se cava a una profundidad de una palada, unos 25 cm. Si lo que se pretende es un cavado doble, entonces se debe retirar la tierra y cavar una segunda palada, pero sin mezclar las tierras de ambas, y colocarlas en la zanja adyacente en el orden correcto.

Se debe cavar la primera zanja dejando el suelo a un lado. Entonces, y trabajando hacia la espalda, para evitar compactar el suelo cavado, se cava la segunda zanja, cuya tierra pasa a rellenar la primera. Se repite el proceso hasta llegar a la última, que se rellenará con el suelo de la primera zanja abierta.

En el cavado simple voltee el suelo hasta una profundidad de una palada

La siembra/plantación

Para que prospere una planta, ésta debe plantarse bien, en la posición correcta y con las condiciones adecuadas. Esto es especialmente válido para los frutales, que son una inversión a largo plazo –un manzano muerto es una desgracia mucho mayor que un caballón de zanahorias echado a perder.

Hortalizas y hierbas

Es posible comprar plantas de semillero listas para plantarse en algunos viveros y centros de jardinería, pero suelen ser caras y no resultan un buen sustituto de las plántulas que se han cultivado en casa. Sólo de las plántulas cultivadas en casa se puede estar seguro de su variedad y de su salud.

Siembra directa en el exterior

Muchas hortalizas y hierbas pueden sembrarse directamente en el suelo donde vayan a crecer. Sin embargo, para conseguir el éxito y que la mayoría de las semillas germine, uno debe estar seguro de que el momento y las condiciones de siembra son idóneas. Así pues, la temperatura debe ser adecuada –muchas plantas no crecerán a menos que la temperatura durante el día supere los 6 °C–, el suelo debe estar bien preparado y se deben seguir las instrucciones de la empresa productora de semillas en cuanto a profundidad y distancia.

Para que las semillas germinen, la tierra debe estar suficientemente cálida, y ni muy seca ni muy húmeda. Si está demasiado húmeda, las semillas simplemente se pudren, y si está muy seca, se secan. El proceso de calentamiento del suelo se puede acelerar colocando una campana (pequeña cubierta generalmente de plástico, *véanse* págs. 27-28) o un vellón para horticultura por encima.

Para la siembra directa:

Primero debe prepararse la tierra para la siembra: es primordial eliminar las malas hierbas, abonar con un fertilizante general y rastrillar el terreno hasta que tenga una superficie fina. Entonces, con la ayuda de un cordón tirante como guía y un clavo se ha de marcar una línea recta [A]. Con un mango, se marca un pequeño surco de profundidad uniforme [B]. Debe asegurarse de que la profundidad sea la correcta según las indicaciones del sobre de semillas.

Si el tiempo es seco, se debe regar el surco antes de proceder a sembrar. Las semillas pequeñas deben esparcirse en pequeñas cantidades y homogéneamente [C], mientras que las más grandes pueden sembrarse de forma individual.

Por último, es preciso cubrir ligeramente las semillas con tierra [D], presionar un poco y regar.

A medida que las plantitas emerjan necesitarán ser aclaradas o entresacadas, ya que si no crecerán demasiado apretadas, en detrimento de su producción. Hay que esperar a que tengan un par de hojas para arrancarlas con suavidad a fin de poderlas trasplantar o eliminar las más débiles.

Algunas hortalizas, como los guisantes o los cultivos para ensalada de diversos cortes, pueden cultivarse en filas anchas, de manera que es necesario hacer un surco ancho de unos 23 cm.

Siembra a cubierto

Existen diversas razones por las que es preciso plantar a cubierto. Algunas plantas son tan delicadas que necesitan calor y protección adicional, y la siembra a cubierto puede ayudar a obtener una buena siembra. Este proceso asegura que sólo las plantas más saludables y fuertes llegan al huerto, con lo que se minimiza el derroche de recursos.

Las hortalizas menos fuertes y las hierbas delicadas pueden sembrarse más tarde, cuando no hay riesgo de heladas (por

CONSEJO

Cuando se plante, es mejor hacerlo de forma escalonada. Por ejemplo, las zanahorias pueden sembrarse directamente en el huerto cada dos semanas hasta finales de verano, y las lechugas, quincenalmente entre principios de primavera y finales de verano. Así se consiguen cosechas sucesivas durante un largo tiempo, en vez de demasiada cosecha de golpe, que se desperdiciaría en buena parte.

Una hilera de coliflores jóvenes y sanas

Una hilera de coliflores jóvenes y sanas

ejemplo, las judías verdes y las pintas, los calabacines, las calabazas, los pepinos, los pimientos, el maíz dulce y los tomates).

Para la siembra a cubierto:

Se tiene que rellenar un semillero hasta 1 cm por debajo del borde con una mezcla polivalente o compost para semillas. Hay que hacer que el sustrato se asiente, para lo que se presiona ligeramente y se riega un poco. Las semillas se plantan ligera y homogéneamente –las grandes se pueden sembrar una a una con la ayuda de un mango [A]–, y a continuación se esparce un poco de compost por encima.

Se debe regar un poco y cubrir el semillero con un vidrio o una lámina de polietileno. Para prevenir la condensación o el daño por una iluminación excesiva, el vidrio se puede cubrir con una hoja de periódico. El semillero debe estar en un lugar bien iluminado, cálido pero no excesivamente seco. Cada día hay que eliminar el exceso de condensación y comprobar si las semillas han germinado. Tan pronto como las plantitas empiecen a aparecer, debe retirarse el vidrio, y el semillero se puede colocar en el alféizar de una ventana bien soleada.

Las plántulas estarán listas para sembrarse cuando hayan desarrollado las primeras hojas. En este momento se tiene que preparar una bandeja de alvéolos o módulos con compost para macetas, regarse hasta que el compost esté húmedo y practicar una serie de agujeritos con un lápiz. Entonces, se pueden arrancar las plántulas con cuidado de no dañar las raíces y procurando sostener la planta por las hojas, no por el tallo.

A continuación se colocan las plantitas en los agujeros, se aprieta ligeramente el compost y se riega. La bandeja debe colocarse en un alféizar soleado, aunque no directamente al sol, ya que secaría el compost y quemaría las plantas. Se debe mantener en esta posición un par de días antes de pasarla a un lugar más soleado. Debe regarse cada día para asegurar que el compost se mantiene húmedo.

Si las plantas crecen demasiado, pero aún no es momento de plantarlas en el huerto, se deben plantar en macetas individuales. Hay que sacarlas cuidadosamente de la bandeja y replantarlas en macetas con compost [B]. Es preciso regarlas a diario para mantener la humedad.

Endurecimiento y trasplante

Antes de que las plantas puedan ser sembradas en el huerto deben aclimatarse. Después de todo, se han mantenido en unas condiciones óptimas, con temperatura constante, sin viento y buen riego, y si se trasplantan sin endurecerlas pueden morir debido al contraste.

Para ello, hay que poner las bandejas o macetas en una zona protegida en el exterior durante los días soleados, y devolverlas al interior durante la noche. Después de una semana, dependiendo del tiempo que haga, las plantas se podrán dejar fuera, siempre que se las proteja por si el tiempo empeora.

Si dispone de un pequeño cubierto o de politúneles, pueden utilizarlos para el endurecimiento, e ir abriendo la tapa o las cubiertas por períodos progresivamente más largos, hasta que las plantas sean lo bastante fuertes como para poder trasplantarse (*véanse* págs. 26-29).

Tan pronto como las plantas hayan pasado este proceso, se las puede plantar en el huerto. Hay que cavar un agujero suficientemente profundo como para permitir que la planta se asiente, un poco más profundo que los que había en la bandeja o la maceta. Hay que hacerlo con cuidado para no dañar el cepellón [C]. Se coloca en el agujero, se afirma la tierra y se riega en abundancia.

La rotación de cultivos

La rotación de cultivos no es simplemente un plan ideado por profesionales para complicar el cultivo de hortalizas y ganarse la antipatía de los aficionados. Existe una lógica científica detrás del método, y una vez solucionado el diseño y la puesta en marcha de una rotación, se podrá comprobar cómo las hortalizas crecen más sanas y fuertes, y sin plagas, y las cosechas son mayores.

La teoría es simple: cada cultivo o familia de plantas son propensos a unas enfermedades concretas y sufren el azote de determinadas plagas. Con el traslado de los cultivos de arriate en arriate se asegura de que las plagas y enfermedades no puedan afianzarse, y además se consigue que el suelo tenga la posibilidad de recuperarse. Por otra parte, con la división de las hortalizas en grupos de necesidades similares será mucho más fácil satisfacer los requisitos de cada cultivo. Por ejemplo, algunas hortalizas como las coles necesitan suelos más ricos, mientras que otras como las zanahorias son menos exigentes. Resulta coherente agrupar las plantas en diferentes arriates, de manera que se puedan satisfacer sus necesidades más fácilmente.

PLAN DE ROTACIÓN DE CUATRO AÑOS

Año 1: Hay que sembrar los cuatro arriates con los grupos indicados más abajo
1 2 3 4

Año 2: Se rota el cultivo de los cuatro arriates en la secuencia indicada
4 1 2 3

Año 3: Una vez más, se rota el contenido de los cuatro arriates como se muestra
3 4 1 2

Año 4: En el último año se vuelven a rotar las posiciones de los grupos por última vez
2 3 4 1

Las hortalizas se pueden dividir en tres o cuatro grupos de acuerdo con el diseño del huerto. Para simplificar el problema, se debe escoger un plan de rotación con tantos pasos como arriates se dispongan. Si el huerto tiene cuatro arriates, se debe considerar el uso de un plan de rotación de cuatro años.

Según el tipo de cultivos que se intente hacer crecer y de cuánto espacio se disponga, se puede mantener un arriate permanentemente ocupado con hierbas u hortalizas perennes.

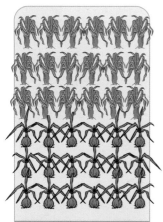

ARRIATE 1: BULBOS

Hortalizas:
Cebollas, escalonias, ajos, cebolletas, puerros, cebolla de Gales

Cuidados:
Cavado doble, mezcla de estiércol en el suelo, aplicación de harina de sangre, pescado y hueso

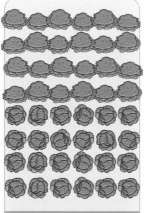

ARRIATE 2: COLES

Hortalizas:
Col, col rizada, coles de Bruselas, coliflor, berzas, brócoli, bróquil

Cuidados:
Cavado simple, mezcla de estiércol en el suelo, aplicación de harina de sangre, pescado y hueso

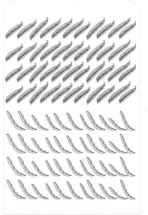

ARRIATE 3: LEGUMBRES

Hortalizas:
Habas, judías verdes, judía de Lima, guisantes, judías pintas, guijas

Cuidados:
Cavado simple, mezcla de caliza en el suelo, aplicación de harina de sangre, pescado y hueso

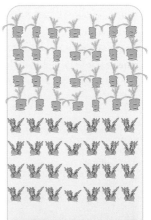

ARRIATE 4: RAÍCES Y TUBÉRCULOS

Hortalizas:
Remolacha, zanahoria, chirivía, salsifí negro, colinabo, nabo, boniato

Cuidados:
Cavado doble, aplicación generosa de harina de sangre, pescado y hueso antes de la siembra

Árboles frutales

Existen bastantes factores que se deben tener en cuenta cuando hay que decidir qué variedades de frutales se escogen. Primero, se han de considerar las condiciones autóctonas en términos de temperatura media y tipo de suelo, y escoger en consecuencia la variedad de fruto que se adecue a esas condiciones. Entonces se debe decidir, en función del espacio disponible y el lugar destinado a frutales, el número de árboles que se desea cultivar y el crecimiento que se les quiere dar, es decir, normal, arbustivo o algo más decorativo (*véanse* págs. 36-38). Finalmente, hay que tener en cuenta la polinización, que es fundamental si se desea que los árboles produzcan fruta.

Grupos de polinización

Aunque algunos árboles son autofértiles, la mayoría deben ser polinizados por otras variedades. Con estos últimos es inútil plantar un único ejemplar, ya que jamás producirá fruto, a no ser que en un lugar cercano haya otro espécimen. Es fundamental adquirir, por lo menos, dos variedades del mismo frutal.

Los árboles de polinización cruzada necesitan que otro árbol esté en flor en las cercanías al mismo tiempo. Ésta es la razón por la que los viveros dividen los frutales en sus variedades y sus grupos de polinización, en general indicados por números. Estas listas indican si el árbol florece temprana o tardíamente en la temporada, a fin de que se pueda escoger otro árbol del mismo grupo para asegurar la polinización.

El punto de injerto en un patrón de un manzano «Lord Lambourne»

Las complicaciones llegan con determinados manzanos llamados triploides, que necesitan dos polinizadores, así como con ciertos perales, que a pesar de estar en el mismo grupo son incompatibles.

Patrones

La mayoría de los frutales que se encuentran a la venta se hallan injertados en diversos patrones (o portainjertos) que determinan en parte el tamaño final y la velocidad de crecimiento. Las condiciones de crecimiento también influyen en el desarrollo, por lo que si éstas no son óptimas se debe escoger otro patrón más vigoroso que compense sus deficiencias. A continuación se ofrece una tabla para ayudar en la elección de los patrones más adecuados al tipo de crecimiento que se desee.

ELECCIÓN DEL PATRÓN CORRECTO

FRUTAL	PATRÓN
Muy enanos (hasta 1,8 m de altura aprox.)	
Manzano	M27
Cerezo	Tabel
Enanos (hasta 2,5-3 m aprox.)	
Manzano	M9
Peral	Quince C
Cerezo	Gisela 5
Ciruelo	Pixy
Damasco	Pixy
Melocotonero	Pixy
Semienanos (hasta 3-4,5 m aprox.)	
Manzano	M26
Cerezo	Damil
Semivigorosos (hasta 3,5-4,8 m aprox.)	
Manzano	MM106
Peral	Quince A
Ciruelo	St. Julien A
Damasco	St. Julien A
Melocotonero	St. Julien A
Nectarina	St. Julien A
Albaricoquero	St. Julien A
Cerezo	Colt
Vigoroso (hasta 4,5-6 m aprox.)	
Manzano	MM111
Melocotonero	Brompton
Nectarina	Brompton
Ciruelo	Brompton
Cerezo	Malling F12/1

La adquisición de un árbol

Una vez esté decidido qué frutal se desea, se haya escogido el patrón y la variedad –teniendo en cuenta los grupos de polinización–, la siguiente decisión debe ser la de si se desea un árbol con cepellón o a raíz desnuda.

Se pueden adquirir árboles a raíz desnuda por un importe inferior que los que crecen en un recipiente, y en general constituyen una opción más deseable ya que es menos probable que hayan crecido en el vivero hasta no caber en el tiesto. Sin embargo, los árboles a raíz desnuda sólo se deben plantar entre finales de otoño y principios de primavera, cuando las raíces están en reposo, mientras que los árboles con cepellón se pueden plantar todo el año, siempre que el suelo no esté helado o inundado.

Los árboles se venden en diferentes estadios de madurez, desde pies con un eje y que no han sido podados, hasta pies de dos o tres años. Los pies de dos años constituyen la mejor opción para la mayoría de personas, ya que producen fruto antes y son guiados con más facilidad que los árboles que nunca han sido podados. Además suelen tener un buen comienzo en el vivero. Los árboles de tres años son más caros y, en general, cuesta más trasplantarlos con éxito, ya que han disfrutado de más cuidados en el vivero.

No se debe adquirir el primer árbol que se vea, pues es fundamental obtener un espécimen saludable. Algunos signos indican si el árbol es una elección correcta. En pies a raíz desnuda se debe buscar un tronco principal recto y fuerte, un sistema de raíces bien desarrollado en todas las direcciones, un injerto limpio y de tres a cinco ramas bien distribuidas.

En los pies en macetas compruebe que estén libres de plagas y enfermedades; el árbol debe tener un injerto limpio y no debe presentar ninguna raíz gruesa que salga de la maceta. Como con todos los árboles en maceta, la superficie ha de estar libre de malas hierbas y el cepellón no debe bailar cuando se sostenga el árbol por el tronco.

La plantación de frutales

Al igual que para las hortalizas y las hierbas, el lugar escogido para los frutales debe ser resguardado y soleado, con un suelo bien drenado, fértil, con tendencia a ser ácido más que alcalino. No se debe olvidar que existe la opción de cultivarlos enganchados a paredes o con guías de alambre –no resulta necesario, pues, limitarse a árboles aislados.

Antes de plantar el árbol es importante evitar que el cepellón se seque, así como protegerlo de las heladas. Si se prevé un retraso entre la adquisición y la plantación, se deberá plantar temporalmente el pie en algún lugar del huerto, en ángulo para proteger el tronco, y cubrir el cepellón con un suelo ligero, que habrá que evitar que se seque.

El suelo debe estar bien regado antes de plantar; el cepellón se puede sumergir en un cubo de agua durante un par de horas. En pies cultivados en macetas se puede ver cuando las raíces crecen en espiral; en ese caso, hay que desenrollarlas y cortar las raíces dañadas hasta una longitud de unos 30 cm.

Cómo plantar un frutal:

Se debe preparar el suelo cavándolo en profundidad e incorporando una buena cantidad de materia orgánica o estiércol maduro y un abono como la harina de hueso (*véanse* págs. 18-19).

Hay que cavar un agujero lo suficientemente grande a fin de proveer un buen espacio para las raíces y situar el árbol de manera que el punto de injerto esté unos 5-8 cm por encima del nivel del suelo. Hay que repartir las raíces y comprobar que el nivel del agujero no es mayor que la profundidad a la que estaba en el vivero [A].

Entonces se debe rellenar el agujero, primero con compost y fertilizante y después con tierra [B]. A continuación hay que afirmar la tierra [C] y hacer un pequeño alcorque alrededor del árbol para que retenga el riego. Después hay que tutorarlo con una estaca y un amarre adecuado [D].

Se debe purgar cada rama del arbusto o árbol un tercio del crecimiento del año anterior (*véanse* págs. 34-35).

Es preciso regar abundantemente, sobre todo el primer año y los períodos secos. También se debe asegurar de que el área alrededor del tronco está libre de malas hierbas.

Los manzanos pueden guiarse para que adquieran formas interesantes y útiles

Pequeños frutos

Los pequeños frutos se pueden dividir en dos grupos –los arbustos o los que crecen por turiones–, con la excepción de las fresas, que son herbáceas. Los frutos de turiones incluyen frambuesas, zarzamoras y zarzas híbridas como la zarza-frambuesa (o zarza de Logan). Los frutos de arbusto comprenden las uvas crespas y todas las grosellas (negras, rojas y blancas). El lugar ideal para todos ellos es uno que esté protegido de los vientos fuertes, a pleno sol –aunque la mayoría prospera a media sombra–, con suelos fértiles bien drenados pero húmedos.

Al contrario que los árboles, casi todos estos frutos son autofértiles, así que la polinización no debe constituir una preocupación. Sin embargo, requieren más cuidados en términos de poda y abonado si se desea una cosecha abundante. Si se opta por tener arbustos, éstos deberían durar unos diez años y proveer otras tantas cosechas.

La plantación de arbustos

Al igual que para los árboles, es importante adquirir los arbustos en un vivero o centro de jardinería de buena reputación, y escoger siempre plantas saludables y con raíces bien desarrolladas. Es preciso comprobar que las plantas cultivadas en macetas no están limitadas por el recipiente y que no se salen de éste cuando se las sostiene por los tallos, señal de que se han secado en algún momento.

Los arbustos deben plantarse de la misma manera que los frutales, pero es aún más importante ofrecerles un buen acolchado alrededor para evitar la evaporación, ya que estas plantas necesitan suelos siempre húmedos. El acolchado debe tener un espesor de 5 cm y extenderse 1 m alrededor de los tallos; sin embargo, no deben tocarlos, ya que pueden causar pudriciones.

El momento de la plantación varía entre otoño e invierno, según la planta, excepto las fresas, que deben plantarse en verano (en zonas de climas suaves, como el litoral mediterráneo, la plantación se puede efectuar en primavera).

Una buena cosecha de pequeños frutos resulta difícilmente superable

El cultivo a cubierto

El cultivo de hortalizas bajo una cubierta, sea vidrio o plástico, permite a los hortelanos ampliar tanto la gama de frutos y hortalizas como el tiempo que pueden cultivarse. Además, las cosechas son generalmente mayores y la calidad mejor. Los vientos y las tormentas no son un problema, y los animales —conejos, pájaros, moscas de la col y de la zanahoria— pueden ser excluidos con facilidad, mientras que otros —araña roja, mosca blanca— pueden controlarse con más eficacia.

Cuando el espacio es un problema, los politúneles bajos, las cajoneras cubiertas y las campanas —e incluso botellas de plástico— pueden suplir parte de las funciones de un invernadero. Aunque a muy pequeña escala, permiten calentar el suelo y ofrecen calor y luz, además de resguardar de las inclemencias del tiempo y de muchas plagas.

Invernaderos

La elección de un invernadero

Existe una desconcertante variedad de invernaderos en el mercado, por lo que la decisión de escoger uno puede ser difícil. El punto de partida debe ser el tamaño. ¿De cuánto espacio se dispone y cuánto se va a cultivar?

Después se debe escoger el material para los marcos. Los tipos básicos son la madera y el aluminio, con sus ventajas e inconvenientes. La madera es más bonita, tiene pocos problemas con la condensación y retiene bien el calor. Sin embargo, el marco abulta más que el de aluminio, proyecta más sombra y, lo más importante, necesita un mantenimiento periódico.

El aluminio resulta menos atractivo y es bastante frío; sin embargo, no necesita mantenimiento, por lo que se ha convertido en la opción más popular entre los aficionados. Sea cual sea la elección, hay que asegurarse de que el invernadero tenga una ventilación adecuada para evitar que se humedezca, ya que esto sería una invitación a las plagas y las enfermedades.

Calentamiento del invernadero

En lo referente al calentamiento, se puede dejar esta función a la luz del sol, que es suficiente para cultivos básicos como los de ensalada y zanahorias. La alternativa radica en mantener un invernadero caliente, es decir, un invernadero en el que la temperatura en invierno no baje

de los 16 °C, aunque el coste de mantener esta temperatura puede ser un tanto prohibitivo.

La mejor opción es decidirse por un invernadero templado, más que uno caliente; en éste, la temperatura durante las noches de invierno no debe bajar de los 8 °C; esto se puede conseguir mediante calefactores eléctricos o de aceite. Los calefactores portátiles de parafina constituyen la opción más barata. Asimismo, aislar el invernadero con envoltorio de burbujas ayuda enormemente.

Entre otros accesorios muy útiles para el invernadero se incluyen toldos, ventiladores automáticos y un sistema de riego.

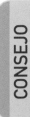

CONSEJO

La organización del invernadero debe ser un proceso cuidadoso. Algunos cultivos necesitan más sombra que otros, mientras que otros precisan más ventilación. Muchos frutos y hortalizas tienen diferentes necesidades de riego. Determinados cuidados dependen de la época del año, pero un invernadero siempre necesita cierto mantenimiento.

Planificar el espacio

El diseño clásico de un invernadero consta de dos arriates y un camino de hormigón entre ellos, con alguna plataforma en un lado en forma de banco. Los arriates deben estar a una altura adecuada para poder trabajar bien en ellos y deben recibir la luz necesaria para permitir el crecimiento, de modo que sean ideales para las bandejas de plántulas. Las plataformas proporcionan un espacio extra y mantienen uno de los lados del invernadero libre para cultivar plantas altas. Las plataformas que se pueden desmontar y trasladar ofrecen más posibilidades.

Qué cultivar

Existe una gran variedad de plantas que se pueden cultivar en invernadero en climas templados, ya que las condiciones más cálidas ofrecen la oportunidad de plantar variedades más delicadas, tales como melones y uvas, albahaca, berenjenas y pimientos. Además, un invernadero permite tener una amplia gama de hortalizas para ensalada durante el invierno. Pueden incluirse espárragos, judías, zanahorias, coliflor, achicoria, guisantes, patatas, rábanos, ruibarbo y tomates.

Politúneles

Los politúneles de plástico proporcionan muchas de las ventajas de un invernadero, pero además son mucho más baratos, pueden montarse en un par de horas y desmontarse y guardarse cuando no sean necesarios; sin embargo resultan poco estéticos.

Asimismo, si se tiene espacio en el huerto, éstos permiten obtener cultivos unas seis semanas antes que si se hubiera plantado a descubierto, y permiten obtener dos cosechas al año en vez de una. Los politúneles bajos son especialmente útiles para proteger cultivos propensos a las plagas que vuelan, como los pájaros y las moscas. Pueden fabricarse en casa con una tira de polietileno resistente, arcos de alambre galvanizado, unos postes y cordel.

Cajoneras cubiertas

La construcción básica de cajoneras cubiertas consiste en una caja de paredes de madera o ladrillos, cerrada con una tapa de plástico o de vidrio, normalmente con cierta pendiente. Se puede hacer una cajonera cubierta colocando una lámina de plástico sobre un cajón de madera.

Las cajoneras cubiertas son útiles para el endurecimiento de plantas cultivadas en invernadero o para hacer crecer plántulas. También pueden servir para cultivar plantas delicadas, como berenjenas, pimientos, melones y pepinos, así como para proteger cultivos más resistentes.

Para que rindan al máximo, deben colocarse en lugares resguardados donde reciban la máxima iluminación posible. En días calurosos hay que abrir la tapa para evitar el recalentamiento, mientras que en las noches gélidas hay que poner una alfombra vieja, sacos o papel de periódico por encima para aislarla.

Campanas

Son simples campanas de plástico o vidrio, más pequeñas que una cajonera cubierta y transportables, por lo que pueden usarse para proteger plantas que estén en el exterior. Las campanas de vidrio retienen el calor mejor que las de plástico, y como son más pesadas es más difícil que se las lleve el viento. Además, es poco probable que se vuelvan opacas y se resquebrajen, aunque son de manipulación más delicada.

Una cajonera cubierta es ideal para el endurecimiento de plantas jóvenes

Las campanas también son útiles para secar y calentar el suelo antes de la siembra, y protegen las plántulas y aceleran su crecimiento. Sirven, asimismo, para endurecer las plantas crecidas en invernadero, y para plantas más viejas ofrecen una protección contra las plagas, aceleran la maduración y alargan la estación de crecimiento. Pueden incluso utilizarse para proteger algunos cultivos durante el invierno.

Sin embargo, se debe tener en cuenta que las plantas que hayan crecido con una campana serán más delicadas que las que han crecido en otras condiciones, de manera que retirar de golpe la campana puede suponer una alteración considerable. Se las puede aclimatar gradualmente a las condiciones externas retirando la campana sólo durante el día.

Otras formas de protección

El vellón de polipropileno o incluso una humilde lámina de plástico también ayudan a calentar y secar el suelo, a la vez que protegen a las plantas de los rigores del clima y de las plagas.

El vellón de polipropileno tiene unas propiedades diferentes a las del plástico, ya que permite el paso de la luz, el aire y el agua, de manera que las plantas pueden respirar. Además, es más ligero que el plástico. Por ello, puede dejarse sobre los cultivos mientras maduran, con lo que se evita el acceso de las plagas y se previenen los daños causados por el viento.

Jardines de invierno

Los jardines de invierno se han vuelto muy elegantes en las últimas décadas. Sin embargo, el concepto es un poco confuso, ya que los jardines de invierno actuales poco tienen que ver con los de finales del siglo XIX, adosados a las casas. Hoy tienden a ser poco más que una habitación adicional, aunque de vidrio, con poca ventilación, de manera que pueden resultar fríos en invierno y calientes durante el verano, a no ser que el propietario haya invertido en persianas, calefacción y aire acondicionado.

Los antiguos jardines de invierno tenían muchas ventanas que podían abrirse, de modo que todos los rincones se llenaban de aire fresco; también contaban con suelos embaldosados con canalillos y drenajes, que permitían regar la estancia entera y lavarla.

Sin embargo, con ciertos cuidados, es posible cultivar vides, higueras y cítricos en los jardines de invierno modernos. Las vides deben plantarse con las raíces en el exterior, al fresco, mientras que tallos y hojas pueden guiarse en el interior. Es mejor plantar los cítricos en recipientes que puedan llevarse al exterior en verano y de vuelta al cálido interior en invierno.

Lechos calientes

Un ingenioso método para proporcionar calor a las plantas delicadas sin necesidad de un elaborado sistema eléctrico consiste en fabricar un lecho caliente con estiércol de caballo fresco para calentar las raíces de las plantas. A medida que el estiércol se descompone proporciona calor, que se mantiene por el marco que lo atrapa.

En el siglo XIX, muy pocos de los grandes jardines se podrían haber mantenido sin un lecho caliente, pues gracias a este método era posible cultivar frutos exóticos y hortalizas que de otra manera no hubieran sobrevivido al primer invierno.

CONSEJO

Los arriates elevados no sólo facilitan el trabajo a los hortelanos menos ágiles, sino que también actúan de lechos calientes, con lo que ofrecen calor y protección a las plantas. Si se eleva uno de los lados del arriate de modo que la inclinación favorezca la insolación directa, el arriate se calentará mejor y facilitará el crecimiento de las plantas.

Cómo hacer un lecho caliente:

Para empezar, hay que practicar un agujero poco profundo en el suelo, apilar un buen montón de estiércol fresco, dejarlo reposar unos cinco días para que se caliente y empezar a construirlo. Puede ser necesario que se voltee y se riegue con agua si el tiempo es cálido –si se seca, la descomposición se hace más lenta–. La pila no debe ser muy pequeña, pues nunca se calentará

Los jardines de invierno son ideales para cultivar todo tipo de plantas exóticas y delicadas

Los arriates elevados, como un lecho caliente, se calientan antes en primavera

bastante –unas cuatro carretillas serán suficientes para hacer una pila.

Al cabo de cinco días, cuando el estiércol ya esté realmente caliente, habrá que cubrirlo con una capa de tierra de un espesor mínimo de 7,5 cm. Esto asegurará que la descomposición sea homogénea y regular, con la consiguiente liberación de calor.

A continuación se deberá recoger la pila dentro de un cajón o un marco con una tapa para retener el calor. Es preciso que la tapa pueda retirarse en caso de que la temperatura se eleve demasiado. Las plantas se pueden cultivar directamente sobre la tierra, mientras que las semillas se deberán sembrar en bandejas y colocadas sobre la pila.

Cuidados y mantenimiento

Con todos los árboles y las hortalizas, los cuidados subsiguientes son tan importantes como el esfuerzo inicial. Como los niños, las plantas requieren atención continua, que será recompensada en forma de una generosa cosecha.

Todos los seres vivos necesitan alimento y agua para mantenerse vivos, pero para las hierbas, las hortalizas y los árboles de un huerto es preciso lograr algo más que la simple supervivencia. Si hay que obtener una cosecha de ellos deben estar en su estado óptimo, y para esto es necesario que reciban la cantidad justa de agua, alimento y cuidados.

Si se ha trabajado duro en la preparación del huerto –se ha cavado y añadido la materia orgánica para mejorar la estructura del suelo, se ha eliminado cualquier rastro de malas hierbas y se ha protegido el cultivo del viento–, entonces los cuidados que se sigan serán mucho más llevaderos.

Las plantas estarán sanas, bien alimentadas y preparadas para producir raíces profundas, y no competirán por los nutrientes y el agua de la tierra con las malas hierbas. Sin embargo, es imprescindible en este estadio hacer un seguimiento de las plantas a fin de detectar cualquier signo de enfermedades o ataques de plagas. Un cuidado básico, tal como mantener las hierbas a raya y retirar los desechos que puedan albergar plagas y enfermedades, es muy importante.

Las hierbas son, sin embargo, la excepción que confirma la regla, ya que, una vez establecidas, prosperan en el olvido. Aparte de un corte ligero en primavera y verano para promover el crecimiento, pueden dejarse hasta el invierno, cuando las hierbas más delicadas necesitan que se las proteja de las heladas.

Riego

La cantidad de agua que requieren las plantas depende del clima y las condiciones del suelo, así como de la salud de la propia planta. Las plantas jóvenes y las plántulas necesitan riegos abundantes pero ligeros. Es preciso asegurarse de que reciben un buen remojón cada pocos días –una vez que las plantas maduran, el riego frecuente sólo favorece la aparición de raíces superficiales en vez de crecer en profundidad en el suelo.

Las hortalizas de ensalada necesitarán agua adicional en los períodos secos para evitar que se espiguen, mientras que las plantas de fruto requerirán una atención especial en términos de riego cuando aparezcan las flores y cuando los frutos y las vainas crezcan.

Nutrición

La preparación del suelo en buena parte ayudará a que las plantas obtengan suficientes nutrientes. Las plantas que crecen en suelos donde se ha incorporado una buena cantidad de estiércol durante años no deberían necesitar un aporte suplementario. Sin embargo, el proceso de crear un suelo fértil puede llevar un tiempo, y mientras tanto puede ser preciso aplicar fertilizantes orgánicos o químicos para ayudar al cultivo.

La mayoría de las frutas, las hortalizas y las hierbas se beneficiarán de una aplicación de abono al principio de la temporada de crecimiento, normalmente a finales de primavera. Durante la temporada de crecimiento hay que vigilar que no se den deficiencias, por ejemplo de nitrógeno o de potasio (*véanse* págs. 166-169), en cuyo caso hay que aportar un abono rico en esos elementos. Con los frutales se debe esperar a que hayan llegado a la edad de florecer para abonarlos, pero sin excederse, pues entonces se favorecería el desarrollo de hojas en detrimento del fruto.

Los abonos líquidos pueden complementar el abono orgánico

La capa de acolchado debe tener unos 5-10 cm de profundidad para constituir una barrera efectiva contra las malas hierbas, y si la intención es conservar la humedad debe aplicarse después de un buen riego o lluvia. Se puede colocar una vez al año, en primavera, aunque suelos muy drenados pueden necesitar otra aplicación en otoño. El acolchado desaparecerá gradualmente a medida que las lombrices lo arrastren tierra adentro –esta acción libera los nutrientes y mejora la estructura del suelo.

Compost

El compost es una sustancia desmoronadiza, rica, de olor dulzón, maravillosamente oscura y que puede hacerse en casa a partir de desechos domésticos y del huerto. Cuando el compost se incorpora en el suelo o se esparce como acolchado, facilita nitrógeno y humus al suelo, ambos esenciales para el correcto desarrollo de las plantas.

Montones de compost

Los montones de compost tradicionales son óptimos para grandes huertos y jardines que producen enormes cantidades de desechos. Sin embargo, los montones completamente abiertos resultan poco limpios y no demasiado eficaces, ya que el material del borde no se descompone tan rápidamente como el central, lo que obliga a voltear la pila de vez en cuando. El montón debe cubrirse con un trozo de alfombra vieja o con una cubierta de polietileno que lo proteja de las lluvias intensas, pero no hay que dejar que se seque en verano.

Cubos de compostaje

Existen numerosos modelos comerciales de cubos de plástico o metal en el mercado. Suelen ser completamente cerrados, lo que implica que el material se calienta de forma homogénea y se descompone con rapidez. Además están diseñados para que resulte fácil acceder al compost desde el fondo. El inconveniente de estos cubos es que no suelen ser lo bastante grandes como para contener todo el material generado en un huerto o jardín grande.

Compostaje

Para asegurar que hay el material necesario como para calentarse suficientemente, el montón o el cubo deben tener, al menos, 90 cm de lado por 1,2 m de altura. La pila se inicia con una base gruesa de material grueso, como paja o restos picados de la poda, y se espolvorea con sulfato amónico (una cucharilla por metro cuadrado), un activador del compostaje o estiércol fresco para acelerar la descomposición. Se continúa la construcción de la pila en capas de 15 cm, y se añade un poco de caliza en capas alternas para neutralizar la acidez del compost.

Acolchado

Para mantener la fertilidad del suelo es fundamental aplicar cada año un acolchado rico en nutrientes. Se llama acolchado a diversos materiales que se esparcen sobre el suelo para conservar la humedad, mantener a raya malas hierbas anuales y aportar nutrientes. Los acolchados también protegen el suelo de las lluvias intensas, que podrían llevarse el suelo o apelmazarlo, y evitan que se recaliente en verano o se enfríe demasiado en invierno.

El acolchado a principios de primavera permite que el suelo mantenga la humedad, impide la aparición de las malas hierbas anuales y provee el suelo de nutrientes. Los materiales más adecuados son el compost de jardín o de champiñones, algas, estiércol, césped cortado y el mantillo. El hecho de cubrir el suelo con un plástico negro retiene la humedad y suprime las malas hierbas, pero obviamente no mejora la fertilidad del suelo, así que debe combinarse con el cavado de estiércol o de compost. Se debe evitar utilizar lascas de corteza o virutas de madera, a menos que se empleen sobre el plástico, pues no tienen ningún valor nutritivo para las plantas y, como no están descompuestas, roban nitrógeno del suelo en su descomposición.

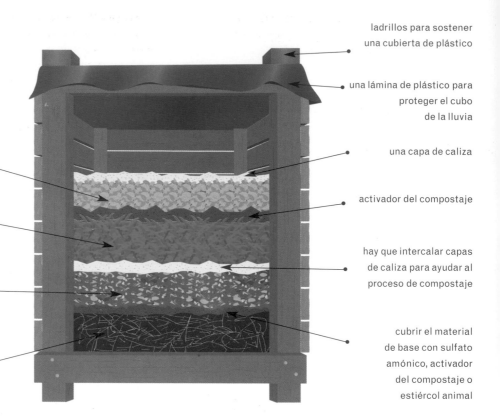

CUBO DE COMPOST

Un cubo de compost debe medir aproximadamente 1,2 m de altura por 1 m² de base.

ladrillos para sostener una cubierta de plástico

una lámina de plástico para proteger el cubo de la lluvia

residuos del jardín, como hojas y pequeños restos de poda de setos

una capa de caliza

mezcla de césped segado con material grueso para evitar la formación de limos

activador del compostaje

pieles de fruta y otros restos no cocinados para un buen compostaje

hay que intercalar capas de caliza para ayudar al proceso de compostaje

hay que empezar con una base de material grueso como paja para permitir la circulación del aire

cubrir el material de base con sulfato amónico, activador del compostaje o estiércol animal

Prácticamente cualquier material orgánico puede compostarse. Los residuos domésticos susceptibles incluyen bolsas de infusiones, pieles de fruta, cáscaras de huevos, papel de periódico troceado y trapos viejos. Los desechos del jardín como flores y hojas muertas, restos de podas, césped segado y malas hierbas (antes de que tengan semillas) son idóneos. Para un mejor resultado, hay que evitar poner mucho material de una clase de una vez; por ejemplo, demasiado césped segado puede causar un limo negro y hediondo.

No hay que añadir comida cocinada u otros restos grasientos, ya que atraen insectos indeseables; tampoco hay que utilizar restos de plantas enfermas, malas hierbas con semillas o las raíces de hierbas perennes como el yezgo. Éstas son tan resistentes que pueden sobrevivir al compostaje

y expandirse con el compost. Los restos leñosos no se pueden compostar a menos que se trinchen.

Vermicompostaje

Éstos difieren de los cubos de compostaje en que se basan en una colonia de lombrices (lombrices rojas o de estercolero) para producir el compost. Las lombrices se mantienen en un cubo especialmente diseñado dentro de una capa de material previamente descompuesto, y se les proporciona cada pocos días un aporte de material fresco picado. Estos cubos tienen una bandeja para recoger el líquido que drenan; éste puede diluirse y usarse para abonar las plantas; el compost que resulta es maravillosamente rico.

Mantillo de hojas

El mantillo de hojas es un tipo de compost elaborado con hojas descompuestas que tiene una textura migajosa y un alto valor nutritivo, lo que lo hace ideal como enmienda o como un compost para macetas.

El mantillo de hojas es diferente del compost ordinario porque las hojas se descomponen mediante un proceso fúngico frío (un proceso más lento), mientras que en el compost el proceso desprende mucho calor y es llevado a cabo por

CONSEJO

Si se dispone de espacio suficiente, es una buena idea mantener dos cubos de compost al mismo tiempo. Esto asegura que se dispondrá de un suministro constante de compost, ya que habrá material descompuesto en uno mientras aún se llena el otro. En cualquier caso, es probable que una vez se empiece, se descubra que se necesitan dos cubos.

bacterias. Esto sucede así debido a que los diferentes elementos de un montón de compost suelen contener bastante nitrógeno, a diferencia de las hojas.

Para hacer mantillo de hojas se necesita apilar grandes cantidades de hojas en una pila especial incluida en una especie de jaulón de malla metálica entre cuatro estacas. Las pilas pequeñas de hojas se pueden procesar en bolsas de plástico negro agujereadas. Las hojas pueden necesitar un año para descomponerse. Para acelerar el proceso, se deben picar antes de amontonarlas y aplicarles un activador de compost de hojas, y asegurarse periódicamente de que las hojas no se secan.

El mantillo de hojas es idóneo para las emiendas cel suelo

Protección de las plantas

Todas las hierbas, hortalizas y frutas atraen plagas, pero las plagas varían entre plantas. Por ejemplo, las hortalizas y las hierbas de follaje son muy atractivas para babosas y caracoles, mientras que los pájaros sienten una predilección por las frutas en verano y por las yemas florales en invierno.

Insectos

Aunque los insectos sean un problema, es posible evitar el uso de insecticidas químicos mediante policultivos. Ésta es una técnica en que diferentes plantas son plantadas juntas, con un ejemplar que actúa bien como cebo o disuasorio. Por ejemplo, si se cultivan cebollas y zanahorias juntas, el fuerte olor de las cebollas disimula el suave olor de las zanahorias, lo que evita problemas con la mosca de la zanahoria. Las capuchinas se usan como cebo para los pulgones, mientras que las raíces del clavel moruno liberan una sustancia insecticida que disuade la mosca blanca en las plantas vecinas.

Otra posible alternativa consiste en cultivar plantas que actúen de atrayentes de insectos benéficos que se alimenten de una plaga en concreto junto a aquellas plantas que sufran de la plaga. Por ejemplo, las berenjenas y las caléndulas atraen a los sírfidos, cuyas larvas se alimentan de pulgones.

Pájaros

Las pequeñas frutas son especialmente propensas al ataque de los pájaros, los cuales no sólo atacan los frutos sino también las flores. La única solución efectiva es la construcción de una jaula alrededor de los frutales. Puede parecer un trabajo añadido excesivo, pero una jaula bien construida puede durar años, y si se considera el esfuerzo que supone el cultivo de pequeños frutos, merece la pena.

Una jaula puede ser la única solución para proteger los higos u otros frutos delicados de los pájaros

Las jaulas para frutales pueden construirse para que se ajusten a la parcela

Viento y heladas

Los peligros para las plantas no se limitan a otros seres vivos. Las inclemencias del tiempo, como los fuertes vientos o las heladas, matan las plantas delicadas y destruyen los frutos. Las malas hierbas eliminan valiosos nutrientes del suelo, con lo que merman las cosechas de hierbas y hortalizas.

La mejor protección contra los vientos es erigir una pantalla permeable que filtre el viento y reduzca su fuerza. Se puede proteger a las hortalizas, hierbas y frutos contra las heladas mediante un vellón de polipropileno ligero, aunque si no se dispone de éste, cualquier material que frene el aire templado alrededor de las plantas, como embalaje de burbujas o papel de periódico, hará su función.

Cuidado general de los frutales

Aclareo de frutos

Una rama cargada de fruto puede tener muy buen aspecto, pero si no se hace un aclareo acabará dando una gran cantidad de pequeñas frutas de poca calidad, en vez de unas pocas menos muy gustosas.

Cuando se aclarea la fruta hay que empezar por aquellas cuya apariencia resulta poco saludable o que no tienen la forma correcta, y después continuar hasta que las restantes tengan espacio suficiente como para crecer correctamente.

Esta distancia varía según la fruta, pero para peras o manzanas unos 5-8 cm es suficiente.

Sostener las ramas

Si se produce una cosecha más que abundante puede ser preciso sostener las ramas de alguna manera para evitar que se sobrecarguen y acaben rompiéndose.

Los árboles grandes necesitan soportes desde abajo –las ramas viejas con un bastón en forma de V–, mientras que las ramas de árboles más jóvenes pueden sostenerse si se atan a un poste central sujeto al tronco.

Poda y guiado de frutales: generalidades

Tanto los árboles frutales como los arbustos de pequeños frutos necesitan unos cuidados adicionales que las hortalizas no requieren; por ejemplo, ser podados y guiados año tras año. Estas podas y guías ayudarán a producir más cosecha de fruta de calidad mediante el establecimiento de una forma abierta y un crecimiento equilibrado, que además permitirá producir numerosas formas ornamentales, algunas más formales y estrictas que otras.

La poda puede parecer desalentadora, pero hay que recordar que es casi imposible dañar un árbol por exceso de poda. El árbol podado crecerá más y más fuerte. Lo peor que puede pasar es que el árbol invierta toda su energía en producir leña más que yemas que puedan dar fruto.

La poda ayuda a producir cosechas más abundantes

Consejos generales

Hay que mantener las herramientas afiladas y limpias, ya que un corte desigual o poco limpio puede favorecer las enfermedades. Se deben realizar los cortes por encima de una yema que crezca hacia fuera, y dejar siempre un poco de rama por encima de la yema.

Es mejor hacer la poda de espolones, lo que implica el corte de todo el crecimiento de la estación hasta dejar dos o tres yemas a mitad de verano (los espolones son ramas cortas que portan yemas florales). Esto permite que se formen yemas florales y no existe el riesgo de que el crecimiento posterior sombree algún fruto en maduración. Después es posible llevar a cabo una segunda poda de espolones en invierno.

Podas de verano y de invierno

Es importante distinguir entre podas de verano y de invierno. Durante el invierno se trata de ordenar y mantener la forma del árbol quitando el exceso de ramas, así como eliminando cualquier parte enferma o muerta. Si se hace una poda durante el verano, se estimula el crecimiento de yemas florales para el año siguiente y se abre la copa a la luz, de manera que se favorece la maduración de la fruta.

Entre mediados y finales de verano es el mejor momento para podar los frutales con figuras formales (cordones, palmetas o espalderas), pues durante ese período las ramas son flexibles y pueden arquearse sin riesgo de ruptura.

Poda temprana

Para conseguir atractivos y productivos árboles es importante concentrarse en el mantenimiento durante los primeros años, cuando las ramas aún son muy flexibles. Es el momento en que se puede efectuar una poda y una guía en diferentes formas, desde las más comunes formas de mata hasta las espalderas y los cordones.

En general, si el propósito es crear un arbusto natural de porte semiarbóreo, entonces el árbol debe podarse hasta un tercio del crecimiento del año anterior. Si se pretende crear formas en espaldera o en palmeta, se debe cortar hasta la mitad del crecimiento del año anterior, en función del tamaño del árbol y la posición de los alambres de sostén. Mediante estas podas, se estimula el crecimiento nuevo del árbol a la vez que se alivia el estrés de la plantación y se le ayuda a establecerse rápidamente.

Sujeción y atado

Los frutales de hueso, como los ciruelos, damascos, claudias y melocotoneros, responden mucho mejor a la sujeción que a la poda. De hecho, para unos resultados óptimos en términos de cosecha temprana, hay que mantener la poda en unos niveles mínimos hasta que el arbol haya dado fruto durante unos años.

Otro método para favorecer las cosechas tempranas consiste en atar las ramas al suelo para inclinarlas por debajo de la horizontal. Cualquier tallo que crezca de una rama atada al suelo puede atarse también al suelo o podarse para que produzca espolones a mediados de verano a unos 7,5-10 cm. Esto favorecerá la formación de más yemas florales.

La poda para crear formas específicas

La gama de formas es amplia, y abarca desde la forma laxa de matas, arbóreos y semiarbóreos hasta las más elaboradas de espalderas, palmetas y cordones simples o múltiples. A continuación se ofrece una tabla con las formas más adecuadas para cada frutal.

Matas, arbóreos y a medio viento

Estas formas son las de mantenimiento más sencillo, pues son las más cercanas a la forma natural de los árboles. Resultan especialmente adecuadas para los huertos grandes, ya que necesitan más espacio que las formas listadas a continuación. Después de la poda inicial tras la plantación,

DIFERENTES FORMAS DE FRUTALES

Forma	Adecuada para
Mata de patio	Manzanos, melocotoneros, nectarinas y cerezos
Mata enana	Manzanos, perales, cerezos, uva crespa, higueros y groselleros
Mata semienana	Manzanos, perales, ciruelos y uva crespa
Semiarbóreo	Manzanos, perales, ciruelos, cerezos y uva crespa
Arbóreo	Manzanos, perales, ciruelos y cerezos
Cordón	Manzanos, perales, groselleros, uvas y uva crespa
Cordón múltiple	Manzanos, perales, groselleros, uvas y uva crespa
Mini cordón	Manzanos
Árbol atado	Manzanos, perales, ciruelos y cerezos
Espaldera	Manzanos y perales
Escalón	Manzanos y perales
Palmeta	Manzanos, perales, ciruelos, melocotoneros, nectarinas, albaricoqueros, higueras, cerezos y zarzamoras

PODA EN MATA
cortar la guía central hasta un lateral; cortar los laterales hasta la mitad y eliminar el resto de laterales

los árboles deben dejarse durante un par de años y, una vez que empiecen a producir frutos, se pueden eliminar las ramas densas.

Si se pretende crear una forma de mata abierta, entonces debe cortarse la guía central hasta la altura de un brote lateral, unos 75 cm por encima del suelo, asegurándose de que queden algunas ramas laterales bien espaciadas –idealmente dos a cada lado–. Estos brotes laterales deben cortarse hasta la mitad y el resto de ramas laterales han de eliminarse.

Cordones: simples, dobles y múltiples

Un cordón es un tallo único con numerosos espolones que puede hacerse crecer en vertical o inclinado. Los cordones dobles y múltiples son similares, con la diferencia de que tienen más tallos, que son paralelos.

Ésta es una forma relativamente fácil de conseguir y que puede utilizarse con bastante efectividad. Se puede crear un túnel de manzanos mediante el guiado de cordones sobre una serie de arcos rígidos; igualmente se puede decorar una pared con series de cordones puestas contra una pared, a la vez que es una estructura muy productiva.

Para guiar y podar un árbol en forma de cordón, es preciso atar la guía central del arbolillo a una estaca tan pronto como se plante. La estaca se puede disponer con 45° respecto al suelo si se quiere un crecimiento en diagonal. Esto es más fácil de conseguir si la estaca se ata, a su vez, a unos alambres horizontales y paralelos. Como alternativa, se puede cultivar un cordón junto a una pared o una valla. Después de este guiado inicial, el propósito es la poda del árbol para producir un buen

CORDÓN SIMPLE
atar la guía central a 45°
y podar los laterales cerca
de la guía central

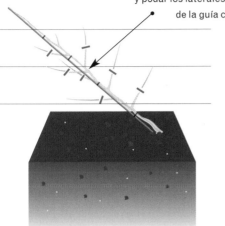

Palmeta

La forma de palmeta, o en abanico, es especialmente apta para los frutales de hueso, ya que se basa, sobre todo, en la formación más que en la poda.

Hay que plantar árboles no podados y cortar el crecimiento del año anterior a la mitad de su longitud. A continuación hay que recortar todas las ramas laterales de cada lado, excepto dos, a unos 30 cm del suelo y al nivel del alambre más bajo. Estas ramas laterales deben medir unos 38 cm de longitud. Hay que atarlas a varas inclinadas. En el siguiente verano se deben dejar cuatro brotes laterales fuertes a cada lado de las ramas laterales del año anterior. La posición de estos nuevos brotes es esencial para la forma final; deben dejarse, pues, dos brotes que apunten hacia arriba, uno hacia abajo y uno en la punta. A medida que se desarrollen deben atarse a varas para mantenerlos rectos.

número de espolones, en vez de que se desarrollen ramas laterales fuertes.

Un cordón doble se consigue mediante el corte de la guía central en invierno para dejar dos yemas fuertes a una distancia inferior a 30 cm del suelo. Dos brotes principales aparecen el año siguiente; éstos deben ser atados a varas inclinadas y, una vez han crecido, se tienen que atar a otras varas dispuestas en vertical para producir la forma típica de cordón doble con dos ramas paralelas.

PALMETA
atar dos laterales principales a varas inclinadas, y después del verano seleccionar cuatro brotes fuertes para producir la forma básica

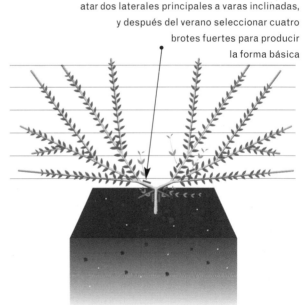

CORDÓN DOBLE
podar la guía central hasta dos yemas principales y atar los tallos a varas inclinadas y verticales

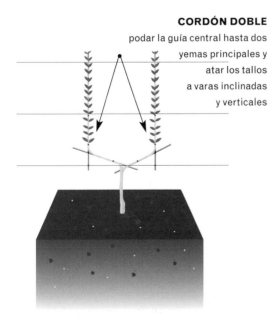

El objetivo principal es permitir que los brotes laterales puedan desarrollar nuevos brotes laterales, con lo que se forma la palmeta. Una vez que se haya formado, sólo hay eliminar cualquier brote nuevo para evitar que se sobrecargue.

Con pequeños frutos como las zarzamoras, los turiones recién plantados deben mantenerse formando una macolla durante el primer otoño, cuando hay que cortar las ramas que hayan producido fruto y atar el crecimiento nuevo en forma de abanico a los alambres.

Espalderas

Consisten en un tallo principal vertical con pares de ramas
espaciadas que crecen en ángulo recto formando estructuras
horizontales. Para crear una espaldera, hay que plantar un árbol
joven y podarlo hasta una yema que esté unos 5 cm por encima
del alambre más bajo. A medida que la guía central crece,
hay que mantenerla atada a una vara, y cuando se desarrollen
laterales atarlos a varas inclinadas. Es preciso eliminar cualquier
otro brote lateral. A finales de otoño hay que atar los laterales
inclinados al alambre más bajo para formar el primer peldaño
de la espaldera. En el verano siguiente se debe repetir el proceso
con el siguiente par de laterales hasta la altura deseada.

ESPALDERA

atar los laterales inclinados a los alambres
más bajos para formar el primer peldaño

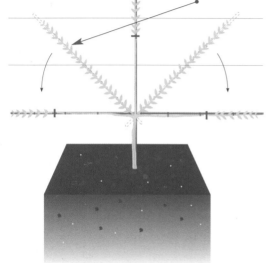

Propagación

Muchas plantas pueden propagarse por medio de la
recolección y la siembra de sus semillas (para más detalles,
véanse págs. 20-21). Sin embargo, para la propagación
de la mayoría de las perennes, arbustos y árboles hay que
dominar otras técnicas –la división, el acodo y los esquejes.

Las diversas especies de frutas, hierbas y hortalizas
necesitan diferentes técnicas. Los arbustos de fruto,
como las uvas crespas y las grosellas, se pueden propagar
mediante esquejes, mientras que las hierbas, las fresas
y las plantas con turiones, como las zarzamoras, zarzas de
Logan y otros híbridos, se prestan más al acodo. Las perennes
deben ser divididas, mientras que los frutales se propagan
mediante el injerto.

Esquejes leñosos de una uva espina

La división

Éste es el método más simple. Cuando la planta haya
perdido el follaje en otoño, se deberá desenterrar y partirla
en dos o más trozos para dar plantas de una medida adecuada.
Algunas plantas producen bulbos o plantitas alrededor
de la planta madre que pueden separarse y plantarse.

Esquejes: leñosos y herbáceos

Para propagar frutales como las uvas crespas, groselleros, vides e
higueras, hay que cortar una sección de un tallo nuevo a mediados
de otoño de unos 30 cm de longitud, quitar todas las yemas
inferiores y eliminar la punta y los restos de follaje. El esqueje
se debe plantar en una maceta con compost ligero o directamente
en una zanja de unos 15 cm en el suelo. Hay que mantenerlo
así durante un año o dos, en el caso de las higueras, antes de
trasplantarlo. Para obtener esquejes herbáceos se debe cortar
una sección de unos 15 cm de un tallo en crecimiento a principios
de verano. Hay que eliminar todas las hojas, excepto las de la
punta, y poner el esqueje en una maceta con un compost ligero.

Acodos

Las zarzas, zarzas de Logan y otras zarzas híbridas son las
plantas más adecuadas para el acodo de puntas: hay que
poner la punta de un tallo encarado al suelo en un pequeño hoyo,
sujetarlo en esa posición y cubrirlo con tierra. Se deja así hasta
el otoño, cuando se puede separar de la planta madre y replantar.

El acodo por amontonamiento es más adecuado para
plantas leñosas como el romero o el tomillo. Hay que apilar
un montoncito de sustrato bien aireado alrededor de la planta
en primavera. Las nuevas raíces crecerán en los tallos cubiertos,
que podrán cortarse y replantarse a finales de verano.

Ciertas plantas se propagan ellas mismas mediante largos
estolones, que enraízan al tocar el suelo y forman una nueva
planta, como en las fresas. Solamente hay que esperar a que
la plantita enraíce y entonces separarla de la planta madre. Otras
plantas como los frambuesos se multiplican por chupones; éstos
pueden utilizarse igual que los estolones para la propagación.

Cosecha, almacenaje y congelación

Dado que las frutas, hierbas y verduras frescas poseen un sabor inigualable, no existe razón alguna por la que no disfrutar de estos aromas fuera de temporada si se realiza un almacenaje y una preparación convenientes. La clave del éxito está en seleccionar lo mejor de la cosecha –lo más joven y tierno–. Nunca se debe guardar producto alguno que esté dañado, y siempre se debe preparar o congelar inmediatamente después de la cosecha, pues cualquier retraso puede provocar que se eche a perder.

Congelación

Mientras en el pasado las personas se basaban de forma exclusiva en el embotellado para conservar su cosecha, ahora se cuenta con la ventaja de la congelación, que ha hecho que todo el proceso sea menos laborioso, ya que sólo se tiene que recolectar, empaquetar y congelar.

El éxito de la congelación dependerá de la variedad cultivada. Ciertos cultivos se han seleccionado especialmente para este propósito, por lo que se debe tener en cuenta este aspecto cuando se adquieran las semillas. Hay que hacer la cosecha cuando el producto aún es tierno, fresco y sabroso. No vale la pena esforzarse en conservar cosechas que están pasadas, desabridas o duras.

Las hortalizas pueden secarse en una bandeja –esto es, ponerlas cortadas y esparcidas en una bandeja de forma que

HORTALIZAS PARA CONGELAR

Maíz dulce: escoger mazorcas tiernas y jóvenes. Retirar el capacho y la barba y blanquearlas.

Aguaturmas o tupinambas: pelar, cortar y hacerlas puré.

Brócoli y brócoli calabrés: dividirlo en trozos, lavarlo, blanquearlo al vapor y envasarlo.

Judías verdes: escoger las judías pequeñas y jóvenes, blanquearlas y congelarlas enteras.

Colirábano: escoger raíces pequeñas, lavarlas y congelarlas enteras o en puré.

Col: retirar las hojas más externas y los tallos; lavarla y cortarla en juliana, y blanquearla antes de ponerla en bolsas para congelar.

Nabo: mejor congelarlos en forma de puré.

Espárragos: escoger en manojos de tamaño similar, retirar cualquier imperfección, blanquear al vapor y empaquetar.

Zanahorias: escoger zanahorias pequeñas, lavarlas, retirar los tallos y blanquear antes de embolsarlas o hacerlas puré.

Coles de Bruselas: seleccionar brotes tiernos y pequeños y quitar las hojas externas y blanquear.

Coliflor: dividirla en trozos, lavarla, blanquearla al vapor y envasarla.

Espinacas: recortar los tallos; lavar y blanquear antes de congelarlas.

Pimiento: lavar, retirar las semillas y los tallos; cortar a rodajas y empaquetar.

Berenjenas: después de lavarlas, cortar a rodajas, saltearlas, seleccionarlas y empaquetarlas en bolsas para congelar.

Calabacines: lavar, cortar a rodajas, saltear y congelar.

Habas: escoger habas pequeñas, desgranarlas, blanquearlas y embolsarlas.

Judías pintas: después de lavarlas, trocearlas, blanquearlas y empaquetarlas.

Puerros: retirar las hojas externas y las puntas de las hojas. Lavar y empaquetar.

Colinabos: escoger nabos pequeños, pelarlos, trocearlos, blanquearlos y embolsarlos.

Chirivías: mejor congelarlas en forma de puré.

Tomates: congelar enteros, con la piel. Retendrán mejor el sabor y son ideales para cocinar, aunque no para ensaladas.

Guisantes: escogerlos tiernos y dulces, desgranarlos y envasarlos.

Cebollas: pelar y cortar a rodajas.

Calabaza: cortar a rodajas y saltear ligeramente antes de congelarla.

---

no se toquen cuando se congelen– antes de empaquetarse en bolsas para una congelación a largo plazo. En cualquier caso, la mayoría de las hortalizas deben blanquearse escaldándolas antes de congelarlas; el blanqueado sirve para destruir las enzimas que de otro modo deteriorarían la verdura.

Para las hortalizas más delicadas, el blanqueado implica vaporizarlas ligeramente. Para hortalizas más duras, hay que colocarlas en agua fría sin salar, llevarlas a ebullición, espumarlas, dejar que hiervan a fuego lento unos minutos y escurrirlas. Después hay que sumergir las hortalizas en agua fría antes de secarlas; así su aspecto será aún más fresco cuando se las descongele.

Las hortalizas también se pueden congelar una vez hervidas y trituradas. Aquellas con un alto contenido en agua, como los calabacines, mejoran si se las saltea ligeramente antes de congelarlas.

Las verduras de raíz pueden ser congeladas, aunque se pueden almacenar en el suelo o en un lugar fresco, seco y oscuro. Algunas, como las zanahorias tiernas, pueden congelarse enteras, pero la mayoría es mejor triturarlas antes.

Los pequeños frutos se congelan muy bien enteros y preservan su sabor, mientras que las frutas de árbol se conservan mejor trituradas antes de congelarlas.

Algunas hierbas se pueden congelar. Sólo hay que congelar las hojas en bolsas pequeñas.

Secado

Éste es uno de los métodos más conocidos de conservación de alimentos. El secado correcto de frutas y verduras es muy delicado: si se secan demasiado rápidamente o a una temperatura muy elevada, la fruta perderá nutrientes y sabor, además de endurecerse y hacerse gomosa; pero si se secan lentamente o a temperatura demasiado baja se corre el riesgo de que los microorganismos se multipliquen.

FRUTAS PARA CONGELAR

Manzanas y peras: pelar y cocinar en forma de puré antes de congelarlas en un envase adecuado.

Albaricoques, nectarinas, melocotones y ciruelas: cortar por la mitad y extraer el hueso para congelarlas en almíbar.

Zarzamoras, frambuesas y moras híbridas: esparcir las moras en bandejas y congelarlas durante un par de horas antes de embolsarlas.

Arándanos, grosellas, uvas crespas, higos y ruibarbo: pueden congelarse en bandejas, aunque es más rápido hacerlo en paquetes directamente. Hay que retirar los pezones de los racimos de grosellas y despuntar las uvas crespas.

Fresas: como se estropean con facilidad, hay que congelarlas un par de horas en una bandeja espolvoreadas con azúcar, y después embolsarlas.

Existen tres métodos básicos de secado de frutas y verduras: el secado al sol, que requiere luz solar directa y un tiempo seco y caluroso; el secado en horno requiere un horno fiable, preferiblemente de convección; y el secado con aire, que precisa una zona bien ventilada y sin insectos.

Secado al horno

Ciertas frutas y hortalizas son mejores que otras para el secado al horno. Por ejemplo, los frutos con un elevado contenido en agua como el melón o los cítricos pierden buena parte de su aroma, y los pequeños frutos con muchas pepitas acaban siendo un amasijo de semillas duras sin carne alguna cuando se secan.

El tiempo necesario depende de lo que se esté secando y del grosor de las rodajas o trozos. En general, hay que dejar secar durante dos horas las rodajas de unos 6 mm de grosor, y cuatro veces más las rodajas de unos 12 mm. Si se pretende secar hortalizas regularmente, lo más práctico es adquirir un deshidratador comercial. Si sólo se va a hacer de vez en cuando, con un horno de convección será suficiente. Es muy importante mantener la temperatura entre 49 y 60 °C.

Hay que disponer la fruta y la verdura en bandejas de tal modo que haya suficiente espacio entre ellas para la circulación del aire, por lo menos unos 7,5 cm. Las bandejas deben voltearse y cambiarse de posición durante el proceso, de manera que las hortalizas se expongan homogéneamente al calor. Tan pronto como el jugo esté seco, hay que voltear las piezas de verdura y fruta de vez en cuando para que se sequen homogéneamente.

Secado al aire

Este método es el más adecuado para las hierbas. Hay que cosechar las hierbas a primera hora de la mañana, y escoger sólo los mejores tallos; éstos se disponen en pequeños manojos atados con un cordón. Los manojos deben colgarse cabeza abajo en un lugar oscuro y seco –un armario secador es ideal hasta que estén secos–. Una vez secos, hay que arrancar las hojas de los tallos y almacenarlas en tarros herméticos. Las hierbas mantienen su aroma durante más tiempo si no les da la luz.

Conserva en aceite

Los aceites aromatizados dan un toque único e inesperado a los aliños y marinados.

Hay que utilizar un aceite suave como base para hierbas de aroma delicado, como albahaca, mejorana y tomillo. Los aceites fuertes, como el de oliva, compiten con el aroma de las hierbas. Sin embargo, éste constituye una base idónea para aromas más fuertes, como el de ajo, hinojo, menta y romero.

Se debe llenar media botella con aceite y añadir los ingredientes que se desee poner en infusión; es mejor

añadirlos en forma de ramitas en vez de hojas sueltas. Deben permanecer tapados y cubiertos al menos durante un par de semanas. Después de este tiempo pueden colarse si se desea un aceite limpio, o dejar las especias en el aceite, que no se descomponen y le dan un toque atractivo.

Conserva en alcohol

El alcohol es un medio ideal para las conservas, especialmente de fruta. A medida que la fruta absorbe el alcohol, se desprenden azúcares que transforman el alcohol en un delicioso jarabe, dulce y fuerte, que puede acompañar la fruta cuando se sirve.

El método es fácil. Hay que rellenar frascos de cuello ancho con capas de diferentes frutas o una sola, y verter el alcohol. El jerez, el brandy o el ron resultan ideales. Debe cerrarse herméticamente y dejar por lo menos tres semanas; conviene girar el frasco de vez en cuando para asegurar que toda la fruta recibe el mismo tratamiento.

Fruta envasada

Este método se basa en calentar a temperatura elevada la fruta dentro de un frasco esterilizado. Es fundamental usar envases adecuados y que puedan cerrarse herméticamente.

La fruta puede embotellarse en crudo o cocinada, y como en cualquier otro tipo de conserva, es importante seleccionar lo mejor de la cosecha. Hay que lavar la fruta y eliminar cualquier imperfección, así como los pezones, los corazones y los huesos. Las frutas con una piel gruesa o con borra deben pelarse.

Se puede utilizar agua para la conserva, aunque un poco de azúcar (o jugo de limón, para las peras) mejora sustancialmente el gusto de la fruta y ayuda a conservar la textura y el color. Hay que asegurarse de que toda la fruta queda cubierta. El tiempo de cocción varía en función de la fruta: los tomates necesitan el tiempo más largo, unos 45 minutos, mientras que las frutas delicadas, como las grosellas, sólo precisan 15 minutos.

Una vez la fruta está en el frasco estéril, debe ponerse el frasco al baño María en una olla que permita cubrirlo con, al menos, 2 cm de agua. La fruta embotellada se puede conservar durante más de un año en un lugar fresco y oscuro.

Almacenaje de fruta y hortalizas

Fruta

Las manzanas y las peras se conservan durante semanas si se mantienen en cajas de madera en un lugar fresco –aunque no tanto como para que se puedan helar–. Envolver las manzanas individualmente en papel de periódico evita que se extiendan las enfermedades, pero las peras deben examinarse con tanta frecuencia que esto sería demasiado costoso.

Hay que escoger un área alejada de cualquier fuente de olores fuertes, que podría alterar el gusto de la fruta, y mantener las peras y las manzanas separadas. Es preciso inspeccionar la fruta con regularidad y retirar cualquiera que empiece a picarse, pues echaría a perder el resto de la caja.

Raíces y tubérculos

Estas hortalizas pueden conservarse durante meses si se hace correctamente. Remolachas, zanahorias, chirivías, salsifí, escorzonera, colinabos, rábanos y nabos pueden dejarse en la tierra hasta que haya riesgo de heladas, momento en que deben arrancarse y colocarse en cajas con arena húmeda, que hay que almacenar en un lugar fresco. Las patatas se pueden almacenar en bolsas de papel grueso, bien cerradas para que no les toque la luz.

Guardar semillas

Mientras que en general se recogen y se guardan las semillas de las plantas ornamentales, esto no se hace con las de hortalizas. Sin embargo, la recolección a partir de plantas de semillas grandes, como las judías, es muy sencilla. Simplemente hay que dejar unas pocas vainas en las plantas, tanto tiempo como sea posible, hasta que las amenacen las heladas; entonces hay que desgranarlas y seleccionar las semillas con mejor aspecto.

Hortalizas

Hortalizas
de ensalada

**Merece la pena dedicar todo el esfuerzo a diseñar
y preparar el huerto para el cultivo exclusivo de hortalizas
para ensalada. Crecen rápidamente, proporcionan
una satisfacción instantánea y no tienen demasiadas
exigencias, sólo el riego y la necesidad de ser desherbadas
de vez en cuando. Las hortalizas para ensalada pueden
protegerse de plagas y enfermedades con facilidad.**

Otra ventaja de las hortalizas de ensalada es que son
generalmente resistentes, y con poco esfuerzo se puede
programar la siembra para obtener cosechas todo el año.

Por encima de estas características, las hortalizas son
extremadamente decorativas. Existe una amplia variedad
de colores para escoger –desde el amarillo más pálido
hasta el rojo más oscuro, pasando por el verde más intenso–
así como multitud de formas. Sólo hay que pensar en las
puntiagudas endibias y en las suaves y sueltas lechugas.

Las hortalizas de ensalada se pueden cultivar con facilidad
entre las flores de un jardín o en recipientes. Incluso si sólo
se dispone de una jardinera, es posible disfrutar del inigualable
gusto de la verdura cultivada en casa –un gusto con el que
las verduras de supermercado no pueden rivalizar.

Lechuga

Lactuca sativa

Existen cuatro tipos diferentes de lechuga: las de corte o de hojas sueltas; las mantecosas o de amarra; las iceberg y las romanas o cos. Son muy distintas y varían mucho en textura y gusto.

Las lechugas pueden requerir para madurar entre 6 y 14 semanas, lo que depende de la variedad. Con una planificación adecuada es posible cosechar lechugas durante nueve meses si se seleccionan las variedades acertadas y se tiene la posibilidad de cultivar algunas bajo cubierto.

La lechuga necesita una posición soleada con un suelo rico, bien drenado pero que se mantenga húmedo. Las lechugas de verano se pueden sembrar directamente desde principios de primavera hasta mediados de verano en un suelo bien rastrillado. El suelo debe ser cálido y húmedo, y si es necesario hay que regar ligeramente antes de la siembra. Si se vive en una zona de clima cálido, una posición a media sombra es mejor que a pleno sol. La sombra que ofrecen otras plantas más altas, como tomateras o judías encañadas, puede ser una protección adecuada contra el sol directo.

El espacio que se debe dejar entre plantas cambiará en función de la variedad, pero en líneas generales hay que sembrarlas a 1 cm

suelo	Rico, que retenga la humedad pero no se encharque es lo mejor para las lechugas. El pH ideal es de 6,5 a 7,5
ubicación	Un lugar soleado pero resguardado, protegido de los vientos fuertes y la contaminación
riego	El suelo debe estar bien húmedo cuando se siembre. Hay que regar frecuentemente durante períodos secos
abonado	Si el suelo es pobre hay que añadir un abono nitrogenado. En cualquier caso, las lechugas se dan bien
cuidados	Hay que pasar la azada alrededor de las lechugas para eliminar las malas hierbas. De todas maneras, las lechugas son resistentes y necesitan pocos cuidados
plagas y enferme- dades	Pulgones, gorriones, babosas y caracoles pueden causar estragos. Hay que vigilar también la aparición de mildiu

Lechuga «Lollo Rossa»

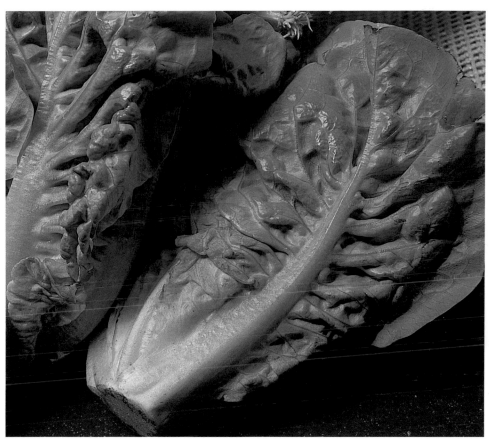

Lechuga Cos «Little Gem»

de profundidad, y en hileras separadas unos 15 cm, mientras que las variedades más grandes deben sembrarse por lo menos al doble de distancia. Las mismas referencias deben utilizarse en el aclareo.

Para asegurar un suministro constante de lechugas es mejor sembrar pocas y con cierta frecuencia –cada dos semanas desde principios de primavera hasta mediados de verano puede dar lugar a una buena cosecha–. Algunas lechugas, como las variedades acogolladas, no duran mucho tiempo en la tierra, así que no deben sembrarse demasiadas a la vez.

A principios de otoño hay que sembrar las variedades de primavera. Éstas permanecen en el suelo todo el invierno, prestas a crecer en primavera. Variedades adecuadas para la siembra en otoño son «Winter Density», «Valdor» y «Artic King». Las «Little Gem» hay que sembrarlas a principios de otoño bajo cubierto para consumirlas en invierno. Algunas de estas variedades de maduración

primaveral no pueden soportar el calor estival, por lo que pueden espigarse rápidamente si se las siembra a principios de temporada.

Las variedades de hoja son las mejores para el cultivo de cortar, ya que no forman un cogollo definido. Con el método de cortar, se pueden cortar hojas sueltas o la planta entera a fin de permitir el crecimiento de otra cosecha. De esta manera, se pueden conseguir dos o tres cosechas con la misma siembra.

Hay que sembrar la semilla en hileras a unos 15 cm de distancia, y empezar a cortar hojas cuando las plantas hayan alcanzado unos 5-8 cm de altura. La planta se puede cortar a unos 4 cm del suelo. «Saladini» es una variedad especialmente gustosa de las de corte.

A medida que el tiempo se hace más cálido y los días más largos, las lechugas maduran más rápidamente y existe el riesgo de que se espiguen. Una vez sucede esto, las plantas desarrollan un gusto amargo y deben descartarse para el consumo.

Para evitar el espigado, hay que proveer a las plantas con suficiente agua, y si se vive en zonas propensas a la sequía, se deben cultivar variedades resistentes al espigado, como «Tom Thumb» u «Oakleaf».

Si el huerto es muy pequeño y de espacio limitado, una buena idea es cultivar variedades de crecimiento rápido como lechugas, rábanos o espinacas antes o entre otros cultivos de ciclo más largo, como maíz, tomates o coles. Esto permite cosechar antes de que los cultivos de ciclo largo llenen la parcela entera. Esta práctica, conocida como cultivos de relevo, constituye una forma muy eficaz de aprovechar el espacio disponible.

Las lechugas pueden cultivarse entre coles de Bruselas y coliflores, que también necesitan elevados niveles de nitrógeno en el suelo. Si se dispone de espacio en un arriate de ornamentales, se puede intentar plantar un cultivo de relevo de lechuga para rellenar el espacio. ¡No hay que temer la experimentación en el huerto!

Las lechugas, con sus suculentas hojas, son tentadoras para muchos animales. El principal problema para las plantas jóvenes son los gorriones, si bien éstas pueden protegerse con un vellón de polipropileno o malla de gallinero. El cultivo también puede protegerse mediante campanas o cajoneras, que pueden hacer avanzar la cosecha hasta tres semanas.

Las babosas y los caracoles también atacan las plantas, pero se pueden combatir con trampas para caracoles (tarros de mermelada llenos de cerveza y enterrados hasta el cuello) entre las hileras. Hay que evitar el uso de veneno para caracoles, ya que los pájaros recogerán los cadáveres para alimentar a sus pollos. Además, estos cebos pueden ser tóxicos para las mascotas, razón de más para no usarlos si se tiene un perro o un gato. Los hollejos de uvas dispuestos con el agujero hacia abajo constituyen una trampa más atractiva; sólo hay que recoger las víctimas por la mañana y deshacerse de ellas.

Los diferentes tipos de lechuga requieren distintos momentos de siembra y de cosecha

Lechuga mantecosa «Tom Thumb»

(*véase* también tabla inferior para más detalles).

De hoja suelta: Sembrar en el exterior desde principios de primavera hasta mediados de verano. Cosechar desde principios de verano hasta mediados de otoño. Este tipo es ideal para cortar (*véase* pág. 45).

Cos (romana) y semi-cos: Para cosecha de verano, sembrar en el exterior desde principios de primavera hasta mediados de verano. Cosechar desde finales de primavera hasta mediados de otoño. Las lechugas romanas son de desarrollo más lento que las mantecosas, con hojas dulces, alargadas.

Lechuga «Mini Blush»

Lechuga «Iceberg»

Mantecosas: Sembrar desde principios de primavera hasta finales de verano. Cosechar desde finales de primavera hasta mediados de otoño. Las mantecosas son de cogollo poco apretado, de desarrollo rápido, con hojas delicadas y tiernas.

Iceberg: Sembrar desde principios de primavera hasta mediados de verano. Cosechar desde principios de verano hasta mediados de otoño. Las lechugas iceberg son de desarrollo lento con buena resistencia al calor, con hojas crujientes y gustosas.

Lechugas mini: Toda la lechuga puede consumirse cuando todavía es pequeña, pero hay variedades más adecuadas (*véase* recuadro pág. opuesta).

		PRIMAVERA	VERANO	OTOÑO	INVIERNO	
[HOJA SUELTA]	«Salad Bowl»					Hojas verdes abundantes, tiernas y frescas. Resiste bien los períodos secos
	«Oakleaf»					Hojas rojas gustosas. De espigado lento y resistente al mildiu
	«Lollo Bionda»					Hojas gustosas de color verde pálido. Resiste bien los períodos secos
	«Lollo Rossa»					Hojas rojizas festoneadas. Crespa y deliciosa
	«Saladini»					Combinación de achicoria, endibia y lechuga. Buena para cortar
[COS/SEMI-COS]	«Little Gem»					Compacta, resistente al pulgón de la raíz. Desarrollo rápido, dulce y crujiente
	«Lobjoit's Green Cos»					Hojas verde oscuro, crespas. Muy gustosa. Variedad de invierno excelente
	«Winter Density»					Variedad semi-cos excelente, con un aroma encantador. Cosecha desde primavera
[MANTECOSAS]	«All the Year Round»					Variedad tradicional con cogollos medianos y buen gusto. Temporada larga
	«Tom Thumb»					Variedad precoz de crecimiento rápido con un cogollo sólido. Crece bien a cubierto
	«Sangria»					Variedad decorativa con hojas verde claro, teñidas de rojo
	«Valdor»					Dura, de cogollos grandes y fuertes. Ideal para la siembra exterior con campanas
	«Artic King»					Variedad dura seleccionada para la siembra de otoño en el exterior. Muy compacta
[ICEBERG]	«Webb's Wonderful»					Variedad popular de hojas grandes y crujientes, de aroma delicioso
	«Saladin»					Variedad muy gustosa, con un cogollo grande y crujiente
	«Lakeland»					Cogollos apretados con grandes hojas verdes. Pocas hojas externas

plantación   cosecha

Ensaladas picantes

Una queja común es que las ensaladas con frecuencia resultan algo desabridas y sosas. Sin embargo, gracias al juicioso empleo de este grupo de hortalizas tan gustosas y picantes, seguro que esta queja nunca más tendrá sentido.

Achicoria y escarola
Cichorium endivia

Existen dos tipos diferentes de esta planta –las de hojas planas y las de hojas rizadas–, ambas con un gusto delicioso, algo amargo. Son excelentes para el cultivo en otoño e invierno. Se pueden cultivar para cortar (*véase* pág. 45), ya sea cosechando hojas individuales o cortando la planta a unos 2,5 cm del suelo. Las achicorias requieren suelos fértiles, bien aireados, mejor arenosos, y estar a pleno sol. Se siembran de mediados de primavera a mediados de verano.

Achicoria «Palla Rossa»

Mostaza, mastuerzo y berros

Mostaza (*Brassica hirta*)
Se puede comer cuando aún es una planta joven. Se siembra directamente en el exterior en primavera y otoño cada siete o diez días, y a cubierto entre otoño y primavera. También es posible cultivarla todo el año en recipientes cubiertos con tela húmeda. Se cosecha cuando mide unos 4 cm de altura. Sólo da tres o cuatro cortes.

Mastuerzo (*Lepidium sativum*)
El mastuerzo es parecido a la mostaza en tanto que se come en estado de plántula, y sus aromas se complementan tan bien que con frecuencia se comen juntos.

Se siembra en el exterior, a voleo, y se espera unas cuatro semanas antes de cosecharlo. Como la mostaza, se puede cultivar a cubierto en recipientes forrados de tela húmeda.

Berro (*Rorippa nasturtium-aquaticum*)
Hojas verde oscuro, con un delicioso sabor a especies, picante. Es una planta dura, por lo que se puede cultivar como ensalada de invierno. Hay que mantenerla en una zona sombreada.

Para cultivarlo hay que usar esquejes con raíces, mejor que semillas. Se coloca un tallo en una jarra con agua y se espera hasta que le broten raíces, momento en que ya se pueden sacar esquejes para plantarlos en un surco inundado de unos 5 cm de profundidad con arena en el fondo. Conviene regarlos en abundancia.

suelo	Rico, que retenga la humedad pero que drene –excepto para el berro, que lo necesita anegado
ubicación	Bien soleada, protegida de los vientos fuertes. El berro prefiere media sombra
riego	Debe asegurarse de que el suelo esté húmedo cuando se siembra. Regar con frecuencia en los períodos secos
abonado	Abonado generoso con materia orgánica antes de la siembra. Un abonado posterior puede ayudar si el crecimiento es lento
cuidados	Cavar alrededor de las plantas para eliminar las malas hierbas. Son plantas resistentes y exigen pocos cuidados
plagas y enfermedades	Las babosas y los caracoles pueden ser un problema para estas plantas. La ruca es propensa a los ataques de escarabajo pulga

El berro posee un fuerte y delicioso sabor

Ruca u oruga
Eruca vesicaria

La ruca tiene un delicioso gusto picante, acre pero no amargo. Es una planta realmente dura y vigorosa que sobrevive en cualquier tipo de suelo, aunque lo prefiere húmedo y fértil. Puede cultivarse a cubierto.

La siembra se realiza de primavera a verano, cada quince días, en hileras separadas unos 30 cm. Se cubren con un poco de tierra fina y se afirma. Se deben entresacar hasta dejarlas unos 10 cm. Se cosecha de cuatro a cinco semanas después de la siembra.

Ruca

Endibia y radicchio
Cichorium intybus

Entre las hortalizas para ensalada más decorativas se cuentan las endibias y el radicchio (o achicoria roja), que tienen hojas crujientes con un distintivo gusto amargo. Son fáciles de cultivar y muy resistentes. El radicchio es especialmente útil como ensalada de invierno.

El mejor momento para la cosecha se da entre unas ocho y diez semanas después de la siembra.

Radicchio «Palla Rossa»

Canónigo
Valerianella locusta

Producen unas hojas atractivas, de color verde oscuro brillante, con un gusto delicado. Son sencillos de cultivar, tanto en verano como en invierno. Crecen bien a cubierto y en recipientes. También pueden cosecharse para cortar.

Se siembran desde finales de invierno hasta mediados de otoño sucesivamente (en verano en el exterior). La cosecha se hace desde mediados de primavera hasta mediados de invierno.

Canónigos

	PRIMAVERA	VERANO	OTOÑO	INVIERNO	
Achicoria «Chicorées Frisées»					Hojas veteadas muy atractivas. También conocida como «Moss Curled»
Achicoria «Palla Rossa»					Variedad popular con un buen sabor picante
Escarola «Green Curled»					Hojas verdes suculentas. Muy resistente
Mastuerzo «Fine Curled»					Hojas menudas y tiernas. Excelente verdura de todo tiempo
Mastuerzo «Extra Double Curled»					Aderezo delicioso. Rápido y fácil de cultivar. Buena verdura de todo tiempo
Endibia «Pain de Sucre/Sugar Loaf»					Hojas verdes crujientes, menos amarga que otras variedades. Resiste bien la sequía
Endibia «Winter Fare»					Variedad muy resistente excelente para el cultivo de invierno
Radicchio «Palla Rossa»					Las hojas verdes se tornan rojas en invierno. Excelente variedad de invierno
Radicchio «Augusto»					Delicioso cogollo rojo, con venas blancas. Crece vigorosamente, tarda en espigarse
Radicchio «Cesare»					Variedad precoz con un delicioso pero fuerte sabor
Radicchio «Alouette»					Variedad precoz con atractivas hojas rojas veteadas de blanco
Canónigo «Vit»					Gusto delicado. Siembra directa a finales de verano/principios de otoño
Canónigo «Large Leaved»					Excelente para invierno. Siembra directa a finales de verano/principios de otoño
Canónigo «Jade»					Excelentes hojas tiernas. Siembra directa a finales de verano/principios de otoño

🌱 plantación   🫘 cosecha

Hortalizas de fruto

Estas hortalizas constituyen un grupo de plantas delicadas que crecen bien a cubierto, pero que además son capaces de resistir en el exterior si se les proporciona una ubicación soleada y resguardada.

Dentro de este grupo, los tomates son los más cultivados. Los que crecen en casa tienen un aroma tan intenso comparado con los del comercio que su cultivo puede volverse adictivo: una vez que se ha empezado a cultivarlos, ya no es habitual volver a comprarlos.

Las berenjenas y los pimientos, ambos dulces y cálidos, son plantas relativamente sencillas de cultivar una vez se controlan sus requerimientos de temperatura. Comparten muchas de las necesidades de los tomates, de modo que la técnica de cultivo es prácticamente idéntica. Por lo tanto, si se pueden cultivar tomates, igualmente se podrán cultivar pimientos y berenjenas.

Estas hortalizas son excelentes asadas, rellenas u horneadas, y convenientemente combinadas forman la base de algunos platos exquisitos, como el clásico pisto provenzal, la *ratatouille*. Cocinadas con un chorro de aceite de oliva, sus aromas poseen la capacidad de transportar a la calidez mediterránea, haga el tiempo que haga.

Tomates

Lycopersicon esculentum

Existen numerosas variedades de tomates –desde las minúsculas variedades «Cherry», pasando por los alargados «de pera» o los enormes «Beefsteak»–. Los tomates «Cherry» son, generalmente, muy dulces e insuperables consumidos directamente de la planta, y los «Beefsteak» resultan ideales para cortar a rodajas y para rellenar. Los tomates «de pera» son sobre todo adecuados para cocinar, embotellar o hacer salsa y sopas de tomate. Incluso aunque sólo se disponga de un alféizar o una jardinera se puede disfrutar de una buena cosecha de tomates.

Es recomendable cultivar aunque sea sólo una planta, ya que el gusto que tienen los tomates cultivados en casa es infinitamente mejor que el de los comprados. Mientras que la mayoría de supermercados sólo cuentan con variedades rojas «típicas», los tomates presentan una amplia diversidad de colores, que abarca desde un amarillo dorado intenso hasta un rojo intenso, casi púrpura. Hay incluso variedades variegadas, rayadas: la más notable es la «Tigerella». Algunas de las variedades más interesantes son, en realidad, variedades tradicionales antiguas –«Heirloom» y «Heritage»–. Muchas han estado al borde de la desaparición, pero actualmente existe un poderoso movimiento cuyo objetivo es redescubrir y conservar estas variedades.

Las diferentes formas de tomatera incluyen matas y plantas enanas, erectas y variedades recientes rastreras, que se han seleccionado especialmente para el cultivo en recipientes o cestas colgadas. De estas variedades, las matas

suelo	Rico, fértil y bien drenado. pH idóneo entre 5,5 y 7. Alto contenido en fósforo pero bajo en nitrógeno
ubicación	Situar las tomateras a cubierto o en una posición soleada y resguardada, preferiblemente contra una pared
riego	Mantener las tomateras bien regadas –especialmente aquellas cultivadas en macetas o cestas colgadas, ya que se secan más rápidamente
abonado	Las plantas cultivadas a cubierto necesitan abonarse quincenalmente con un abono líquido para tomateras
cuidados	Eliminar las puntas y brotes laterales de las variedades erectas. Encañar cuando sea necesario. Acolchado generoso para retener la humedad
plagas y enfermedades	Babosas, mosca blanca, podredumbre de tallos, virus del mosaico del tomate y la podredumbre gris pueden causar problemas en las tomateras

Tomatera rastrera en una maceta para colgar

y las rastreras, a veces llamadas «determinadas», necesitan escasos cuidados. Las tomateras erectas deben tutorarse o encañarse a medida que crecen; además, hay que eliminarles los tallos laterales (cualquier tallo pequeño que pueda aparecer en los ángulos entre el tallo principal y cualquiera de las ramas con hojas) y despuntar las plantas a mediados de verano. Esta eliminación de brotes mantiene la forma de la planta y, en el caso del ápice de la planta, detiene la formación de nuevas flores cuando se acerca el final de la temporada. El hecho de evitar la formación de más flores ayuda a canalizar toda la energía de la planta en los frutos que se están desarrollando, más que incrementar la altura.

Los tomates pueden cultivarse en el exterior en una posición soleada y protegida. Sin embargo, para asegurarse una buena cosecha, es mejor cultivarlos a cubierto. Tienen sistemas de raíces grandes, por lo que necesitan unos recipientes adecuados, con un compost rico, como el John Innes n.° 3. Otro método consiste en plantarlas en bolsas de cultivo, a razón de un par de plantas por bolsa. Éstas contienen la cantidad justa de una mezcla con suelo de compost para recipientes a fin de satisfacer sus necesidades.

Si se pretende una excepcionalmente buena cosecha, entonces hay que apilar una bolsa abierta por su base sobre una abierta por la parte superior. De esta manera, las tomateras plantadas en la bolsa superior tendrán más tierra para desarrollar sus raíces.

Si se desea cultivar los tomates en el exterior, hay que preparar correctamente el suelo cavando

Tomate estándar «Ailsa Craig»

grandes cantidades de compost o estiércol maduro, hasta una profundidad de unos 30 cm. Las plantas crecerán mejor si se las sitúa cerca de una pared soleada y resguardada, de manera que puedan captar el calor que la pared absorbe y refleja.

A medida que crecen, hay que asegurar que el tallo tenga un buen soporte. Asimismo, mientras produzcan sus frutos, algunos de los tallos laterales también necesitarán un soporte extra o atarse, ya que el peso de los frutos puede hacer que la planta se doble. Las cañas de bambú o las celosías son idóneas para este propósito. Mientras la planta vaya creciendo, convendrá atar los tallos –no muy fuertemente– a las cañas.

Las tomateras cultivadas a cubierto necesitan abonado y riego regulares; sin embargo, hay que mantener un equilibrio adecuado. Demasiada agua o demasiado fertilizante pueden afectar negativamente el aroma de los frutos, así como demasiado poco pueden impedir su desarrollo. Las plantas cultivadas en el exterior no deberían requerir un abonado adicional, siempre que el suelo haya estado acondicionado correctamente antes de la siembra.

Las tomateras pueden adquirirse en forma de plantas, pero la gama de variedades disponibles frecuentemente es muy limitada. En consecuencia, si se desea alguna planta que no sea de las

Tomate estándar «Shirley F1»

variedades más comunes, será necesario cultivarla a partir de semilla mediante el siguiente método: Hay que esparcir la semilla en la superficie del compost en un semillero y cubrirla con una capa ligera de compost. Se riega y se cubre la bandeja con una película de plástico de cocina –de cubrir alimentos– para mantener la humedad y el calor, lo que favorecerá la germinación. Tan pronto como las plantas hayan desarrollado un par de hojas, se deben repicar en macetas individuales de unos 7,5 cm.

Pueden trasplantarse, ya sea a cubierto o en el exterior, dependiendo de la variedad, una vez que ya no haya riesgo de heladas. Si se las planta en el

Tomate Beefsteak «Marmande»

Tomate de pera «Roma»

exterior, hay que endurecer las plantas previamente (*véase* pág. 21), de lo contrario el cambio de temperatura puede resultar demasiado fuerte.

Debe permitirse que los frutos maduren en la mata y recogerlos cuando hayan desarrollado plenamente su coloración. A final de temporada, los frutos verdes restantes pueden recogerse y dejarse madurar en un lugar cálido dentro de casa.

La siembra de tomates a cubierto se realiza desde mediados de invierno hasta mediados o finales de primavera. Las variedades para el exterior se pueden sembrar a mediados de primavera protegidas con campanas. La distancia entre plantas debe ser de 45-60 cm. La cosecha se realiza a finales de verano.

	PRIMAVERA	VERANO	OTOÑO	INVIERNO	
Estándar «Shirley F1»	plantación plantación		cosecha cosecha		plantación	Variedad popular, muy productiva y precoz para siembra a cubierto
Estándar «Blizzard»	plantación plantación	cosecha cosecha cosecha cosecha	cosecha		plantación plantación	Variedad precoz de altos rendimientos durante una temporada larga. A cubierto
Estándar «Ailsa Craig»	plantación plantación plantación	cosecha cosecha cosecha	cosecha		plantación	Variedad tradicional de frutos medianos. Cubierto/exterior
Estándar «Alicante»	plantación plantación plantación	cosecha cosecha cosecha	cosecha		plantación	Variedad precoz que produce frutos de 5 cm. Cubierto/exterior
Beefsteak «Marmande»	plantación	plantación cosecha cosecha	cosecha			Variedad precoz de aroma exquisito. Exterior
Beefsteak «Buffalo F1»	plantación plantación plantación	cosecha cosecha cosecha	cosecha		plantación	Cosechas muy generosas con un fantástico sabor. Cubierto/exterior
Beefsteak «Big Boy»	plantación	cosecha cosecha cosecha	cosecha		plantación plantación	De producción fiable. Frutos deliciosos de hasta 10 cm. A cubierto.
Pera «Roma»	plantación plantación	cosecha cosecha cosecha	cosecha			Producción elevada y versátil de frutos gustosos y casi sin semillas. Exterior
Pera «San Marzano»	plantación	plantación cosecha cosecha	cosecha			Producción fiable y elevada de tomate italiano. Cubierto/exterior
Pera «Incas F1»	plantación plantación	cosecha				Temprano, de mata. Excelente para cocinar. Algo resistente a enfermedades. Exterior
Cherry «Gardener's Delight»	plantación	plantación cosecha cosecha	cosecha			Elevada producción de frutos muy rojos, dulces. Cubierto/exterior
Cherry «Tumbler»	plantación	plantación cosecha cosecha	cosecha			Plantas que producen ramilletes cargados de frutos. Cubierto/exterior
Cherry «Sungold»	plantación	plantación cosecha cosecha	cosecha			Nueva variedad de color naranja brillante, con un gusto sensacional. Cubierto/exterior

plantación   cosecha

Pimientos

Capsicum annuum
grupo Grossum

Existe cierta confusión alrededor de los pimientos. Los verdes son exactamente iguales que los rojos, naranjas y los amarillos –simplemente no están del todo maduros–. Así como las guindillas a medida que maduran se hacen más picantes, los pimientos con la maduración se vuelven más dulces y su aroma se hace más suave.

Pimientos picantes, guindillas o chiles

Capsicum annuum
grupo Longum

Algunas variedades de pimientos se escogen para consumir sus frutos cuando aún están verdes, mientras que otras son mejores cuando están completamente maduras. Una ventaja de recolectar los pimientos cuando aún verdean es que así se estimula a la planta para que produzca más frutos.

Los pimientos resultan deliciosos crudos, en ensaladas, o cocinados. Los pimientos picantes se consumen, en general, cocinados. El gusto picante lo producen las semillas y los hilos blancos, más que las paredes del fruto.

Los pimientos son plantas tropicales, de modo que, en general, se consideran plantas para cultivar a cubierto. Sin embargo, pueden cultivarse en el exterior siempre que el lugar sea soleado y cálido. El cultivo puede darse bien junto a una pared bien soleada y protegida, aunque incluso así puede ser necesaria la protección de un vellón de polipropileno cuando las temperaturas nocturnas descienden mucho.

Hay que sembrar los pimientos en bandejas cubiertas desde finales de invierno hasta mediados de primavera. Las semillas necesitan una temperatura de unos 21 °C para germinar. Una vez que aparezcan las plántulas, hay que reducir la temperatura hasta 18 °C. El trasplante a macetas individuales de unos 7,5 cm se realiza cuando las plantas ya presentan las dos primeras hojas verdaderas. Por último, hay que trasplantarlas a su posición definitiva cuando hayan empezado a florecer con una distancia de unos 50 cm entre plantas. La cosecha se realiza desde mediados de verano hasta principios de otoño.

Pimiento dulce «Gypsy»

Guindilla «Hungarian Wax»

suelo	Estas plantas prefieren suelos fértiles, bien drenados, con niveles moderados de nitrógeno
ubicación	Cultivar a cubierto o junto a una pared protegida y encarada al sol
riego	Hay que mantener las plantas bien regadas, especialmente mientras se forman los frutos
abonado	Las plantas cultivadas en macetas pueden requerir un aporte ocasional de fertilizante para tomates
cuidados	Pinzar regularmente las puntas de crecimiento para estimular un crecimiento fuerte. No son necesarios muchos más cuidados
plagas y enfermedades	La mosca blanca, la araña roja y el virus del mosaico del tomate pueden ser problemáticos para el cultivo de pimientos y guindillas

		PRIMAVERA	VERANO	OTOÑO	INVIERNO		
[DULCE]	Pimientos «Redskin F1»	🪴🪴 ✎	🌰🌰🌰			🪴	Variedad enana y precoz de producción elevada
	Pimientos «Bell Boy F1»	🪴🪴 ✎	🌰🌰🌰				Frutos verde oscuro, dulces. Variedad fuerte, resistente y muy productiva
	Pimientos «Purple»	🪴🪴 ✎	🌰🌰🌰				Variedad poco usual de tallos y frutos oscuros –casi negros cuando maduran
	Pimientos «Figaro F1»	🪴🪴 ✎	🌰🌰🌰				Frutos abultados que se tornan rojos al madurar. Buena resistencia a enfermedades
[PICANTES/GUIN.]	Pimientos «Cayenne»	🪴🪴 ✎	🌰🌰🌰				Útiles para el uso en verde o maduros, tanto frescos como secos
	Pimientos «Hungarian Wax»	🪴🪴 ✎	🌰🌰🌰				Amarillos, largos y puntiagudos. Dulces mientras son inmaduros, picantes al madurar
	Pimientos «Habenero»	🪴🪴 ✎	🌰🌰🌰				Populares pimientos muy picantes. Los pequeños frutos son naranjas cuando maduran
	Pimientos «Jalapeño»	🪴🪴 ✎	🌰🌰🌰				Guindillas largas muy picantes. A veces conocidos como pimientos «pizza»

✎ trasplante   🌰 cosecha   🪴 siembra

Berenjenas

Solanum melongena

Las berenjenas, originarias de la India, son plantas delicadas. Esto significa que crecen mejor a cubierto, aunque pueden resistir el exterior si se las coloca en una situación bien soleada y resguardada.

Las berenjenas están relacionadas con los tomates y los pimientos, por lo que deben cuidarse de la misma manera. Sin embargo, siempre se consumen cocinadas y tienen un período de crecimiento más dilatado –necesitan cinco meses completos para fructificar.

De las pequeñas matas de berenjenas penden frutos brillantes, céreos. Éstos presentan una rica variedad de colores. Son bien conocidas las variedades negras-liláceas, pero también existen variedades rayadas de marrón y, más raramente, completamente blancas. Estas últimas, por ejemplo la «Mohican», explican el nombre alternativo que reciben en países de habla inglesa: planta de huevos.

Estas matas con esos frutos tan ornamentales son muy decorativas cuando se las cultiva en macetas. Además, así pueden trasladarse a cubierto si el tiempo se torna frío.

Para asegurar que las berenjenas alcancen su máximo tamaño, hay que limitar el número de frutos en cada planta, para lo que se pinza el exceso de flores. En general es suficiente con cuatro a cinco frutos por planta. También es necesario pinzar las puntas de crecimiento cuando las plantas miden de 30 a 38 cm para promover un crecimiento más ramificado.

La siembra se realiza a cubierto entre mediados de invierno y principios de primavera. Hay que sumergir las semillas en agua templada para acelerar la germinación y mantenerlas a una temperatura de 21 °C hasta que germinen, momento en que deben mantenerse a 18-20 °C.

Berenjena «Black Beauty»

Berenjena «F1 Moneymaker»

Entonces hay que repicarlas en macetas de 7,5 cm y trasplantarlas cuando alcancen los 8-10 cm, dejando unos 60 cm entre plantas. La cosecha se realiza a partir de mediados de verano.

suelo	Las berenjenas gustan de suelos fértiles, profundos, bien drenados, con niveles moderados de nitrógeno
ubicación	Cultivar las berenjenas a cubierto o contra una pared protegida y bien soleada
riego	Hay que mantener las berenjenas bien regadas, especialmente durante la formación de los frutos, ya que ello favorece su crecimiento
abonado	Las berenjenas se ven favorecidas por aplicaciones quincenales de un fertilizante líquido
cuidados	Hay que proporcionar un buen acolchado que conserve la humedad. Mantener el invernadero empapado para aumentar la humedad. Tutorar si es necesario
plagas y enfermedades	La araña roja, los pulgones, los oídios y mildius pueden causar problemas a las berenjenas

	PRIMAVERA	VERANO	OTOÑO	INVIERNO	
Berenjena «Black Beauty»	🌱 ✂ ✂	🫘🫘🫘		🪴 🪴	Variedad precoz prolífica. Frutos brillantes de color negro-púrpura en forma de pera
Berenjena «F1 Moneymaker»	🌱 ✂ ✂	🫘🫘🫘		🪴 🪴	Variedad precoz muy productiva. Calidad y sabor sobresalientes
Berenjena «Long Purple»	🌱 ✂ ✂	🫘🫘🫘		🪴 🪴	Obtenida a principios del siglo xx, produce deliciosos frutos de color violeta oscuro

✂ trasplante   🫘 cosecha   🪴 siembra

Cucurbitáceas

Para obtener un auténtico sabor a verano, resultan insuperables las cucurbitáceas. Son plantas sensibles con preciosos frutos coloridos y flores delicadas, abiertas; poseen un atractivo porte reptante, y sus aromas frescos y delicados encierran el sol del verano.

Las calabazas y sus parientes ocupan un lugar especial en este grupo de vegetales. Para muchos están indisolublemente ligadas a Estados Unidos y el festival de Halloween. Allá, en Nueva Inglaterra, los puestos de carretera se desbordan de monstruosos frutos de todas las formas y colores imaginables, mientras que en Halloween las calabazas se vacían y se convierten en lámparas macabras.

En cambio, los calabacines jóvenes traen a la mente asociaciones más europeas, y forman la base de diversos platos mediterráneos. Sin embargo, los grandes calabacines tienen más relación con el norte de Europa, ya que son hortalizas algo más duras.

Los pepinos son originariamente nativos de África y Asia, y cuentan con una larga historia, ya que en la India se cultivaban hace unos 300 años. Actualmente son objeto de una atención especial en Japón, donde los criadores desarrollan una intensa labor en lo mejor de este cultivo.

Estas plantas pueden ser algo acaparadoras, pero en general resultan fáciles de cultivar y no son especialmente propensas a las enfermedades. Les gusta expandirse —sobre todo a las calabazas—, pero como son de desarrollo tan horizontal resultan especialmente adecuadas para combinar con otras plantas más verticales. Y si el espacio es realmente justo, con la excepción de los pepinos, se pueden cultivar encima de la pila del compost.

Pepinos
Cucumis sativus

Como planta más delicada de este grupo, en general el pepino se considera un cultivo no apto para exteriores, así que con frecuencia es obviado por los que no disponen de invernadero. Sin embargo, existen variedades aptas para el cultivo en el exterior, así que no hay razón alguna por la que no se pueda disfrutar del gusto sutil y fresco de estas plantas.

Los pepinos se pueden clasificar en tres categorías: los tipos de exterior; los de invernadero, y los pepinillos o pepinos de encurtir.

Los pepinos de exterior son las variedades tradicionales, mientras que los de interior presentan pieles más suaves y finas. Los primeros son menos exigentes; crecen a temperatura y humedad más bajas. Sin embargo, los pepinos de invernadero suelen dar fruto de forma más temprana.

Los pepinillos constituyen un tipo de pepino de exterior pequeño que se cosecha cuando mide entre 2,5 y 7,5 cm.

La principal característica de todos los pepinos es que, a medida que se cosechan, se mantienen

El pepino a rodajas es la base de las ensaladas de verano

produciendo. La siembra de las variedades de invernadero se realiza desde finales de invierno hasta finales de primavera para trasplantarlos a principios de verano. La de los tipos de exterior se hace entre mediados de primavera y principios de verano, inicialmente protegidos con campanas. La semilla debe sembrarse de lado a 2,5 cm. Apile el suelo en un pequeño montón para asegurar el correcto drenaje. La cosecha de los tipos de invernadero se da desde principios de verano hasta mediados de otoño; los de exterior, desde finales de verano a mediados de otoño.

suelo	Necesitan un suelo bien abonado y drenado, pero que retenga la humedad. Los pepinos prefieren niveles de nitrógeno bajos
ubicación	Los pepinos se pueden cultivar en cualquier zona soleada y protegida, aunque pueden resistir a media sombra
riego	No hay que dejar que estas plantas se sequen, especialmente durante la floración y producción de fruto, cuando necesitan más humedad
abonado	Sembrar en suelos bien abonados. Las plantas agradecerán un aporte de abono orgánico líquido durante la fructificación
cuidados	Hay que eliminar las malas hierbas de su alrededor y proveer un buen acolchado para retener la humedad. Tutorar si fuera necesario
plagas y enfermedades	La araña roja, los pulgones y el virus del mosaico del pepino pueden causar problemas si no se mantienen a raya

Pepinillos

«Venlo Pickling»: variedad prolífica, exenta de problemas, muy productiva. Apta para el exterior. «Conda F1»: variedad de exterior que produce pequeños frutos tiernos. «Alvin F1»: frutos casi sin semillas, que pueden consumirse en crudo o encurtidos. Apta para invernaderos y, en exterior, en zonas soleadas y protegidas.

Pepino de exterior «Burpless Tasty Green F1»

	PRIMAVERA	VERANO	OTOÑO	INVIERNO	
Pepino «Kalunga F1»	siembra	trasplante / cosecha	cosecha	siembra	Invernadero. Relativamente tolerante al frío. Excelente resistencia a enfermedades
Pepino «Telegraph Improved»	siembra	trasplante / cosecha	cosecha	siembra	Invernadero. Variedad tradicional popular. Cosecha asegurada.
Pepino «Pepinex 69 F1»	siembra	trasplante / cosecha	cosecha	siembra	Invernadero. Frutos largos, rectos, de color verde oscuro. Piel lisa y fina. Aroma sutil
Pepino «Bush Champion»	siembra		cosecha	cosecha	Exterior. Excelente para espacios reducidos. Buena resistencia a enfermedades
Pepino «Burpless Tasty Green F1»	siembra		cosecha	cosecha	Exterior. Piel verde oscura. Buena resistencia a enfermedades. Prolífica y gustosa
Pepino «Long Green»	siembra		cosecha	cosecha	Exterior. De cosecha generosa asegurada. Frutos medianos con un buen aroma

trasplante cosecha siembra

Calabacines
Cucurbita pepo

Los calabacines, conocidos como zapallo italiano en América Latina, han sido fruto de una selección continuada para mejorar las variedades –con la carne de un gusto más dulce y la piel especialmente fina–. Sin embargo, si un calabacín no se recolecta en estado juvenil, en pocos días se desarrollará y se hará enorme.

Los calabacines pueden consumirse en estado muy inmaduro o maduro, aunque los primeros son, en general, más gustosos y tienen una textura superior, lo que los hace deliciosos ya sea en crudo, salteados o ligeramente al vapor. Los calabacines pueden hacerse grandes y pesados, pero reducen su valor culinario a medida que crecen, ya que la piel se endurece y las pepitas se vuelven muy grandes. Sin embargo, estos calabacines grandes tienen un gusto incomparable cocinados al horno o rellenos, así que no tienen por qué descartarse.

Para el consumo de calabacines jóvenes, hay que cosecharlos cuando miden unos 10 cm y aún mantienen la flor. Una recolección regular del fruto estimula el crecimiento de más frutos.

suelo	Necesitan un suelo bien estercolado, que drene pero que retenga el agua. Prefieren suelos bajos en nitrógeno
ubicación	Pueden cultivarse en cualquier zona protegida y soleada; toleran la media sombra
riego	No hay que permitir que se sequen, especialmente durante la floración o la fructificación, cuando necesitan mucha humedad
abonado	Siembra en suelos bien abonados. Las plantas agradecen un abonado líquido durante la fructificación
cuidados	Mantener las malas hierbas a raya y acolchar alrededor para retener la humedad. Tutorar las variedades rastreras si fuera necesario
plagas y enfermedades	Las babosas pueden suponer un peligro para las plantas jóvenes. El virus del mosaico del pepino también puede causar problemas

Calabacines miniatura
«Ambassador F1»: variedad popular que da cosechas abundantes de frutos verde oscuro y aroma excelente. Recolectarlos de unos 7,5 cm. «Leprechaun»: variedad decorativa que produce frutos pequeños redondos con un sabor fantástico. Muy productivo. «Bambino F1»: variedad prolífica de frutos gustosos, pequeños, de color verde oscuro. De temporada larga.

Los calabacines son mejores cuando miden unos 10 cm

Las bellas flores naranjas que producen también son comestibles, y resultan excelentes rebozadas y fritas, o rellenas con arroz, pimiento, cebolla, ajo y carne, y hechas al horno. Para un dar toque de color interesante se puede verter encima un poco de salsa de tomate con orégano y albahaca.

Si bien las plantas son, en general, de cultivo fácil y sin problemas, sí necesitan un gran aporte de agua –especialmente en los períodos críticos de formación de las flores y los frutos–. Para evitar que el agua escape lejos de la planta, se puede practicar un pequeño alcorque alrededor de cada una. Esto mantiene el agua, de manera que se infiltra en profundidad hasta las raíces. También hay que aplicar un grueso acolchado para que se retenga toda la humedad posible.

Los calabacines jóvenes suelen obtenerse de plantas con porte de mata, mientras que los más grandes proceden de plantas con porte

Calabacín «Lorg Green Bush 2»

rastrero; en cualquier caso, requieren mucho espacio, así que hay que asegurar un buen espacio libre alrededor para que no tapen a sus vecinos. Las matas necesitan unos 90 cm en todas direcciones, mientras que las reptantes precisan casi el doble.

Este porte reptante implica que a veces es necesario un soporte para que los frutos no se apoyen en el suelo, lo que podría favorecer que se pudrieran o se los comieran las babosas y los caracoles. Esto se puede solucionar poniendo un ladrillo o un taco de madera bajo los frutos en maduración, y así alejarlos del suelo.

Las expansivas hojas y tallos de los calabacines suprimen las malas hierbas por sí mismas y reducen la necesidad del desherbado. Sin embargo, al principio de su crecimiento, un acolchado orgánico puede contribuir a reducir la presión de malas hierbas hasta que las hojas adopten esta función.

Los calabacines deben sembrarse desde mediados de primavera hasta principios de verano. Si se siembran a cubierto, deben trasplantarse al exterior cuando hayan pasado las heladas. Las plantas reptantes pueden sembrarse a finales de primavera; hay que sembrar las semillas de lado, una a una, a unos 2,5 cm de profundidad.

Todos los calabacines se cosechan entre mediados de verano y mediados de otoño (o las primeras heladas). Para que los inmaduros tengan su mejor aroma, hay que cosecharlos cuando alcancen unos 10 cm de longitud. Si se dejan crecer, el aroma y la textura del fruto salen perdiendo –además de captar la energía de la planta para la formación de frutos.

	PRIMAVERA	VERANO	OTOÑO	INVIERNO	
Calabacín «Defender»	🪣 🌱	🌰 🌰	🌰 🌰		Precoz, temporada larga. Porte abierto, buena resistencia a enfermedades
Calabacín «Afrodite F1»	🪣 🌱	🌰 🌰	🌰 🌰		Variedad bastante dura, resistente a enfermedades. Fácil de recolectar
Calabacín «Gold Rush F1»	🪣 🌱	🌰 🌰	🌰 🌰		Frutos inusuales de color amarillo dorado, de temporada larga. Precoz
Calabacín «Zucchini F1»	🪣 🌱	🌰 🌰	🌰 🌰		Produce cosechas precoces y abundantes de frutos verde claro. Buen aroma
Calabacín «Long Green Bush 2»	🪣	🌰 🌰	🌰 🌰		Frutos buenos para consumir inmaduros o maduros. Compacta
Calabacín «Tiger Cross F1»	🪣	🌰 🌰	🌰 🌰		Variedad de mata ganadora de premios. Buena resistencia a enfermedades
Calabacín «Zebra Cross F1»	🪣	🌰 🌰	🌰 🌰		Frutos atractivos de rayas regulares. Buena resistencia a enfermedades. Fiable
Calabacín «Long Green Trailing»	🪣	🌰 🌰	🌰 🌰		Rayas pálidas sobre piel verde oscura. Se expande fácilmente

🌱 trasplante   🌰 cosecha   🪣 siembra

Calabazas

Cucurbita maxima,
Cucurbita
moschata y
Cucurbita pepo

Seguramente se cuentan entre las hortalizas más fáciles de cultivar, ya que una vez empiezan a desarrollarse son imparables. Esto las hace ideales para los niños: son infalibles para despertar el interés por el cultivo, ya que los niños disfrutan viéndolas crecer y después pueden transformarlas en farolillos de Halloween.

Para los adultos, buena parte del placer procede de la gran variedad de colores brillantes y formas diversas –desde las redondas hasta las planas, y las formas alargadas de botella.

Como si su aspecto no fuera suficiente, las calabazas tienen un gusto delicioso. Las hojas jóvenes, los tallos y las flores pueden comerse, pero es la pulpa del fruto la pieza más cotizada. Su sabor es fantástico en pasteles, sopas y asada. Además, hay variedades con pepitas comestibles que proporcionan un delicioso entremés ligeramente tostadas con un poco de sal.

Las calabazas de verano forman parte de la misma familia que los calabacines, y se cultivan para ser consumidas tan pronto como se cosechan, mientras que las calabazas típicas se conservan extraordinariamente bien. Algunas variedades, como la «Atlantic Giant», pueden almacenarse durante cuatro meses, siempre y cuando se hayan

suelo	Rico, bien drenado y con niveles medios o altos de nitrógeno. pH ideal 5,5 a 7,5
ubicación	Relativamente poco exigentes, pero prefieren zonas soleadas y abiertas
riego	Las calabazas prosperan siempre que posean agua en cantidad y con frecuencia
abonado	El suelo debe estar bien estercolado antes de la siembra
cuidados	Amontonar la tierra y hacer un alcorque alrededor de cada planta para retener el agua. El acolchado también ayuda
plagas y enferme-dades	Aparte de las babosas, que pueden atacar las plantas jóvenes, están prácticamente libres de plagas y enfermedades

Calabaza «Mammoth»

Calabaza «Sunny (Hallowe'en) F1»

«curado», es decir, se hayan dejado al sol para que la piel se torne seca y dura.

Las calabazas resultan ser plantas extremadamente vigorosas; sin embargo, necesitan un poco de protección en los primeros estadios. Deben sembrarse a cubierto y trasplantarse al exterior cuando el riesgo de heladas haya pasado. Son plantas muy acaparadoras, que requieren un suelo muy fértil y mucha cantidad de agua para crecer al máximo.

Las calabazas no se ven afectadas, en general, por plagas o enfermedades, pero las babosas pueden atacar el follaje joven justo después del trasplante.

La siembra se realiza a finales de primavera a cubierto (remojar las semillas acelera la germinación). Se colocan las semillas de lado a unos 2,5 cm de profundidad en una bandeja o cubiertas con plástico hasta que germinen. Las plántulas se trasplantan a principios de verano, dejando un espacio mínimo de 1,2 m alrededor.

La cosecha de las calabazas típicas se realiza a principios de otoño; las de invierno, desde mediados de verano, y las de verano, a finales de verano. Las calabazas de verano están listas en unas siete a ocho semanas.

Calabaza de invierno «Butternut»

Calabaza de verano «Acorn»

Calabaza de invierno «Sweet Dumpling»

	PRIMAVERA	VERANO	OTOÑO	INVIERNO	
Calabaza «Atlantic Giant Prizewinner»	siembra siembra siembra	trasplante	cosecha cosecha cosecha		Esta calabaza rompe todos los récords, puede pesar hasta 320 kg
Calabaza «Mammoth»	siembra siembra siembra	trasplante	cosecha cosecha cosecha		Otra calabaza gigante. Carne firme y con buen aroma
Calabaza «Sunny (Hallowe'en) F1»	siembra siembra siembra	trasplante	cosecha cosecha cosecha		Fruto naranja intenso. Ideal para pasteles y farolillos
Calabaza de verano «Acorn»	siembra siembra siembra	trasplante cosecha	cosecha cosecha		Forma elegante de bellota con un aroma apetitoso
Calabaza de verano «Sunburst F1»	siembra siembra siembra	trasplante cosecha	cosecha cosecha		Variedad colorida con piel brillante y tierna y un fantástico gusto. Fácil de cultivar
Calabaza de verano «Spaghetti Squash»	siembra siembra siembra	trasplante cosecha	cosecha cosecha		El nombre proviene de sus cordones carnosos. Hervirla entera y vaciarla
Calabaza de invierno «Butternut F1»	siembra siembra	siembra cosecha cosecha	cosecha cosecha		Carne naranja deliciosa, dulce. Se conserva bien
Calabaza de invierno «Sweet Dumpling»	siembra siembra	siembra cosecha cosecha	cosecha cosecha		Muy decorativa, con una piel verde manchada de blanco-crema
Calabaza de invierno «Butternut»	siembra siembra	siembra cosecha cosecha	cosecha cosecha		Piel verde pálida que cubre una carne dulce con una atractiva textura firme

trasplante   cosecha   siembra

Hortalizas de tallos

Las hortalizas de tallo constituyen un atractivo manojo. Abarcan especies esculturales –los cardos y las alcachofas, que proporcionan un tallo espigado– y hortalizas especialmente decorativas –como los espárragos, el hinojo y el apio–, con hojas divididas, plumosas. Solamente falta un toque espectacular, proporcionado por las inmensas hojas del ruibarbo, y se obtendrá una selección inigualable.

Este grupo incluye algunas de las delicias del mundo de las hortalizas. El espárrago es apreciado por su efímera temporada, y otras hortalizas, aunque no tienen una temporada tan corta, ofrecen aromas y texturas igualmente fantásticas.

La excusa para el cultivo de estas hortalizas es que muchas de ellas son extraordinariamente caras en las tiendas, y algunas no se encuentran disponibles. Por desgracia, incluso aquellas que se pueden obtener fácilmente han perdido buena parte de su aroma, pues éste –tan sublime en fresco– se deteriora rápidamente a partir del momento de la cosecha.

Este grupo también incluye algunas hortalizas que, una vez establecidas, proporcionan cosechas durante varios años –a veces incluso una veintena–. Esta longevidad las hace extraordinariamente valiosas, por ello vale la pena cualquier esfuerzo inicial para empezar su cultivo.

Espárragos

*Asparagus
officinalis*

El espárrago es una hortaliza de lujo. Una hortaliza disponible durante un corto período –extraño en estos días de comercio internacional– y con un aroma tan sublime que desafía toda descripción.

Una perenne que, una vez establecida, proveerá unos tallos tiernos y jugosos durante, al menos, quince años con unos cuidados mínimos; sin embargo, el espárrago tarda dos años en producir una cosecha. Tiene una temporada muy corta (entre seis y ocho semanas) y necesita unos bancales cuidadosamente preparados, que no deben ser alterados. El espárrago puede parecer una hortaliza de cultivo desalentador, pero si se puede encontrar un espacio para un arriate de espárragos, el esfuerzo será recompensado con creces.

Los espárragos se pueden cultivar de semilla, pero usualmente se adquieren en forma de coronas (rizomas) de uno a tres años de edad. Se necesitan, por lo menos, unas treinta coronas.

El tiempo y el esfuerzo que se invierta en acondicionar el suelo determinará el éxito del cultivo. Los espárragos necesitan un suelo rico, bien drenado, arenoso y completamente libre de malas hierbas. Se requiere la incorporación de una buena cantidad de estiércol maduro antes de la siembra.

Para preparar un bancal, se cava una zanja de unos 20 cm de profundidad y 30 cm de anchura. Hay que formar en el fondo de la zanja una pequeña elevación de unos 10 cm que recorra toda su longitud, sobre la que se colocan las garras, a unos 60 cm de distancia, con las raíces distribuidas a lado y lado. A continuación se rellena suavemente la zanja con tierra, con unos 8-10 cm de tallo expuesto.

Hay que añadir más suelo sobre la zanja a medida que la planta crece, y asegurarse de que haya siempre la misma longitud de tallo descubierto.

El espárrago se cosecha cuando los turiones (tallos tiernos) alcanzan unos 15 cm.

suelo	Bien abonado, de drenaje rápido y arenoso. pH entre 6,5 y 7,5. Niveles de nitrógeno bajos
ubicación	El espárrago prefiere zonas abiertas pero no expuestas a los elementos
riego	Es preferible una buena cantidad de agua, pero nunca debe permanecer anegado
abonado	El suelo debe estar bien estercolado antes de sembrar los espárragos
cuidados	Cavar ligeramente para eliminar las malas hierbas. Acolchar con estiércol a finales de invierno. Cortar el follaje que se muera cuando amarillee
plagas y enfermedades	Las babosas, el escarabajo del espárrago y la podredumbre violeta pueden causar problemas. Hay que mantenerse alerta

Puntas de espárrago

Espárragos «Connover's Colossal»

	PRIMAVERA	VERANO	OTOÑO	INVIERNO		
Espárrago «Giant Mammoth»	🪣 ✂ 🌰 🍃 🌱					Resiste bien los suelos pesados; el trasplante se realiza a principios de verano
Espárrago «Andreas F1»	🪣 ✂ 🌰 🍃 🌱					Híbrido muy productivo y de alta calidad; el trasplante se realiza a principios de verano
Espárrago «Martha Washington»	🪣 ✂ 🌰 🍃 🌱					Popular variedad tradicional americana; el trasplante se realiza a principios de verano

🌰 plantación   🍃 cosecha   🪣 siembra

Alcachofas

Cynara scolymus

y

cardos

Cynara cardunculus

Con frecuencia cultivadas sólo por su espectacular estatura, las alcachofas son plantas perennes parecidas a cardos gigantes con enormes inflorescencias. Pueden alcanzar 120-180 cm. Los cardos de cultivo son también perennes y comparten con las alcachofas las monumentales dimensiones; sus inflorescencias son un poco más pequeñas y su follaje verde azulado.

La principal diferencia entre ambas es que las cabezas florales de la alcachofa son comestibles, mientras que la parte comestible de los cardos son las bases foliares, que una vez cosechadas parecen ramas de apio.

Tanto las alcachofas como los cardos son plantas de cultivo sencillo, y pueden cultivarse a partir de semilla o, en el caso de las alcachofas, más fácilmente a partir de chupones y esquejes.

Las alcachofas no deben cosecharse durante la primera estación, sino a partir de la segunda. Sin embargo, una vez empiezan a producir, continuarán haciéndolo durante unos cinco años. Las cabezas poseen un encantador aroma ahumado, y las escamas carnosas y el suculento centro son deliciosos calientes con mantequilla deshecha o fríos con una vinagreta. Constituyen una popular contribución a la dieta de diversos pueblos del mundo.

Los cardos deben blanquearse para mejorar su aroma y eliminar parte de la amargura. El proceso debe empezarse a principios de otoño y lleva unas pocas semanas. El método de blanqueado más sencillo consiste en atar todas las hojas de la planta y enterrarlas; también pueden envolverse las plantas en cartón o plástico negro. Lo principal es evitar que les toque la luz del sol.

La siembra de las alcachofas de semilla se realiza a cubierto en invierno o en el exterior en primavera, para trasplantarlas durante la siguiente primavera. Las plantas deben estar distanciadas unos 60 cm en hileras separadas 120 cm. Para los cardos, la siembra se realiza a principios de primavera a cubierto y en el exterior de mediados de primavera en adelante. Para la siembra de esquejes de ambas plantas hay que hacerlo durante la primavera, distanciados unos 75 cm y en hileras separadas 120 cm.

La cosecha se realiza de principios de verano hasta mediados de otoño (en climas fríos), cuando las cabezas han alcanzado el tamaño de una pelota de tenis; en cambio, en regiones mediterráneas la cosecha típica es en invierno. Los cardos se cosechan durante el otoño.

Alcachofa «Green Globe»

suelo	Ligero, bien drenado y estercolado. Los cardos prefieren el suelo húmedo. Niveles de nitrógeno bajos
ubicación	Tanto las alcachofas como los cardos prefieren una posición resguardada y soleada si se cultivan en el exterior
riego	Las alcachofas no tienen especiales necesidades. Los cardos deben mantenerse húmedos durante el verano
abonado	Abonar en superficie con estiércol maduro en invierno y un abono orgánico en primavera
cuidados	Eliminar las malas hierbas y acolchar generosamente. Eliminar el follaje a finales de otoño y proteger las plantas con paja
plagas y enfermedades	El pulgón de la raíz de la lechuga puede ocasionar problemas. Hay que erradicarlo si se encuentra (*véase* pág. 154)

	PRIMAVERA	VERANO	OTOÑO	INVIERNO	
Alcachofa «Green Globe»	🌱🪣✂	🍃🍃🍃	🍃🍃	🪣	Variedad tradicional de un excelente sabor
Alcachofa «Vert de Laon»	🌱🪣✂	🍃🍃🍃	🍃🍃	🪣	Variedad fiable con cosechas abundantes desde el segundo año
Cardo «Gigante di Romagna»	🌱✂✂		🍃🍃	🪣	Italiano. Alto y gustoso
Cardo «Plein Blanc Enorme»	🌱✂✂		🍃🍃	🪣	Francés. Fiable y fácil

✂ *plantación* 🍃 *cosecha* 🪣 *siembra*

Hinojo de Florencia

Foeniculum vulgare var. *dulce*

Claro favorito tanto de hortelanos como de jardineros, el hinojo de Florencia es un pariente cercano del hinojo común que suele adornar el campo, con el que comparte muchas cualidades.

Tiene igualmente el follaje plumoso y un ligero aroma anisado, pero la diferencia principal es que el hinojo de Florencia se cultiva por su crocante bulbo carnoso, no por su follaje. Es este tallo bulboso la parte más aromática y la que justifica el cultivo de esta planta, aunque el hermoso follaje puede trocearse y utilizarse de la misma manera que el hinojo común.

El bulbo posee un ligero aroma anisado y puede consumirse tanto crudo como cocinado. Puede utilizarse rallado, en ensaladas o cocinado al vapor o a la brasa, y constituye un buen acompañamiento para los platos de pescado, cuyos suaves aromas complementa perfectamente.

El hinojo de Florencia es una hortaliza de cultivo sencillo. Su principal requisito es que no se seque.

suelo	Debe retener la humedad, pero ser ligero y arenoso. El pH idóneo está entre 6 y 7
ubicación	El hinojo de Florencia prefiere estar a pleno sol en un lugar protegido
riego	No hay que permitir que se seque, de lo contrario se espiga. Sin embargo, no debe anegarse
abonado	El suelo debe abonarse generosamente antes de la siembra
cuidados	Hay que escardarlos regularmente para eliminar las malas hierbas. Acolcharlos para que conserven la humedad. Enterrarlos para sostenerlos
plagas y enfermedades	El hinojo de Florencia no sufre ninguna plaga específica y generalmente está libre de enfermedades

Si no tiene suficiente agua, simplemente se espiga de forma inmediata.

El otro aspecto que se debe tener en cuenta es que debe enterrarse ligeramente en el momento en que empiece a llenar el bulbo. La exclusión de la luz blanquea los tallos, que se hacen más claros y dulces.

La siembra se realiza en primavera a cubierto, en bandejas, o a principios de verano en el exterior, directamente en el campo. Hay que retrasar la siembra si el tiempo es especialmente frío, ya que de lo contrario las plantas se espigan rápidamente. Hay que sembrar las semillas a lo largo de surcos de 1 cm de profundidad separados unos 30 cm.

La cosecha se realiza de principios de otoño en adelante, cuando los bulbos tienen el tamaño de una pelota de tenis, unas quince semanas después de la siembra.

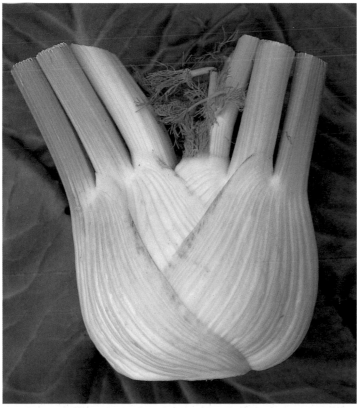

Hinojo de Florencia

	PRIMAVERA	VERANO	OTOÑO	INVIERNO	
Hinojo de Florencia «Zefa Fino»	🪣 🪣 🪣		🌰 🌰 🌰		De maduración rápida aunque de espigado lento
Hinojo de Florencia «Rudy F1»	🪣 🪣 🪣		🌰 🌰 🌰		Variedad de alta calidad, maduración rápida y delicioso sabor
Hinojo de Florencia «Sirio»	🪣 🪣 🪣 🪣	🪣 🪣	🌰 🌰 🌰		Variedad italiana de sabor dulce y aromático. Madura rápidamente

🌰 cosecha   🪣 siembra

Apio
Apium graveolens

Esta planta, cultivada desde hace unos dos mil años originariamente por sus cualidades medicinales, es una hortaliza bienal muy popular, aunque su cultivo puede resultar algo complicado. El apio generalmente se divide en dos tipos principales: los que necesitan enterrarse y los que se autoblanquean. Como su nombre indica, los primeros precisan una inversión de esfuerzo más grande, ya que su cultivo requiere un cavado intenso, pero su aroma es tan superior a los de autoblanqueo que el trabajo extra queda recompensado.

Otro tipo de apio que está ganando popularidad es el apio americano verde. Estas variedades tienen los tallos verdes y están en auge porque no es necesario cavar una zanja o ser aporcados (enterrados), y aun así producen tallos crujientes y gustosos. La mejor manera de cultivarlos es en un bancal, separados unos 28 cm.

El apio de enterrar se cultiva mejor en zanjas de unos 38 cm de anchura y 45 a 60 cm de profundidad, con unos 30 cm entre plantas. A finales de verano, hay que envolverlos con papel de periódico para que la tierra no se caiga entre los tallos. Después hay que rellenar la zanja con unos 15 cm de tierra, dejarla durante 5 días antes de poner otros 15 cm, y así sucesivamente hasta llenar la zanja.

Apio (autoblanqueo)

suelo	Prefieren suelos ricos en humus, con buena retención de agua. El pH ideal es entre 6,6 y 6,8
ubicación	El apio prefiere zonas soleadas, cálidas y protegidas
riego	El riego frecuente es esencial para el apio. No maduran convenientemente sin un buen aporte de agua
abonado	El suelo debe estar bien estercolado unos meses antes de la siembra
cuidados	Escardar alrededor de los apios para eliminar las malas hierbas, y proveer un acolchado para retener la humedad. Aporcar o envolver para blanquearlos
plagas y enferme-dades	Las babosas, la mosca del apio y la podredumbre violeta de raíces pueden causar problemas al cultivo de apio

Para blanquear los apios de enterrar cultivados en arriates, hay que envolver los tallos de la misma manera, de modo que no les toque la luz.

La siembra se realiza a cubierto a mediados de primavera. El apio necesita temperaturas de unos 15 °C para germinar. Hay que pasarlo al exterior después las últimas heladas. La cosecha se realiza, para las variedades de autoblanqueo y americanas verdes, entre finales de verano y mediados de otoño; el de enterrar, a partir de finales de otoño.

		PRIMAVERA	VERANO	OTOÑO	INVIERNO	
[ENTERRADO]	Apio «Giant White»	🪴🪴✂✂		🫘🫘🫘		Aromático. Tallos largos, crocantes y suculentos
	Apio «Giant Pink»	🪴🪴✂✂		🫘🫘🫘		Variedad anticuada, tardía y dura. Blanqueado fácil. Curioso tinte rosa
[AUTOBLANQUEO]	Apio «Celebrity»	🪴🪴✂ ✂	🫘🫘🫘			Variedad popular muy aromática. De espigado lento
	Apio «Pink Champagne»	🪴🪴✂ ✂	🫘🫘🫘			Variedad poco usual de tallos largos, crujientes teñidos de rosa
[VERDE AMERICANO]	Apio «Tall Utah»	🪴🪴✂ ✂	🫘🫘🫘			Tallos largos con un aroma suave
	Apio «Victoria»	🪴🪴✂ ✂	🫘🫘🫘			Variedad precoz con un buen gusto

✂ trasplante   🫘 cosecha   🪴 siembra

Ruibarbo

Rheum x cultorum

El ruibarbo es otra planta perenne de cultivo sencillo que necesita su lugar permanente en el huerto. Se adquiere en forma de rosetas pequeñas, más que de semilla, y una vez establecido puede producir cosechas durante unos veinte años.

Al ser una planta enorme –hasta 60 cm de altura y 2 m de anchura–, el ruibarbo necesita grandes espacios. Sus hojas son espectaculares, de hasta 45 cm de anchura, y los alargados y carnosos peciolos de esta planta presentan una gama de colores que va del rosa o verde pálido al rojo.

La parte que se consume son los peciolos, mientras aún están jóvenes y tiernos (las hojas son tóxicas), cocinados y como si se tratara de una fruta, aunque el ruibarbo es, técnicamente, una verdura.

A veces se fuerza a que el ruibarbo produzca cosechas precoces de tallos tiernos. Tradicionalmente se conseguía usando contenedores especiales de cerámica; sin embargo, éstos son difíciles de encontrar y resultan caros, así que en su lugar se utilizan cajas o cubos que no permiten el paso de la luz. La técnica es simple: se cubren las rosetas con paja y se colocan en el recipiente, sobre el ápice; a medida que se calienta el recipiente, el crecimiento se estimula, mientras que la falta de luz hace que los peciolos se hagan largos y estrechos.

El ruibarbo debe mantenerse tan limpio de malas hierbas como sea posible. Hay que proporcionarle un buen acolchado para retener la humedad y un riego regular para mantenerlo en crecimiento hasta el otoño.

La siembra se realiza entre otoño y primavera, y se debe dejar un espacio de unos 90-100 cm entre plantas. Hay que plantarlo de manera que las yemas asomen a ras de superficie.

Se cosecha entre primavera y principios de verano. Hay que recoger los peciolos arrancándolos y retorciéndolos, no cortándolos, y se debe dejar alguna hoja para mantener la planta activa.

Ruibarbo «Champagne Early»

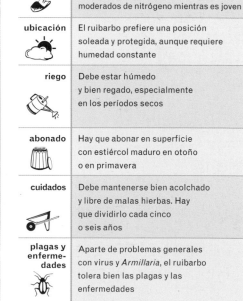

suelo	Necesita un suelo cavado en profundidad, bien abonado, con buen drenaje y niveles moderados de nitrógeno mientras es joven
ubicación	El ruibarbo prefiere una posición soleada y protegida, aunque requiere humedad constante
riego	Debe estar húmedo y bien regado, especialmente en los períodos secos
abonado	Hay que abonar en superficie con estiércol maduro en otoño o en primavera
cuidados	Debe mantenerse bien acolchado y libre de malas hierbas. Hay que dividirlo cada cinco o seis años
plagas y enfermedades	Aparte de problemas generales con virus y *Armillaria*, el ruibarbo tolera bien las plagas y las enfermedades

	PRIMAVERA	VERANO	OTOÑO	INVIERNO	
Ruibarbo «Victoria»	cosecha			plantación	Variedad fiable con un aroma suave. Mediados a finales de temporada
Ruibarbo «Champagne Early»	cosecha			plantación	Variedad precoz tierna y gustosa. Excelente para el forzado
Ruibarbo «Glaskin's Perpetual»	cosecha			plantación	Variedad precoz de crecimiento rápido. Muy productiva

plantación   cosecha

Hortalizas de hojas

Las hortalizas de hojas se merecen de sobras un lugar preferente en las listas de súper-alimentos de los dietistas. Plenas de vitaminas y minerales –incluido el vital ácido fólico–, también son decorativas, lo que las hace esenciales para cualquier hortelano.

Éste es un grupo amplio, con una gran variedad de plantas de todas las formas y tamaños –desde las recias, abultadas, tersas y redondas coles, hasta las laxas, recortadas y erectas berzas–. Asimismo, todas estas verduras presentan una amplia gama de colores.

Las hortalizas de hojas resultan extremadamente versátiles, ya que todas ellas son muy buenas cocinadas e igualmente deliciosas, pero con un gusto muy diferente cuando se consumen crudas. De hecho, hay tantos candidatos para las ensaladas en este grupo que se puede prescindir de las lechugas para hacer exóticas y gustosas ensaladas sólo con estas hortalizas.

Las coles lideran el grupo en términos de versatilidad. Estas modestas verduras pueden utilizarse para las recetas más calientes de invierno, así como constituir el principal ingrediente de uno de los platos esenciales del verano, la ensalada de col.

Relativamente recién llegadas, las hortalizas orientales han demostrado su valor de tal manera que ahora incluso los hortelanos más conservadores les reservan un espacio al lado de las más tradicionales berzas y espinacas.

Coliflor

Brassica oleracea
grupo Botrytis

Originarias del Mediterráneo, las coliflores se han hecho populares en toda Europa por sus apretadas pellas de cabezuelas de color crema, envueltas en contrastadas y oscuras hojas verdes. Las coliflores se pueden clasificar en dos grupos: las que pasan el invierno para madurar en primavera y las que maduran en verano y otoño.

Son plantas sedientas y hambrientas que necesitan mucha agua y un suelo bien cavado, con abundante compost o estiércol. Si los niveles de nitrógeno son incluso así bajos, hay que aportar más nitrógeno al suelo antes del trasplante y volver a aplicar una enmienda de nitrógeno unas seis semanas más tarde. Al contrario que otros miembros de este grupo, a las coliflores no les gustan los suelos ácidos.

Las coliflores no resisten bien la sequía y se les debe proporcionar un buen riego cada semana. Tanto las heladas como el sol intenso, especialmente a primera hora del día, pueden dañar las delicadas cabezuelas. Tampoco se conservan durante muchos días, así que tan pronto como estén maduras deben cosecharse. Cualquier retraso puede hacer que las cabezuelas se estropeen, empiecen a decolorarse y se pudran.

También hay que tener cuidado al cosecharlas para no golpear las cabezuelas, pues se pueden introducir bacterias que las echarían a perder. Hay que cortar el tallo con cuidado, y guardarlas

suelo	Prefieren suelos extremadamente ricos, cavados en profundidad y firmes, que sean más bien alcalinos
ubicación	Las coliflores deben protegerse de los fuertes vientos y las heladas
riego	Estas plantas deben mantenerse bien regadas durante toda la temporada de crecimiento
abonado	Las plantas necesitarán una aplicación de abono nitrogenado de vez en cuando
cuidados	Controlar las malas hierbas y acolchar para que mantengan la humedad. Puede ser necesario poner una malla para excluir los pájaros
plagas y enfermedades	La mosca de la col, la hernia de la col y las palomas pueden crear problemas en el cultivo. Hay que mantenerse alerta

Coliflor «Castlegrant F1»

en la nevera tan pronto como sea posible. La siembra, para las variedades de verano, se realiza a cubierto a mediados de invierno, y en el exterior, en primavera, en un semillero de 1 cm de profundidad.

El trasplante se lleva a cabo entre seis y ocho semanas más tarde, con unos de 60 cm de separación entre plantas –o 15 cm en el caso de variedades miniatura–. Las variedades de primavera se siembran unas pocas semanas más tarde.

La cosecha de las variedades de verano y otoño se realiza entre mediados de verano y mediados de otoño; para las de primavera, la cosecha es entre principios de primavera y el inicio del verano.

	PRIMAVERA	VERANO	OTOÑO	INVIERNO	
Coliflor «Castlegrant F1»	siembra/trasplante	cosecha	cosecha	siembra	Verano/otoño. Cabezuelas blancas deliciosas. Calidad uniforme
Coliflor «Nautilus F1»	siembra/trasplante	cosecha	cosecha	siembra	Verano/otoño. Cosecha asegurada. Se congela bien
Coliflor «Lateman»	siembra/trasplante	cosecha	cosecha	siembra	Verano/otoño. Temporadas de siembra y de cosecha largas. Sabor excelente
Coliflor «Walcheren Winter 3»	cosecha/siembra	trasplante			Variedad fuerte, resistente a las heladas. Elección ideal para un cultivo de primavera
Coliflor «Snowbred»	siembra/trasplante				Variedad muy precoz, madura entre finales de invierno y principios de primavera
Coliflor Mini «Idol»	siembra/trasplante	cosecha	cosecha	siembra	Porte compacto y cabezuelas tersas. Maduración rápida. Buena para recipientes

trasplante   cosecha   siembra

Bróculi y bróculi calabrés

Brassica oleracea
grupo Italica

Los bróculis o brécol y los bróculis calabreses son confundidos con frecuencia. Sin embargo, resultan bastante distintos. La diferencia principal radica en que los bróculis calabreses poseen cabezuelas con tallos tiernos, de color verde, que maduran entre finales de verano y principios de otoño, mientras que el bróculi presenta tallos duros, blancos o púrpuras, que maduran entre invierno y primavera.

Los tallos del bróculi calabrés son más grandes que los del bróculi –el calabrés produce una gran pella, a veces con tallos laterales, mientras el bróculi produce brotes numerosos y más pequeños–. Los tallos del calabrés son, en general, más tiernos y tienen un gusto más dulce que los del bróculi.

El bróculi es extremadamente resistente, y las variedades púrpuras y blancas con tallos son muy útiles, ya que maduran de forma muy temprana, cuando no hay muchas otras verduras frescas disponibles. Además, los tallos, de gusto fuerte, pueden recolectarse durante un largo período.

El bróculi y el calabrés son cultivos muy útiles para los suelos pobres, ya que, aunque crecen mejor en suelos muy ricos, son bastante tolerantes a los no tan buenos. Sin embargo, lo que necesitan es una ubicación templada, y los cultivos de verano se benefician de una sombra moderada. Pueden hacerse bastante altos y llegar a alcanzar unos 60 cm, así pues no son una buena opción para un huerto

suelo	Bien drenado y fértil. En zonas ácidas hay que espolvorear el suelo con caliza antes de la siembra. pH ideal 5,5-7
ubicación	Tanto el bróculi como el calabrés prefieren lugares templados, protegidos de los fuertes vientos
riego	Básicamente hay que asegurarse de que las plantas nunca se sequen
abonado	Según los niveles en el suelo, las plantas pueden necesitar un abono nitrogenado superficial
cuidados	Fáciles de cuidar. Hay que aporcar el bróculi para sostenerlo a medida que madura. Conviene proteger ambos cultivos de los pájaros con una malla
plagas y enfermedades	Ambos son propensos a la hernia de la col y la mosca de la col. El bróculi a veces es atacado por palomas durante el invierno

Bróculi «White Sprouting»

pequeño. El bróculi tiene, además, el inconveniente de que es de maduración muy lenta. No está listo para recolectarse hasta un año después de la siembra, lo que implica que se tendrá el espacio ocupado durante mucho tiempo.

El calabrés puede sembrarse *in situ*. Esto es preferible a la siembra en semillero y el posterior trasplante, ya que el calabrés no resiste bien que se le dañen las raíces y podría espigarse. El cultivo estará listo para la cosecha entre verano y otoño.

Como con las otras verduras, hay que sembrar poco y asegurarse del buen progreso del cultivo.

El bróculi debe sembrarse antes que el calabrés, tanto en semillero como de forma directa en el exterior.

Para cosechar el bróculi, primero hay que cortar la cabezuela central a fin de estimular el crecimiento de las laterales. Los brotes están listos cuando alcanzan unos 15 cm de longitud. Una recolección regular estimula la formación de nuevos brotes, y una planta puede rebrotar durante semanas.

Una desventaja del bróculi es su lentitud de maduración, de manera que ocupa un precioso espacio en el huerto, a expensas de cultivos más rápidos y versátiles.

Calabrés «Corvet»

La siembra del bróculi debe realizarse a partir de mediados de primavera, ya sea en bandejas o en el exterior, con unas pocas semillas dispuestas en surcos de 1 cm de profundidad. Hay que hacer un aclareo hasta que disten unos 60 cm en todas direcciones. Si la semilla se ha sembrado en alvéolos, hay que trasplantarla a principios de verano, manteniendo la misma distancia. La cosecha se realiza entre finales de invierno y primavera.

El calabrés debe sembrarse desde principios de primavera hasta mediados de verano, en sucesión. Se siembra *in situ*, a 1 cm de profundidad y 15 cm de distancia, con 30 cm de separación entre hileras. El cultivo estará a punto en unas 11-16 semanas.

	PRIMAVERA	VERANO	OTOÑO	INVIERNO	
Bróculi «Nine Star Perennial»	🪣🪣🪣 ✂✂			🌱	Planta bonita de flores blancas. Muy nutritiva
Bróculi «Extra Early Purple Sprouting Rudolph»	🪣🪣🪣 ✂ ✂				Variedad resistente y fiable de flores púrpura
Bróculi «White Sprouting»	🪣🪣🪣 ✂ ✂				Atractivos brotes blancos listos para cosechar a principios de primavera
Calabrés «Flash F1»	🪣🪣🪣🪣🪣🪣 🌱🌱				Una de las variedades de crecimiento rápido, de tallos suculentos
Calabrés «Corvet»	🪣🪣🪣🪣🪣🪣 🌱🌱				Cabezuelas verdes deliciosas, con numerosas laterales
Calabrés «Shogun»	🪣🪣🪣🪣🪣🪣 🌱🌱				Produce cabezuelas tiernas, grandes y gustosas de color glauco

✂ trasplante   🌱 cosecha   🪣 siembra

Coles

Brassica oleracea
grupo Capitata

Existe una col para cada ocasión y cada momento del año. Es una hortaliza muy versátil que puede consumirse cruda, cocinada o encurtida. Las coles además son muy nutritivas, especialmente las variedades con hojas de color verde oscuro. Contienen calcio, hierro y vitaminas A, B y C.

Sorprendentemente para una verdura tan asociada con el norte y este de Europa, las coles se originaron en el Mediterráneo, donde han crecido en estado silvestre hasta nuestros días.

Las coles pueden clasificarse en varios grupos, de acuerdo con la temporada en que maduran (primavera, verano, otoño o invierno) o sus tipos (crespas o savoy, de hojas sueltas o berzas, repollos, lombardos o blancos).

Es conveniente diseñar un plan de siembra para obtener cosecha durante todo el año. Las variedades de maduración primaveral

suelo	Las variedades de primavera prefieren suelos ligeros; las otras gustan de los suelos ricos en materia orgánica
ubicación	Este grupo siempre agradece las posiciones soleadas y protegidas de los vientos fuertes
riego	No tienen necesidades especiales de riego, excepto para mantenerse húmedas en los períodos secos
abonado	Las plantas necesitan un extra de nitrógeno; las variedades tardías agradecerán un aporte de potasio y fósforo
cuidados	Escardarlas para eliminar las malas hierbas. Vigilar la posible aparición de plagas o enfermedades. Pueden necesitar protección frente a los pájaros
plagas y enfermedades	Las coles son especialmente propensas a la hernia de la col y la mosca de la col, así como a los ataques de las palomas

Coles miniatura

«Primero F1»: variedad lombarda de cogollos deliciosos de color rojo intenso. Muy compacta. Buena para la obtención de cosechas sucesivas. «Protovy F1»: una variedad crespa de bonitas hojas y porte prieto. «Castello»: variedad de repollo muy gustosa de cogollos densos. «Minicole F1»; una variedad holandesa blanca y compacta de larga duración.

Col crespa «January King 3»

se deben sembrar a finales de verano y trasplantarse a mediados de otoño. Se deben poner en hileras separadas unos 45 cm y dejar unos 22-30 cm entre plantas. Las variedades de primavera poseen un porte mucho más abierto –raramente forman un cogollo cerrado– que las otras variedades. Frecuentemente se las denomina verdes de primavera.

Las variedades de verano y otoño se deben sembrar a finales de invierno bajo cubierta, o directamente en el exterior desde principios de primavera. Como otras hortalizas de hoja, hay que sembrar pocas y escalonadamente para obtener una buena secuencia de cosechas.

Las coles blancas y las lombardas deben sembrarse en primavera, trasplantarse cuando son suficientemente grandes y ponerlas separadas unos 45 cm. Pueden cosecharse a principios de invierno y son las variedades más aptas para el almacenamiento.

Las variedades que están pensadas para maduración invernal deben sembrarse más bien a finales de primavera, plantadas en forma de plántulas en suelo húmedo. Hay que entresacarlas hasta dejar unos 5 cm entre plantas.

Las estrellas entre las coles son las crespas o savoys, que resultan muy resistentes e incluso mejoran después de someterse a las heladas. Deben plantarse en el exterior a mediados de

La col lombarda es una buena variedad para almacenar

verano, y pueden dejarse durante todo el invierno, y cosecharse entre otoño y finales de invierno.

Hay que preparar bien el suelo para las coles. Les gusta el suelo con una buena cantidad de humus, así pues hay que incorporar un buen montón de compost, mantillo o estiércol en el otoño antes de la siembra. También se verán beneficiadas por una aplicación superficial de cal, especialmente si el suelo es ácido. En una rotación de cultivos, estas necesidades las hacen ideales para seguir a los guisantes o las judías.

Cuando las plántulas se trasplanten, hay que tener cuidado de no alterar el pan de raíces, regarlas bien y afirmar el suelo a su alrededor. También se deben acolchar para que conserven la humedad.

Las coles blancas deben sembrarse hasta mediados de primavera

		PRIMAVERA	VERANO	OTOÑO	INVIERNO	
[CRESPA]	Col «Tundra»	🪣🪣		🌿🌿		Otoño/invierno, cruce de repollo blanco. Cogollo gustoso, verde. Resistente
	Col «January King 3»	🪣🪣🪣		🌿🌿🌿	🌿	Otoño/invierno. Cogollos verde oscuro con un toque púrpura
	Col «Savoy King F1»	🪣🪣🪣	🌿🌿	🌿🌿🌿	🌿🪣	Otoño/invierno. Variedad clásica con bonitas hojas recortadas
[LOMBARDA]	Col «Ruby Ball»	🪣🪣🪣🪣	🌿🌿🌿	🌿🌿🌿		Verano. Variedad atractiva con cogollos muy prietos
	Col «Marner Large Red»	🪣🪣		🌿🌿		Repollo grande. Se conserva bien
	Col «Red Drumhead»	🪣🪣🪣		🌿🌿🌿	🪣	Cogollo de textura fina. Buena variedad de todo tiempo
[BLANCA]	Col «Derby Day»					Repollo de verano. Cogollo verde claro con un delicioso sabor fresco
	Col «Spring Hero F1»	🪣🪣🪣🪣	🌿🪣🪣🪣	🌿		Repollo de primavera. Puede sembrarse como col de verano
	Col «Freshma»	🪣🪣🪣		🌿🌿🌿🌿		Fiable, con un encantador aroma fresco. Temporada larga

🌿 cosecha   🪣 siembra

Espinaca

Spinacia oleracea

y espinaca de Nueva Zelanda

Tetragonia tetragonioides, sin. *T. expansa*

Con sus verdes, suaves y gustosas hojas, repletas de calcio y hierro, la espinaca se merece ser popular. Sus hojas jóvenes poseen un delicado aroma consumidas crudas, mientras que las hojas adultas resultan deliciosas ligeramente vaporizadas.

Se trata de una planta de crecimiento extremadamente rápido, lo que la convierte en un cultivo de relevo muy útil (*véase* pág. 46); sin embargo, se espiga al primer signo de tiempo cálido o seco, así que debe mantenerse bien regada en todo momento.

La espinaca de Nueva Zelanda (*Tetragonia tetragonioides*, sin. *T. expansa*), que presenta hojas triangulares más pequeñas, es mucho más tolerante a las temperaturas altas y a la sequedad. También necesita menos nitrógeno en el suelo que la espinaca común. Sin embargo, no resiste las heladas, así que sólo es realmente adecuada como cultivo de verano.

Hay que recolectar las hojas individualmente para estimular el rebrote, así como entresacar las plantas para asegurar una buena circulación del aire y evitar el desarrollo de mildiu.

Trituradas, las espinacas se congelan bien y pueden cocinarse directamente congeladas.

La siembra se realiza en pequeñas cantidades en el exterior durante la primavera para su uso en

suelo	Necesitan un suelo que retenga humedad con niveles medios de nitrógeno. La de Nueva Zelanda necesita menos nitrógeno
ubicación	Una exposición abierta es apta, pero la espinaca puede resistir bien situaciones de media sombra
riego	Hay que sembrarlas en un suelo bien húmedo. Se deben regar frecuentemente durante los períodos secos
abonado	Cuando se prepare un arriate para espinacas hay que añadir nitrógeno al suelo
cuidados	Hay que mantenerlas libres de malas hierbas y muy húmedas en todo momento
plagas y enferme-dades	El mildiu puede representar un problema, pero aparte de éste, las espinacas no presentan otros problemas

La espinaca es una buena verdura para congelar

verano. Hay que sembrarla a 1,5 cm de profundidad o menos, en hileras separadas unos 30 cm. La de Nueva Zelanda debe sembrarse a 1 cm de profundidad y a unos 38 cm de distancia. Para cosechas de invierno, hay que sembrarlas desde mediados de verano y mediados de otoño (a cubierto). Pueden cosecharse todo el año si se cultivan a cubierto en invierno.

	PRIMAVERA	VERANO	OTOÑO	INVIERNO	
Espinaca de Nueva Zelanda	🪴🪴🪴	🪴🌰🌰	🌰🌰		Variedad más adaptada a suelos secos y al calor. Resiste bien
Espinaca «Bloomsdale»	🪴🪴🪴	🪴🌰🌰	🌰🌰		Hojas verdes oscuras, deliciosas. Fácil de cultivar
Espinaca «Matador»	🪴🪴🪴	🪴🌰🌰	🌰🌰		Hojas grandes y verdes. Espigado lento con una temporada larga

🌰 cosecha 🪴 siembra

Acelgas

Beta vulgaris
grupo Cycla

Las acelgas son, prácticamente, la misma planta que las remolachas, pero seleccionadas por sus hojas y pencas (los tallos de las hojas) en lugar de por sus raíces. Las acelgas no son muy exigentes, resisten la falta de agua y el mal tiempo.

Las acelgas medran mejor en un clima fresco, pero resisten los veranos calientes. Esto las hace una excelente alternativa a las espinacas, pero aunque son parecidas a éstas –en apariencia y gusto– tardan mucho más en espigarse.

Son útiles, pues, como cultivo de invierno. Se pueden consumir las hojas jóvenes crudas, en ensalada, y las hojas maduras cocinadas al vapor.

Se siembran entre primavera y verano escalonadamente para cosechas de verano, y más tarde para las de invierno. Se siembran en el exterior, a 1,5 cm de profundidad en hileras separadas unos 38-45 cm. Hay que entresacarlas para que queden distanciadas 30 cm.

Acelga «Bright Lights»

suelo	Las acelgas prefieren suelos ricos. Resisten bien los suelos secos
ubicación	Estas verduras son idóneas para cultivar en los bancales dejados por guisantes o judías
riego	Hay que mantener las plantas jóvenes bien regadas en todo momento, aunque pueden resistir cierta sequía
abonado	Las plantas jóvenes pueden necesitar un abonado líquido de vez en cuando
cuidados	Hay que cavar bien el suelo, incorporando bastante compost o estiércol. Acolchar para conservar la humedad y mantener a raya las malas hierbas
plagas y enfermedades	Las acelgas tienen una buena resistencia a plagas y enfermedades, aunque las jóvenes pueden ser atacadas por pájaros

	PRIMAVERA	VERANO	OTOÑO	INVIERNO	
Acelgas «Bright Lights»	siembra siembra siembra	siembra siembra	cosecha cosecha cosecha	cosecha cosecha cosecha	Pencas coloreadas (blancas, rojas, amarillas o rosas) –la variedad más decorativa
Acelgas «Rhubarb Chard»	siembra siembra	siembra siembra	cosecha cosecha	cosecha cosecha	Muy ornamental, con hojas oscuras y pencas coloradas
Acelgas «White Silver 2/Swiss Chard»	siembra siembra	siembra siembra	cosecha cosecha	cosecha cosecha	Pencas gruesas, deliciosas algo cocinadas. Las hojas jóvenes se consumen crudas

Berzas

Brassica oleracea
grupo Acephala

Las berzas son plantas duras relacionadas con las coles, y presentan un follaje tan decorativo que queda bien en el margen de arriates con flores o en macetas, cultivada sola.

Las berzas son un excelente cultivo de invierno altamente nutritivo, ya que sus hojas contienen mucho hierro, así como vitaminas A, C y E.

Berzas «Dwarf Green Curled»

suelo	Prefieren suelos fértiles bien drenados y con niveles moderados de nitrógeno
ubicación	Son bastante tolerantes, pero prefieren el sol y estar protegidas de los vientos fuertes
riego	Hay que conservar las plántulas bien regadas. Hay que regarlas con frecuencia en los períodos secos
abonado	Las plantas que pasen el invierno se beneficiarán de una enmienda superficial nitrogenada
cuidados	Cavar alrededor de las plantas para eliminar las malas hierbas y mantener elevada la humedad del suelo
plagas y enfermedades	Las berzas no sufren los ataques de plagas o enfermedades específicas y, en general, no presentan problemas

cosecha   siembra

Si se recolectan jóvenes, las hojas pueden consumirse crudas, cosechadas como hortaliza de corte. Las hojas más viejas son mejores cocinadas.

Las berzas se mantienen bien en el suelo y también se congelan bien. Son muy resistentes a las enfermedades y no resultan afectadas por las plagas. Es un cultivo poco exigente.

La siembra se realiza entre primavera y mediados de verano directamente en el exterior o en semilleros, a 1 cm de profundidad. Hay que regarlas bien. Hay que trasplantarlas a mediados de verano, dejando unos 30-45 cm entre plantas de variedades enanas y 75 cm para las variedades normales. La cosecha se lleva a cabo entre otoño y primavera.

	PRIMAVERA	VERANO	OTOÑO	INVIERNO	
Berzas «Darkbor F1»	🪴🪴🪴	🪴🪴🪴	🌿🌿🌿	🌿🌿🌿	Hojas de forma característica con una buena textura
Berzas «Redbor F1»	🪴🪴🪴	🪴🪴🪴	🌿🌿🌿	🌿🌿🌿	Variedad muy dura con atractivas hojas rojas
Berzas «Pentland Brig»	🪴🪴🪴	🪴🪴🪴	🌿🌿🌿	🌿🌿🌿	Planta alta con textura y aroma deliciosos

Berzas/Bruselas miniatura

Berza «Starbor F1»: variedad resistente, compacta y prolífica. Crece durante todo el año. Berza «Showbor F1»: variedad enana que la hace excelente para huertos con poco espacio. Coles de Bruselas «Energy F1»: variedad de crecimiento rápido que hace honor a su nombre. Se congela bien.

Coles de Bruselas

Brassica oleracea
grupo Gemmifera

Las coles de Bruselas son un cultivo muy resistente y tolerante. Resultan ideales para ahorrar espacio, ya que crecen en sentido vertical en vez de expandirse lateralmente.

Si las variedades se eligen cuidadosamente, se pueden obtener brotes desde principios de otoño hasta principios de primavera. Siempre hay que recolectar los brotes desde abajo hacia arriba.

Para almacenar las plantas cuando el tiempo es frío, se pueden desenterrar enteras y colgar cabeza a abajo en un lugar fresco y seco para tomar los brotes cuando hagan falta. Hay que escoger variedades F1 si se quiere congelar parte de la cosecha.

Coles de Bruselas «Braveheart»

suelo	Suelo medio o pesado, firme pero bien drenado, y fértil. pH ideal de 6,5
ubicación	Las coles de Bruselas prefieren ubicaciones abiertas y soleadas, pero protegidas de los vientos fuertes
riego	Deben regarse frecuentemente durante los períodos secos y hay que mantenerlas húmedas el resto del tiempo
abonado	Aplicar una enmienda de base, pero no con estiércol antes de la siembra. Pueden necesitar un abonado en verano
cuidados	Acolchar para eliminar las malas hierbas. Hay que eliminar las hojas enfermas inmediatamente. Aporcar las plantas y sostenerlas con estacas
plagas y enfermedades	Las palomas, los pulgones, las cochinillas y el mildiu pueden causar problemas a las coles de Bruselas

Se siembran a cubierto entre mediados y finales de invierno, o en el exterior desde principios de primavera. Hay que ponerlas en semillero a 1 cm de profundidad y trasplantarlas desde finales de primavera, con unos 60 cm de distancia entre plantas. Cuando llegue el momento de la cosecha, hacerlo desde la base hacia el ápice.

	PRIMAVERA	VERANO	OTOÑO	INVIERNO	
Col de Bruselas «Bridge F1»	🪴🪴🪴	✋✋		🌿🌿🪴🪴	Variedad vigorosa y tolerante a las enfermedades
Col de Bruselas «Cascade F1»	🪴🪴🪴	✋		🌿🌿🌿🌿	Variedad de mediados de temporada. Gusto dulce. Buena resistencia a enfermedades
Col de Bruselas «Rubine»	🪴🪴🪴	✋		🌿🌿🌿🪴	Variedad decorativa de brotes rojos. Buen aroma

🪨 trasplante   🌿 cosecha   🪴 siembra

Verduras orientales

Estas verduras son plantas recién llegadas a los huertos. Se trata de hortalizas con un doble cometido, ya que pueden consumirse jóvenes, en ensalada, o pueden dejarse crecer un poco más para ser consumidas cocinadas. Son especialmente buenas salteadas, y sus hojas resultan muy nutritivas. Las hortalizas orientales rebrotan si se cortan jóvenes, lo que las hace ideales para un cultivo de corte. Además se pueden cultivar como ensalada de invierno si se siembran a finales de verano.

Pak Choi (*Brassica rapa* var. *chinensis*)

Es una de las verduras orientales más populares. El Pak Choi es fácil de cultivar, y sus hojas redondas son suaves y suculentas. Se las puede cultivar para cortar. Hay que cortarlas a unos 2,5 cm del suelo para que la planta rebrote. Se siembran escalonadamente entre primavera y mediados de verano. Se pueden cosechar para ensalada cinco semanas después.

Col china (*Brassica rapa* var. *pekinensis*)

Aunque parece una lechuga apretada y recta, las hojas de la col china son mucho más recias, con pencas duras y venas gruesas. Tienen un aroma suave y resultan deliciosas en ensaladas, salteadas o al vapor. Las coles chinas también se conservan bien en la nevera. Se siembran a principios de verano, y están listas para la cosecha unas seis semanas después, algo antes para ensaladas.

Mostaza oriental (*Brassica juncea*)

Es una planta robusta de crecimiento vigoroso que se consume cruda cuando es joven. Es una planta con unas exigencias mínimas, resistente a las enfermedades y libre de plagas. Se siembra de mediados a finales de verano y se cosecha entre seis y doce semanas después. Se recolectan las hojas sueltas a medida que se necesitan.

Mizuna (*Brassica rapa* var. *nipposinica*)

Es muy decorativa, con delicadas hojas aserradas, color verde pálido. Se cosecha en forma de plántulas dos semanas después de la siembra, o adultas a las diez semanas. Es muy resistente. Se siembra entre primavera y verano y se cosecha desde primavera hasta otoño. Se recolectan hojas sueltas.

Pak Choi «Joi Choi»

Col china «Kasumi F1»

suelo	Las hortalizas orientales prefieren suelos fértiles, que retengan la humedad pero con buen drenaje
ubicación	Estas hortalizas deben situarse en zonas soleadas y protegidas de los vientos fuertes
riego	Es fundamental mantenerlas bien regadas para favorecer un crecimiento fresco y saludable
abonado	Si el suelo es pobre, hay que añadir un fertilizante nitrogenado, mejor antes de la siembra
cuidados	Hay que escardar las malas hierbas y acolchar alrededor para mantener la humedad
plagas y enfermedades	Aparte de los ataques de la mosca de la col, estas hortalizas no presentan plagas ni enfermedades

	PRIMAVERA	VERANO	OTOÑO	INVIERNO	
Pak Choi «Joi Choi»	siembra	siembra siembra siembra	cosecha cosecha cosecha		Variedad atractiva con pencas y venas blancas que contrastan con las hojas verdes
Pak Choi «Shanghai»	siembra	siembra siembra siembra	cosecha cosecha cosecha		Hojas de bonita forma redonda
Pak Choi «Mei Quing Choi»	siembra	siembra siembra siembra	cosecha cosecha		Hojas gustosas con una textura deliciosa
Pak Choi «Pueblo»	siembra	siembra siembra siembra	cosecha cosecha cosecha	cosecha	Buena variedad de invierno para cultivar a cubierto
Col china «Kasumi F1»		siembra siembra	siembra cosecha cosecha		Variedad atractiva en forma de barril. Crece hasta unos 25 cm
Col china «Nagaoka» (Pe Tai)		siembra siembra	siembra cosecha cosecha		De crecimiento rápido, con hojas crujientes
Mostaza oriental «Mustard Red Giant»		siembra	siembra cosecha cosecha		Hojas grandes teñidas de rojo
Mostaza oriental «Miike Giant»		siembra	siembra siembra cosecha cosecha		Hojas verdosas-púrpuras. Sobreviven a temperaturas tan bajas como -10 °C
Mostaza oriental «Green in Snow» (Gai Choy)		siembra	siembra siembra cosecha cosecha		Hojas aromáticas picantes
Mizuna «Tokyo Belle»	siembra siembra siembra	siembra siembra cosecha	cosecha cosecha		Variedad muy atractiva y gustosa
Mizuna «Tokyo Beau»	siembra siembra siembra	siembra cosecha cosecha	cosecha		De temporada de crecimiento larga

cosecha   siembra

Legumbres y semillas

Las hortalizas productoras de legumbres y semillas son una parte esencial de cualquier huerto, y resultan lo bastante bellas como para cultivarse por sus cualidades decorativas, pero también por constituir una fuente de vitaminas y minerales.

Las hortalizas que producen legumbres pueden dividirse entre las que producen semillas comestibles y las que se cultivan por sus vainas. La gama de colores que ostentan, tanto en las flores como en las vainas, es sorprendente, y lucen una belleza especial en sus delicados zarcillos, siempre en busca de un soporte donde aferrarse. Con todo, este grupo proporciona una feliz combinación de belleza y productividad.

Los más prosaicos de este grupo, el maíz dulce y la ocra, pueden parecer los extraños dentro de este vistoso conjunto. El maíz dulce, en particular, puede presentarse en numerosos colores –algunas variedades incluso presentan mazorcas multicolores–, y su porte derecho, tieso, puede ofrecer un bello contraste a sus compañeros de aspecto frívolo.

Plantadas en arriates, estas plantas pueden ordenarse por colores, y pueden aportar un interesante elemento vertical en el huerto. También pueden ofrecer abrigo a plantas más delicadas, pues son plantas robustas, aunque hay que tener cuidado de que no las sombreen demasiado.

Guisantes, guisantes dulces y tirabeques

Pisum sativum

Además de presentar un atractivo porte trepador, los guisantes, tirabeques y guisantes dulces son buenísimos. Los guisantes acabados de desgranar son tan dulces que se pueden tomar como aperitivo, y los tirabeques y los guisantes dulces resultan deliciosos crudos en las ensaladas.

Los tirabeques (cometodo o guisante mollar) y los guisantes dulces han sido seleccionados para consumirse enteros, con vaina incluida. Los tirabeques están listos cuando las vainas son planas, antes del desarrollo de la semilla, mientras que los guisantes dulces se consumen cuando los guisantes se han desarrollado y las vainas son redondeadas. Las vainas de los tirabeques son tiernas, con un aroma dulce, mientras que las de los guisantes dulces resultan más crujientes.

Los guisantes se describen como lisos o rugosos, lo que sirve para clasificarlos como duros o tiernos y para establecer la secuencia de siembra. Los lisos son duros y aptos para el cultivo de invierno, y se siembran a mediados de invierno o a principios de primavera; los rugosos deben sembrarse a intervalos de tres a cuatro semanas desde principios de primavera hasta principios de verano.

Para la siembra se deben enterrar unos 4-5 cm a una distancia de 5-7 cm. La cosecha se realiza en las variedades precoces unas 13-14 semanas más tarde. El grueso de la cosecha se obtiene de 14 a 16 semanas tras la siembra.

Tirabeque «Oregon Sugar Pod»

Guisante enano «Feltham First»

Guisante dulce «Sugar Snap»

suelo	Estas plantas gustan de un suelo bien estercolado, fértil y húmedo. Hay que aplicar cal si el suelo es ácido
ubicación	Este grupo de plantas prefiere zonas húmedas y frescas en el huerto, a media sombra
riego	Hay que regarlas intensamente en los períodos secos y mantenerlas húmedas todo el tiempo
abonado	El suelo debe abonarse antes de sembrar
cuidados	Hay que escardarlas y acolcharlas cuando las plantas miden 15 cm. Hay que encañarlas y protegerlas de los pájaros
plagas y enfermedades	Los ratones, los pájaros y la marchitez por *Fusarium* pueden ser problemáticos. Hay que mantenerse alerta

	PRIMAVERA	VERANO	OTOÑO	INVIERNO	
Guisante «Kelvedon Wonder»	siembra	cosecha			Medio precoz. Siembra escalonada. Abundante cosecha de guisantes rugosos
Guisante «Hurst Green Shaft»	siembra	cosecha			Medio precoz. Crecimiento rápido, fiable, de deliciosos guisantes rugosos dulces
Guisante «Ambassador»	siembra	cosecha			Guisante rugoso de temporada larga; muy gustoso; resistente a enfermedades
Tirabeque «Oregon Sugar Pod»	siembra	cosecha			Vainas dulces deliciosas. Merece ser popular
Tirabeque «Delikata»	siembra	cosecha			Vainas verdes y gustosas. Buena resistencia a enfermedades
Guisante dulce «Sugar Bon»	siembra	cosecha			Variedad enana prolífica. A cubierto proporciona cosechas extra-precoces
Guisante dulce «Sugar Snap»	siembra	cosecha			Aroma dulce y fresco. Resistente a *Fusarium*
Guisante dulce «Sugar Snap Delikett»	siembra	cosecha			Vainas verde oscuro con un aroma dulce delicioso
Guisante enano «Little Marvel»	siembra	cosecha			Variedad precoz de guisante rugoso, excelente para cultivo a cubierto
Guisante enano «Feltham First»	siembra	cosecha		siembra	Variedad precoz de guisantes lisos, muy resistente

🌱 cosecha   ⬛ siembra

Judías verdes o vainas

Phaseolus vulgaris

Las judías verdes son una hortaliza muy versátil. Pueden cultivarse por sus vainas, que se pueden comer enteras, por sus semillas o simplemente porque resultan muy decorativas.

Las judías de mata alta, trepadoras, resultan especialmente útiles para los huertos pequeños, ya que se pueden emparrar en un arco sobre un camino, o en un pedestal en un margen de flores.

La otra gran ventaja que tienen es que son muy prolíficas. De hecho, cuanto más se las recolecta, más producen. Las variedades trepadoras tienen una temporada más larga que las variedades enanas.

Las alubias pochas, judías tiernas y de aroma delicado tan apreciadas en Francia, son, en realidad, las semillas inmaduras, desgranadas, que se convertirían en judías blancas o alubias si madurasen.

Para producir alubias secas sólo hay que dejar las vainas en la mata hasta que se tornen marrones, y entonces se debe tomar toda la mata y colgarla del revés hasta que se seque. Las judías estarán listas para desgranarse y almacenarse.

Conviene sembrarlas a cubierto a mediados de primavera, o entre primavera y verano en el exterior. Hay que hacer las siembras escalonadas. La cosecha se realiza desde mediados de verano. Las plantas duran unas seis a ocho semanas.

suelo	Estas plantas prefieren un suelo profundo, rico y ligero. pH neutro o poco ácido
ubicación	Todas estas plantas necesitan un lugar protegido para florecer
riego	Hay que mantener estas plantas húmedas toda la temporada de crecimiento
abonado	El suelo debe estar bien preparado antes de la plantación
cuidados	Mantener las judías libres de malas hierbas y encañadas. Las variedades enanas quizás requieran ser aporcadas. Protegerlas de los pájaros
plagas y enfermedades	Los escarabajos del polen y el virus del mosaico de las judías son los mayores problemas para su cultivo

Judía perona «Hunter»

Judía enana «Masterpiece»

Judía enana «Purple Queen»

	PRIMAVERA	VERANO	OTOÑO	INVIERNO	
Mata alta «Blue Lake»	🪴🪴🪴	🪴🪴	🌰🌰		Aroma maravilloso. Semillas blancas excelentes como habichuelas secas
Mata alta «Hunter»	🪴🪴🪴	🪴🌰	🌰🌰		Buena productora, semillas blancas en vainas sin hebras
Mata baja «Royalty»	🪴🪴🪴	🪴🌰	🌰		Para consumo de vainas jóvenes, buen sabor fresco
Mata baja «Rocquencourt»	🪴🪴	🪴🪴	🌰🌰		Impresionantes vainas amarillas y follaje verde –variedad muy decorativa
Enana «Purple Queen»	🪴🪴	🪴🪴	🌰🌰		Vainas deliciosas y sin hebras de color púrpura. Recolectar jóvenes
Enana «Masterpiece»	🪴🪴	🪴🌰	🌰🌰		Variedad prolífica precoz. Vainas planas deliciosas
Enana «Montano»	🪴🪴	🪴🌰🪴	🌰🌰		Planta compacta de vainas verdes sin hebras. Gusto excelente

🌰 cosecha 🪴 siembra

Judías pintas

Phaseolus coccineus

Las pintas son las más ornamentales de todas las judías, con su porte trepador y sus floraciones brillantes. También resultan extremadamente prolíficas; de hecho, las judías pintas se encuentran entre las plantas que responden positivamente a la recolección.

Judía pinta «Polestar» (sin hebras)

Las variedades enanas son especialmente aptas para las zonas expuestas, ya que se ven menos afectadas por el viento que las variedades de mata alta. Son bastante compactas, lo que las convierte en una opción excelente para huertos muy pequeños.

Es fundamental diseñar un plan para obtener una buena cosecha de judías pintas, ya que el suelo debe acondicionarse con seis meses de antelación. Hay que incorporar grandes cantidades de estiércol maduro o compost y cavar el suelo en profundidad, ya que enraízan bastante hondo.

Las judías pintas resultan un poco delicadas, así que es mejor cubrirlas con un vellón ligero de polipropileno si se prevén heladas tardías.

También es importante que siempre estén bien regadas y se mantengan frescas; el suelo debe retener la humedad y deben regarse durante todo el período de crecimiento.

Las judías pintas se congelan bien, así pues es recomendable plantar muchas para sacarles provecho. La siembra se realiza a finales de primavera o principios de verano directamente en el exterior. Maduran en unas 12 a 16 semanas, así que la cosecha se produce entre mediados de verano y principios de otoño.

Judía pinta «Desirée»

suelo	Las judías pintas prefieren suelos fértiles, bien cavados, con buena retención de agua
ubicación	Hay que cultivar estas plantas a media sombra, protegidas de vientos fuertes y de heladas
riego	Hay que regarlas copiosamente durante toda la temporada. No debe permitirse que se sequen
abonado	El suelo debe ser rico en estiércol o compost antes de la siembra
cuidados	Aplicar un acolchado grueso para retener la humedad y suprimir las malas hierbas. Proteger de las heladas tardías
plagas y enfermedades	Los escarabajos del polen son el único problema de las judías pintas. Si se encuentran hay que erradicarlos

	PRIMAVERA	VERANO	OTOÑO	INVIERNO	
Judía pinta «Painted Lady»	siembra/trasplante	cosecha			Variedad antigua, muy colorida, con flores rojas y blancas
Judía pinta «Enorma»	siembra/trasplante	cosecha			Variedad de cosechas abundantes de judías largas y estrechas
Judía pinta «Scarlet Emperor»	siembra/trasplante	cosecha			Variedad precoz tradicional. Gusto de calidad superior
Judía pinta «Crusader»	siembra/trasplante	cosecha			Buen sabor y temporada larga
Judía pinta «Gulliver»	siembra/trasplante	cosecha			Variedad enana, atractiva, de porte apretado y excelente aroma
Judía pinta «Hammond's Dwarf Scarlet»	siembra/trasplante	cosecha			Variedad enana muy decorativa de judías tiernas
Judía pinta «Pickwick»	siembra/trasplante	cosecha			Mata enana muy productiva, judías sin hebras. Flores rojas
Judía pinta «Desirée»	siembra/trasplante	cosecha			Prolífica, sin hebras, con un aroma suave –una elección popular. Se congela bien
Judía pinta «Polestar»	siembra/trasplante	cosecha			Variedad precoz de temporada larga. Gran productora de judías gustosas. Sin hebras
Judía pinta «Red Knight»	siembra/cosecha	cosecha		siembra	Variedad sin hebras de calidad superior, prolífica. Bella floración roja

trasplante 🌱 cosecha 🌰 siembra 🪴

Bulbos

Puerros, cebollas y ajos están muy relacionados, pues todos son del género *Allium*. Son plantas bastante resistentes y muy fáciles de cultivar, que necesitan muy poca atención, aparte de escardarlas y, en el caso de los puerros, que se les arranquen las flores.

Los potentes sabores y aromas de estas plantas son muy distintivos. Los ajos y las cebollas particularmente pueden transformar un plato lánguido en uno vibrante.

Aparte de sus cualidades culinarias, estas plantas poseen otros aspectos destacados. Son decorativas. Los puerros presentan un vistoso color verde azulado, realmente único. Pero más impresionante es si se les deja espigar, cuando los puerros producen una bellísima floración que parece una explosión de pequeñas flores lilas.

Las cebollas y los ajos tienen hojas en forma de cinta, estrechas y erectas, que contrastan con otras plantas más achaparradas. Las cebollas de primavera, con su fresco y verde follaje, son particularmente atractivas, mientras que las variedades siempre verdes de cebollinos japoneses son bonitas durante todo el invierno, cuando el huerto podría parecer monótono.

Puerro
Allium porrum

Los puerros son plantas muy poco exigentes, muy resistentes y fáciles de cultivar. Son particularmente útiles para huertos pequeños, ya que pueden sembrarse muy juntos. También tienen el valor añadido de un proporcionado follaje que puede resultar muy bello.

Las diversas variedades de puerro son aptas para diferentes temporadas. Son sobre todo buenas en invierno, pero se pueden cultivar en cualquier momento entre principios de otoño y principios de primavera. Pueden clasificarse en tipos de temporada temprana, media y tardía, y adquirirse en forma de semilla y de plantones.

Los puerros son hortalizas versátiles que crecen en la mayoría de suelos, aunque para una cosecha realmente buena es preciso incorporar al suelo una buena cantidad de compost o estiércol. Hay que asegurarse de cavar hondo y de que el suelo retenga la humedad, pero que drene bien.

Los puerros necesitan pocas atenciones mientras crecen, aparte de eliminarles los tallos florales que puedan aparecer. Los puerros jóvenes entresacados pueden consumirse crudos como las cebolletas.

Hay que sembrarlos a principios de primavera en un semillero a 1 cm de profundidad. El trasplante se realiza a principios de verano en agujeros de unos 15 cm de profundidad, distanciados también unos 15 cm en todas direcciones (la mitad para puerros miniatura), y a continuación se deben llenar los agujeros con agua, no con tierra. Las plantas compradas deben plantarse de la misma manera. Se recolectan entre finales de verano y finales de primavera del año siguiente. Los puerros aguantan durante meses.

Puerro «Musselburgh» (temprana)

Puerros miniatura

Son ideales en situaciones en que el espacio en el huerto es reducido, pero también son extremadamente decorativos. «Varna»: deliciosa en crudo en ensaladas o ligeramente cocinada al vapor. «Jolant»: una variedad suficientemente suave para consumirse cruda, además de ser un cultivo precoz.

suelo	Los puerros crecen en la mayoría de suelos, pero prefieren un suelo profundo, rico, con un pH de 6,5-7,5
ubicación	Prefieren posiciones soleadas y protegidas si se cultivan en el exterior
riego	Hay que regar bien las plantas mientras son jóvenes, y posteriormente sólo hay que regarlas en los períodos realmente secos
abonado	El suelo debe haberse abonado bien antes de plantar los puerros
cuidados	Hay que escardarlos alrededor para eliminar las malas hierbas, y acolchar si es necesario. Arrancar los tallos florales
plagas y enfermedades	Moscas de las cebollas, la podredumbre blanca de la cebolla y la roya pueden causar problemas. *Véanse* págs. 164-169 sobre cómo tratarlos

Bulbos

	PRIMAVERA	VERANO	OTOÑO	INVIERNO	
Puerro «Prizetaker»	siembra siembra	trasplante trasplante	cosecha cosecha cosecha		Variedad ganadora de premios, precoz y resistente de tallos con un aroma fino
Puerro «King Richard»	siembra siembra	trasplante siembra cosecha cosecha			Tallos largos y gustosos. Variedad precoz excelente, cultivada como miniatura
Puerro «Musselburgh»	siembra siembra	trasplante trasplante	cosecha cosecha cosecha cosecha cosecha		Precoz, resistente y fiable. Tallos largos, gruesos y aromáticos
Puerro «Malabar»	siembra trasplante trasplante		cosecha cosecha cosecha	siembra	Variedad productiva de maduración rápida, tardía. Gusto suave
Puerro «Giant Winter 3 – Vernal»	siembra siembra	trasplante trasplante		cosecha cosecha cosecha	Popular variedad tardía, fiable. Aroma superior
Puerro «North Pole»	siembra siembra	trasplante trasplante		cosecha cosecha cosecha	Variedad tardía, extremadamente resistente. Aguanta bien

trasplante   cosecha   siembra

Cebollas

Allium cepa
y escalonias

Allium cepa grupo
Aggregatum

Nunca se debería olvidar el papel fundamental que tienen las cebollas en la cocina. Han constituido el ingrediente principal de incontables platos durante más de 5.000 años, y además el mundo de la cocina sería mucho más aburrido sin los aromas que ofrecen.

Las cebollas aparecen en numerosos guisos diferentes, ya sea en forma de finas y suaves cebolletas para ensalada o gruesas y fuertes cebollas globosas. Además, existe una amplia variedad –blancas, rojas, escalonias, de encurtir y orientales.

Todas las cebollas normalmente se adquieren en forma de plantones, excepto las de encurtir o las cebolletas, que son inmaduras. También se pueden adquirir semillas. Los plantones son más caros que las semillas, pero suelen ser más fiables y menos exigentes. A veces los plantones son tratados con calor para quemar los botones florales y así prevenir la floración. La principal diferencia física entre plantones tratados y no tratados es que los primeros tienen un contenido en agua menor y sus pieles suelen ser más oscuras. También les cuesta más establecerse, aunque una vez establecidos se desarrollan rápidamente.

La semilla es barata, pero puede ser difícil que se desarrolle. Sin embargo, el abanico de variedades disponibles en forma de semilla es mucho más amplio que el de plantón. Las cebollas se pueden cultivar a cubierto o sembradas en el exterior directamente. Hay variedades aptas para sembrar en diferentes momentos del año. Su temporada se puede alargar plantándolas en primavera y en otoño. Los plantones de primavera deben plantarse tan temprano como sea posible para que estén listas a mediados de verano, mientras que los plantones de otoño deben plantarse a principios de otoño para obtener una cosecha de verano.

Tanto en la siembra como en el trasplante se debe recordar que el espacio que se deje libre entre plantas determinará, en última instancia, la medida y el rendimiento. Para una pequeña cosecha de grandes bulbos hay que dejar un buen espacio entre plantas, y para altos rendimientos de cebollas pequeñas, dejar poco espacio.

El espaciado óptimo para conseguir el mayor número de cebollas medianas es de 5 cm entre plantas y 25 cm entre hileras. Para las cebollas de encurtir, más pequeñas, es suficiente con 1 cm entre plantas y 30 cm entre hileras.

Las cebollas se almacenan sin problemas enristradas y colgadas en una habitación fresca y seca durante meses. Es importante seleccionar sólo la mejor parte de la cosecha para almacenar, que no tengan el tallo grueso

Cebolla «Ailsa Craig Prizewinner»

suelo	Las cebollas prefieren suelos drenados y abonados. Firmes pero de textura ligera o media. Hay que añadir cal si es ácido
ubicación	Se siembran a pleno sol, en lugares abiertos, deben estar algo protegidos del viento
riego	Sólo hay que regar mientras las plantas se establecen o si el tiempo es muy seco
abonado	El suelo debe estar bien abonado en otoño, antes de la siembra
cuidados	Hay que mantenerlas totalmente libres de malas hierbas mediante escarda y acolchado
plagas y enferme-dades	Pueden presentar problemas de mosca de la cebolla, podredumbre blanca de raíces y mildiu, que deben tratarse

Cebolla de encurtir «Paris Silver Skin»

o dañado. Después de sacar las cebollas de la tierra, hay que dejarlas a pleno sol para que se sequen antes de enristrarlas.

La siembra a partir de semilla se realiza en el exterior a finales de verano para las variedades tempranas y cebollas para ensalada. Para el resto de cosechas, se siembran a principios de primavera. A cubierto se siembran desde mediados de invierno, y se trasplantan en primavera. La cosecha es posible todo el año.

	PRIMAVERA	VERANO	OTOÑO	INVIERNO	
Cebolla «Bedfordshire Champion»					Seca, de larga duración con bulbos grandes entre amarillo y marrón claro
Cebolla «Red Baron»					Seca, de aroma encantador. Merecidamente, la cebolla roja más popular
Cebolla «Ailsa Craig Prizewinner»					Cebolla de bulbos grandes, marrones o amarillentos. Calidad excelente
Cebolla «Paris Silver Skin»					Variedad de encurtido famosa por sus bulbos crocantes y blancos
Cebolla «Pompeii»					Nueva variedad de encurtido de maduración muy precoz. Aroma excelente
Cebolla «Vera Prima»					Variedad gustosa de encurtido de maduración temprana. Puede conservarse seca
Cebolla «White Lisbon»					Variedad tradicional de ensalada de bulbos blancos y crocantes
Cebolla «White Lisbon Winter Hardy»					Seleccionada para obtener «White Lisbon» toda la primavera
Cebolla «North Holland Blood Red Redmate»					Suave y crujiente para ensalada. Color rojo encantador
Cebolla «Ishikuro»					Variedad de cebolleta japonesa, de tallos blancos largos, casi sin bulbo
Cebolla «White Evergreen»					Variedad oriental de cebolleta muy resistente, para uso en primavera
Cebolla «Ambition F1»					Escalonias mini, de piel marrón rojizo y carne blanca. Resistente al espigado
Escalonia «Purplette»					Escalonias mini. Atractiva cebolla de color púrpura rojizo
Escalonia «Santé»					Variedad de escalonias mini muy productiva, de aroma suave

Ajo
Allium sativum

El sabor inconfundible del ajo y su distintivo aroma lo han hecho popular en todo el mundo.

Las plantas de ajo pueden crecer hasta unos 60 cm de altura y 15 cm de anchura. Son muy tolerantes, pues resisten la mayoría de situaciones.

El ajo se conserva durante meses si está bien seco y se almacena en un lugar seco y aireado. Simplemente hay que arrancar las cabezas una vez que las seis primeras hojas se vuelvan amarillas, dejar que se sequen al sol y atarlos en ristras.

El ajo se cultiva a partir de los dientes. Antes de comprarlos, debe asegurarse de que estén libres de virus. Hay que deshacer las cabezas y sembrar los dientes derechos, con sus puntas apenas cubiertas por la tierra.

La siembra se realiza desde otoño hasta principios de primavera, según el tipo, a unos 15-20 cm en hileras separadas unos 30 cm. Se cosechan a mediados de verano. Les lleva entre 16 y 36 semanas madurar, dependiendo del tipo.

El ajo tiene un gusto fácilmente reconocible

suelo	Los ajos prefieren suelos ligeros, bien drenados y fértiles, pero con poco nitrógeno
ubicación	Hay que cultivarlos en lugares abiertos bien soleados, pero protegidos de los vientos fuertes
riego	Sólo hace falta regarlos en los períodos realmente secos. Las cabezas requieren condiciones de sequedad para prosperar
abonado	El ajo es una hortaliza nada exigente y sin necesidades especiales de abonado
cuidados	Hay que escardar para eliminar las malas hierbas y acolcharlos para protegerlos
plagas y enfermedades	La mosca de la cebolla, la podredumbre blanca de raíces y el mildiu pueden afectar a los ajos, que deben ser tratados

🌱 trasplante   🌰 cosecha   🪣 siembra

Raíces y tubérculos

Este grupo incluye algunas de las plantas cultivadas más populares hoy en día, y sin embargo son las «Cenicientas» del mundo de las hortalizas.

No tienen el atractivo del espárrago o las alcachofas, ni la belleza de los guisantes o las judías, o la novedad de las calabazas y demás parientes. Sin embargo, son estimadas por sus pocas exigencias y porque proporcionan una gran sensación de comodidad. Se las asocia con comidas calientes que llenan, cazuelas y sopas –buenas comidas de invierno.

También hay hortalizas en este grupo que proporcionan el auténtico sabor del verano. Las patatas nuevas, por ejemplo, constituyen el epítome de esta estación. Las variedades tempranas maduran a principios de verano, y ninguna barbacoa estaría completa sin una ensalada de patata. Las zanahorias ralladas crudas en una ensalada de col son también un alimento básico de verano, al igual que las remolachas de mesa y los rábanos.

Las hortalizas de este grupo proporcionan algunos de los momentos más satisfactorios del cultivo del huerto. Hay algo casi mágico en clavar la pala en el suelo para descubrir un tesoro escondido de patatas y zanahorias. Nunca falla –ni en la vez que haga cien.

Zanahoria
Daucus carota

Con su flojo follaje como de helecho y sus deliciosas raíces, las zanahorias son unas hortalizas habituales en los huertos gracias a que su aspecto es muy decorativo y a que poseen un sabor muy superior al de cualquiera de las hortalizas adquiridas.

Se siembran a intervalos regulares para cosecharlas repetidamente –cada dos o tres semanas–. Hay que escoger un día nublado, ya que así se corre menos riesgo de que la mosca de la zanahoria ataque el cultivo. La mosca puede constituir tal problema que quizá valga la pena poner una barrera baja de malla fina encima, o intercalar cebollas con las zanahorias para confundir a la mosca de la zanahoria. Esta segunda opción es útil porque la mosca se guía por el olor de las zanahorias, que resulta enmascarado por el fuerte olor de las cebollas. La barrera baja funciona gracias a que la mosca de la zanahoria se mueve a ras de suelo, de manera que la barrera impide que alcance el cultivo. Otro método consiste en retrasar la siembra hasta el verano, cuando la mosca es menos activa.

Hay que almacenar las zanahorias en cajas con arena, o dejarlas en el suelo hasta que las amenacen las heladas.

Las variedades tempranas se siembran a finales de invierno, y las tardías entre principios de primavera y mediados de verano. La siembra se realiza *in situ*, en muy poca cantidad, a 1 cm de profundidad, en hileras distantes unos 16 cm. Se cosechan desde finales de primavera. También es posible cosecharlas durante la mayor parte del año.

Zanahoria «St Valery»

suelo	Las zanahorias quieren suelos ligeros, profundos y bien drenados, que no sean pedregosos
ubicación	Relativamente tolerantes. Mejor en un lugar abierto no muy expuesto al viento
riego	No tienen necesidades especiales de riego. Sólo hay que tener cuidado de no regarlas en exceso
abonado	Abonar antes de la siembra, pero no con estiércol fresco
cuidados	Aparte de desherbarlas, en general las zanahorias no necesitan cuidados
plagas y enfermedades	Aparte de la mosca de la zanahoria, están prácticamente libres de enfermedades y plagas

Zanahorias mini

«Amini»: éstas son zanahorias «baby» cilíndricas con un centro muy fino. De maduración temprana. «Pariska»: tiene raíces tiernas, del tamaño de una cereza. Excelente para los huertos pequeños. Produce durante casi toda la temporada. «Parmex»: raíces mini realmente sabrosas. Buena para suelos poco hondos. De cosecha temprana.

Zanahorias mini –dulces y tiernas

	PRIMAVERA	VERANO	OTOÑO	INVIERNO	
Zanahoria «Amsterdam» (cualquier variedad)	🌱 🌱 🌀🌀 🌀🌀			🌱	Variedad temprana de raíces pequeñas y dulces. Se congela bien
Zanahoria «Nantes» (cualquier variedad)	🌱 🌱 🌀🌀 🌀🌀			🌱	Variedad temprana de maduración precoz. Tierna con un sabor fantástico
Zanahoria «Chanteney Red Cored»	🌱 🌱 🌱 🌀 🌀🌀 🌀🌀	🌀🌀			Excelentes textura y gusto. Temporada de cosecha larga
Zanahoria «St Valery»	🌱 🌱 🌱 🌀 🌀🌀 🌀	🌀🌀			Temporada de cosecha larga. Con raíces largas. Fiable y de buen almacenaje

🌱 plantación   🌀 cosecha

Chirivía

Pastinaca sativa

La chirivía suele considerarse una hortaliza poco atractiva. Esta reputación es injusta, pues su dulce gusto está infravalorado, pero sólo se manifiesta plenamente si se asa y se hace en sopa.

Es una hortaliza fácil de cultivar y resistente. De hecho, es una de esas plantas que se benefician del frío, ya que una bajada de temperatura sólo las hace más dulces –pues parte del almidón se convierte en azúcares.

Las chirivías se congelan bien y se las puede dejar durante el invierno en el suelo sin que se estropeen. Si se espigan, las chirivías despliegan una sorprendente belleza, ya que en su segundo año producen unos tallos altos, de hasta 1,8 m, con unas maravillosas cabezuelas doradas.

suelo	Es preferible un suelo ligero y sin piedras, con un pH de 6,5
ubicación	Las chirivías son, en general, poco exigentes, pero prosperan en las posiciones más abiertas
riego	No tienen necesidades especiales, siempre que se las mantenga regadas regularmente y no se dejen secar
abonado	Muy fáciles de mantener. No tienen especiales necesidades en cuanto a abonado
cuidados	Aparte de mantenerlas libres de malas hierbas, las chirivías resultan fáciles de cuidar
plagas y enferme-dades	Aparte del chancro, las moscas del apio y de la zanahoria, las chirivías no sufren los ataques de plagas y enfermedades

Chirivía «Gladiator F1»

De hecho, el único inconveniente que presenta la chirivía es que germina lentamente –un problema que se puede evitar sembrando la semilla tan pronto como sea posible.

Un buen método para asegurar una cosecha continua de chirivía consiste en sembrar muchas más semillas de lo usual, y en vez de dejar madurar todos los individuos, recolectar algunos mientras aún son jóvenes y dejar madurar a los vecinos.

La siembra se realiza en el exterior entre finales de invierno y finales de primavera, a 1 cm de profundidad en hileras separadas unos 30 cm. Hay que entresacarlas para que queden a unos 20-30 cm. Las distancias varían ligeramente entre variedades. Se cosechan entre mediados de otoño y principios de primavera y a medida que se necesita.

Chirivías miniatura

Las chirivías miniatura constituyen un cultivo delicioso, que ofrece unas hortalizas delicadas. «Lancer»: tipo en bayoneta de piel fina, que tiene la ventaja de ser resistente a enfermedades. «Arrow»: variedad de ápice estrecho, deliciosa. Buena para siembras muy densas.

	PRIMAVERA	VERANO	OTOÑO	INVIERNO	
Chirivía «Avonresister»	🌱🌱		🫘🫘	🫘🫘	Variedad temprana de gusto delicioso y buena resistencia a enfermedades
Chirivía «Gladiator F1»	🌱		🫘🫘	🫘🫘	Primer híbrido F1. Resistente a enfermedades y sabor excelente
Chirivía «Tender and True»	🌱🌱		🫘	🫘🫘	Fiable, con un sabor fantástico

🌱 *plantación* 🫘 *cosecha*

Nabo
Brassica rapa

y
colinabo
Brassica napus

Tiempo atrás menospreciados como plantas forrajeras, los nabos y los colinabos ahora se cuentan entre las hortalizas más populares en los huertos. No es muy sorprendente, pues son de las más fáciles de cultivar, y además resultan muy nutritivos y tienen muchos minerales.

Los nabos provienen originariamente del sur de Europa y son unas plantas de crecimiento extremadamente rápido –algunas variedades maduran en unas seis a diez semanas–. Aunque generalmente se cultivan por sus raíces, las hojas de los nabos también son comestibles.

Los colinabos, también conocidos como nabicoles, son realmente una mezcla de nabos y coles silvestres. Son más grandes y resistentes que los nabos comunes, tardan más en madurar y duran más tiempo almacenados. Además, resultan más dulces que los nabos.

Los nabos se siembran entre principios de primavera y finales de verano, a unos 2 cm de profundidad en hileras separadas por 30 cm. Hay que entresacarlos hasta dejarlos a unos 10 cm. Los colinabos se siembran en primavera, a unos 2,5 cm de profundidad, en hileras distantes unos 38 cm. Tras el aclareo deben quedar unos 22 cm entre plantas.

Colinabo «Marian»

Nabo «Snowball»

Nabo «Purple Top Milan»

suelo	Ligero o medio, estercolado para el cultivo anterior. Los nabos prefieren el suelo ligeramente húmedo
ubicación	Ambas plantas prefieren una posición abierta, pero no expuesta
riego	Hay que regar lo suficiente como para que el suelo no se seque. Demasiado riego dispara el tamaño pero reduce el gusto
abonado	Ni los nabos ni los colinabos presentan necesidades especiales
cuidados	Hay que escardarlos periódicamente. Deben protegerse con vellón de polipropileno si se tienen problemas con el escarabajo pulga
plagas y enfermedades	Los escarabajos pulga atacan las plántulas, y ambas plantas son susceptibles a la podredumbre violeta de raíces

Nabos miniatura

«Market Express»: una variedad blanca atractiva, tolerante al frío. Variedad temprana. «Tokyo Cross F1»: variedad blanca de crecimiento rápido con un sabor suave. «Atlantic»: variedad reciente con el ápice púrpura. Resistente a enfermedades. Tiene una temporada larga de siembra y de recolección.

	PRIMAVERA	VERANO	OTOÑO	INVIERNO	
Nabo «Purple Top Milan»					Variedad blanca atractiva con ápices púrpuras. Temprana
Nabo «Golden Ball»					Carne y piel de color dorado. Gusto sobresaliente. Temporada larga
Nabo «Snowball»					Variedad de piel blanca y crecimiento rápido. Temprana
Colinabo «Invitation»					Variedad muy resistente con buena resistencia a enfermedades
Colinabo «Marian»					Variedad sabrosa, de alto rendimiento y resistente a enfermedades
Colinabo «Best of All»					Sabor suave, carne color amarillo intenso. Textura suave

plantación   cosecha

Patatas

Solanum tuberosum

Las patatas provienen de América, desde donde se introdujeron en el resto del mundo a partir del siglo XVI. Constituyen uno de los alimentos principales de las dietas de muchos pueblos, por lo que probablemente se coman más patatas que cualquier otra hortaliza. Se han escrito libros que tratan únicamente sobre patatas, no sólo para indicar el enorme interés que tienen, sino para hacer menos confuso el gran número de variedades existentes.

Patata «Santé»

Incluso aunque no se tenga un interés particular en las patatas, es recomendable encontrar un espacio para las tempranas y las de ensalada por su sabor fenomenal. También existen numerosas variedades raras y tradicionales que convendría investigar.

Las patatas se dan bien en recipientes –existen incluso barriles para patatas, que se abren por el fondo, diseñados específicamente con este propósito–. Pueden ubicarse en los balcones o justo al lado de la puerta de la cocina para que sea más cómodo.

suelo	Debe estar bien cavado y estercolado, y retener la humedad. Necesidades de potasio elevadas; pH 5-6
ubicación	Las patatas crecen bien en cualquier lugar abierto que no hiele
riego	Las patatas tempranas deben regarse en los períodos muy secos. Las patatas de temporada larga, hasta que los tubérculos tengan la medida de canicas
abonado	Las de temporada larga se ven beneficiadas por una enmienda de hueso o similar
cuidados	Aporcar progresivamente para proteger los tubérculos de la luz. Hay que protegerlas si hay riesgo de heladas
plagas y enfermedades	Las patatas son particularmente propensas a los nematodos, al escarabajo de la patata y al mildiu de la patata, pero en general están libres de otras plagas

Patata «Nadine»

Son capaces de crecer en todo tipo de suelos, pero les resultan más favorables los suelos bien estercolados y cavados en profundidad. El tipo de suelo no sólo afectará la medida de los tubérculos, sino también el sabor de la cosecha; por ejemplo, si el suelo es pesado o turboso, las patatas tendrán un gusto jabonoso.

Cada patata presenta unas características que la hacen más adecuada para una manera de cocinarla. Hay variedades que resultan buenas para hornearlas, pero se deshacen cuando se hierven, y otras que producen un puré delicioso, pero nunca llegan a estar tiernas cuando se asan.

Patata «Cara»

Las patatas se adquieren en forma de patatas de siembra, que se colocan en bandejas en un lugar iluminado y donde no hiele para que se grillen, o broten, para lo que necesitan unas seis semanas. Pueden plantarse cuando los brotes tienen unos 2 cm.

Una vez que los tallos alcanzan los 20-23 cm, las plantas están listas para ser aporcadas —enterradas—. Esto se hace para proteger los tubérculos de la luz, ya que en caso contrario se volverían verdes y tóxicos. El aporcado hay que continuarlo a medida que las plantas crecen. Una alternativa consiste en utilizar un plástico negro para excluir la luz. Esto presenta la ventaja de actuar de acolchado, de manera que suprime la aparición de malas hierbas y evita la evaporación, pero atrae a los limacos.

Las patatas se siembran en primavera, en una zanja de unos 15 cm con mantillo de hojas

Patata «Maxine»

Patata de ensalada «Nicola»

Patata de ensalada «Pink Fir Apple»

en el fondo. Se siembran a unos 25-30 cm de distancia, con unos 50 cm entre hileras. Hay que dejar un poco más de espacio para las tempranas segundas y más para las de temporada larga.

El momento de la cosecha varía desde mediados de verano (para las tempranas primeras), finales de verano (para las segundas tempranas) u otoño (para las de temporada larga).

		PRIMAVERA	VERANO	OTOÑO	INVIERNO	
[TEMPRANA]	P. «Pentland Javelin»	plantación plantación	cosecha cosecha cosecha			Variedad oval, lisa. Alta producción y excelente sabor
	Patata «Rocket»	plantación plantación	cosecha cosecha cosecha			Muy productiva, de textura y sabor suaves. Muy temprana
	Patata «Maris Bard»	plantación plantación	cosecha cosecha cosecha			Fiable. Muy productiva, de carne de un blanco puro
[SEGUNDA TEMPRANA]	P. «Charlotte»	plantación plantación	cosecha cosecha	cosecha cosecha		Variedad tierna de sabor fino. También excelente en frío
	Patata «Kestral»	plantación plantación	cosecha cosecha	cosecha		Variedad tradicional de piel blanca. Buena para asar y freír
[TEMPORADA LARGA]	Patata «Santé»	plantación plantación		cosecha cosecha cosecha cosecha cosecha	cosecha	Buena en todos los suelos, excelente resistencia a enfermedades. Temprana
	Patata «Maxine»	plantación plantación		cosecha cosecha cosecha cosecha cosecha	cosecha	Tubérculos de piel roja y carne blanca. Buen sabor. Tiende a ser temprana
	Patata «Desiree»	plantación plantación		cosecha cosecha cosecha cosecha cosecha		Patata roja muy popular y productiva. Mata compacta
	Patata «Nadine»	plantación plantación		cosecha cosecha cosecha cosecha cosecha		Patatas de carne color crema pálido y textura firme, cérea y húmeda
	Patata «Cara»	plantación plantación		cosecha cosecha cosecha cosecha cosecha		Tubérculos redondos de piel rosada y carne de color crema. De tendencia tardía
[ENSALADA]	Patata «Pink Fir Apple»	plantación plantación		cosecha cosecha cosecha cosecha cosecha	cosecha	Variedad antigua de sabor fantástico. De tendencia tardía
	Patata «Nicola»	plantación plantación		cosecha cosecha cosecha cosecha cosecha		Variedad cérea, de piel lisa, muy sabrosa. De tendencia temprana
	Patata «Ratte»	plantación plantación		cosecha cosecha cosecha cosecha cosecha		Variedad francesa antigua, con sabor a nueces. Tiende a ser temprana

Apio nabo

Apium graveolens var. *rapaceum*

El apio nabo parece un extraño híbrido, con su tallo inflado, similar a una raíz, y sus hojas parecidas a las del apio. A diferencia del apio, lo que se consume es el tallo. Tiene un delicioso y cálido sabor a nueces, con un toque de apio, y puede consumirse en sopas y cazuelas, en puré con patatas, o crudo, rallado en las ensaladas.

Cuando se plantan, hay que tener cuidado con la corona de la planta, ya que no debe quedar enterrada. Se debe eliminar cualquier tallo lateral a principios de otoño y aporcarlo ligeramente para mantener blanco el tubérculo.

Se siembra a cubierto a principios de primavera a unos 10-15 °C. Hay que repicar las plantitas en recipientes de unos 7 cm y endurecerlos antes de la plantación, a finales de primavera. Las plantas deben estar a unos 30-38 cm, en hileras separadas unos 40 cm. La cosecha se hace a medida que se necesita, entre finales de verano y la primavera siguiente.

Apio nabo

suelo	Prefiere suelos bien cavados, ricos y húmedos. El pH idóneo está entre 6,5 y 7,5
ubicación	Esta planta prospera en posiciones abiertas con mucho sol
riego	El apio nabo crecerá bien siempre que se mantenga el suelo húmedo
abonado	Añadir estiércol maduro o compost al suelo durante el invierno anterior a la siembra
cuidados	Acolchar para mantener la humedad. Protegerlo con paja durante el invierno y aporcarlo en otoño. Quitar los tallos laterales
plagas y enfermedades	El apio nabo es propenso a las babosas y la mosca del apio, pero aparte de éstos está libre de plagas y enfermedades

	PRIMAVERA	VERANO	OTOÑO	INVIERNO	
Apio nabo «Monarch»	siembra siembra plantación		cosecha cosecha cosecha cosecha cosecha cosecha	cosecha	Popular de alta calidad. Buena resistencia. Plantar en el exterior a finales de primavera
Apio nabo «Alabaster»	siembra siembra plantación		cosecha cosecha cosecha cosecha cosecha cosecha	cosecha	Variedad fiable de follaje fuerte, erecto. Plantar en el exterior a finales de primavera
Apio nabo «Prague Giant»	siembra siembra plantación		cosecha cosecha cosecha cosecha cosecha cosecha	cosecha	Forma de nabo con piel lisa. Resistente. Plantar en exterior a finales de primavera

plantación   *cosecha*   *siembra*

Col rábano

Brassica oleracea
grupo Gongylodes

La col rábano es una hortaliza de aspecto poco usual, pues parece un pequeño ovni adornado con antenas. Se asienta sobre la superficie del suelo y está formada por un tallo inflado con numerosas pencas estrechas que brotan hacia arriba.

Las hojas de la col rábano pueden consumirse, si bien ésta se cultiva por la base inflada del tallo. Debe cosecharse cuando aún es joven y tierna y posee un distintivo sabor –una mezcla entre col y nabo– y una agradable textura crocante. Se sirve cruda en ensaladas o ligeramente cocinada. La col rábano crece bien fuera de temporada en politúneles o invernaderos sin calentar.

Se siembra de mediados de primavera a mediados de verano directamente en el exterior. Se siembra poca y, con frecuencia, a 1 cm de profundidad en hileras separadas unos 30 cm. Se aclaran para dejarlas a unos 18 cm. Se cosechan entre finales de primavera y mediados de otoño, cuando es del tamaño de una pelota de tenis.

La col rábano es una planta de aspecto peculiar

Rábanos

Raphanus sativus

Los rábanos presentan una amplia gama de formas y tamaños, desde los largos y cilíndricos hasta los rechonchos y globosos.

Se dividen en dos grupos: los de verano y los de invierno. Los primeros son muy fáciles de cultivar y maduran muy rápido. Para asegurar un suministro constante hay que sembrarlos escalonadamente y con frecuencia. Los de invierno crecen mucho más y pueden consumirse crudos o cocinados. Su gusto es picante y son una fuente excelente de hierro, calcio y vitamina C.

Para los de verano, la siembra se realiza escalonadamente desde principios de primavera hasta inicios de otoño; los de invierno, a partir de mediados de verano. Se siembran en surcos de 1 cm de profundidad y a unos 15 cm de distancia. Los de invierno necesitan unos 20 cm. Se cosechan en verano, unas tres a seis semanas después de la siembra. En invierno se dejan en el suelo y se recolectan cuando se necesitan.

Rábano «French Breakfast 3»

suelo	Col rábano: suelo ligero, arenoso y fértil, de pH 5,5-7. Rábano: suelo ligero, arenoso y rico, bien drenado de pH 5,5-7
ubicación	Col rábano: lugares abiertos pero protegidos de los vientos. Rábano: lugares abiertos
riego	Col rábano: regar sólo en los períodos más secos. Rábano: regar abundantemente en períodos secos
abonado	Ninguna de las dos plantas tiene unos requerimientos especiales
cuidados	Simplemente mantener ambas plantas libres de malas hierbas
plagas y enfermedades	Col rábano: propenso al escarabajo pulga, las moscas de la raíz de la col y la hernia de la col. Rábano: propenso a los ataques de babosas y escarabajo pulga

	PRIMAVERA	VERANO	OTOÑO	INVIERNO	
Rábano «Kolibri»					Hojas de color verde y piel violeta oscuro. Muy decorativo y gustoso
Rábano «Green Vienna»					Verde pálido con un gusto delicioso. Variedad temprana
Rábano «Scarlet Globe»					Variedad temprana y precoz. Piel de color rojo brillante
Rábano «French Breakfast 3»					Forma cilíndrica; rábano suave con puntas blancas
Rábano «Mino Early»					Variedad de invierno, larga y blanca. Delicioso en caliente y en frío

plantación   cosecha

Remolacha de mesa

Beta vulgaris subsp. *vulgaris*

La remolacha se encurte con frecuencia, pero resulta deliciosa cruda y cocinada. Algunas variedades, como «Golden», tienen hojas comestibles que pueden consumirse crudas, en ensaladas, o al vapor como las espinacas.

Para evitar que se pierda la coloración durante la cocción, hay que evitar pelarlas –con lavarlas es suficiente.

La remolacha puede quedar dañada por las heladas, así que, a menos que se viva en una zona de clima suave, nunca hay que dejar esta hortaliza en el suelo mucho tiempo. Una vez recolectada, hay que arrancarle las hojas y conservarlas en sacos de polietileno o cajoneras con arena o tierra. Almacenada así se conserva durante meses. Aunque puede resultar tentador, es mejor no lavarla antes de almacenarla, y hay que evitar golpearla o cortarla, pues «sangran».

La siembra se realiza desde principios de primavera si la variedad es resistente al espigado;

suelo	Prefiere suelos ligeros, bien drenados y fértiles, pero no recientemente abonados. pH 6,5-7,5
ubicación	Aunque es tolerante, la remolacha prefiere posiciones soleadas
riego	Sólo hay que regarla en períodos secos y cálidos para evitar que el suelo se seque completamente
abonado	No tiene necesidades específicas de abonado
cuidados	Hay que escardarla regularmente y acolcharla para retener la humedad del suelo
plagas y enfermedades	La remolacha está relativamente libre de plagas y enfermedades, de manera que resulta un cultivo fácil

Remolacha «Boltardy»

de lo contrario, el mejor momento es entre mediados de primavera y mediados de verano. Se siembran a unos 2,5 cm de profundidad en hileras separadas unos 30 cm. Las plantas se deben entresacar para dejarlas a unos 15 cm. Se cosechan desde principios de verano hasta finales de otoño.

	PRIMAVERA	VERANO	OTOÑO	INVIERNO	
Remolacha «Boltardy»	🌱🌱🌱				Variedad temprana de sabor suave que hace honor a su fama
Remolacha «Forono»	🌱🌱🌱				Rara variedad larga. Mejor consumida cuando es joven y tierna
Remolacha «Red Ace F1»	🌱🌱🌱				Carne de color rojo intenso y sabor suave. Se conserva bien
Remolacha «Golden»	🌱🌱🌱				Variedad poco común de carne amarilla y hojas comestibles. Tierna y suave

Aguaturma

Helianthus tuberosus

Este pariente cercano del girasol es una planta perenne resistente que si se la deja sin control puede colonizar grandes áreas del huerto. Sin embargo, como cultivo, es mejor replantarla cada año.

Una opción particularmente útil para los huertos pequeños es mantenerlas en cubos u otros recipientes grandes llenos de compost. Así proveerá suficiente cosecha para la mayoría de las familias.

Cultivadas por sus tubérculos nudosos, los cuales tienen un fantástico sabor ahumado, resultan deliciosas en sopas, horneadas, cocidas con mantequilla o con una salsa, y asadas.

🌱 plantación 🫘 cosecha

Miden hasta 3 m, y crecen tan rápidamente que resultan útiles como cortavientos, aunque necesitan algún tipo de soporte. En caso de que no se desee utilizarlas de cortavientos, hay que recortar los tallos a más de la mitad a finales de verano.

Una excelente variedad es «Fuseau», que presenta unos tubérculos más largos y planos que otras variedades. También es más lisa, lo que facilita la tarea de pelarla.

La siembra se realiza a finales de invierno o principios de primavera. Se plantan tubérculos enteros o en secciones, según cual sea su tamaño. Se colocan en surcos de unos 15 cm de profundidad, separados unos 25-30 cm. Si se planta más de una hilera, hay que dejar unos 90 cm entre ellas. La cosecha se realiza entre finales de otoño y finales de invierno. Se recolectan de la misma manera que las patatas.

Aguaturma «Fuseau»

suelo	Aguaturma: suelos arcillosos, abonados y bien cavados. Salsifí y escorzonera: suelos profundos, ligeros y ricos
ubicación	Aguaturma: no tiene exigencias. Salsifí y escorzonera: prefieren lugares abiertos, pero no expuestos
riego	Aguaturma: se debe regar a finales de verano si la estación ha sido seca. Ni el salsifí ni la escorzonera se riegan una vez establecidos
abonado	Aguaturma: no hay que abonarla. Para el salsifí y la escorzonera no hay que aplicar estiércol fresco antes de la siembra
cuidados	Aguaturma: debe tutorarse si es necesario y segar los tallos en otoño. Salsifí y escorzonera: sólo hay que desherbarlos a mano
plagas y enfermedades	Salsifí y escorzonera: no suelen tener problemas. Aguaturma: puede ser atacada por babosas y la podredumbre blanda

Salsifí
Tragopogon porrifolius
y
escorzonera
Scorzonera hispanica

El salsifí, o barba de cabra, y la escorzonera, o salsifí negro, poseen un follaje estrecho, en forma de cinta, y raíces napiformes estrechas que tienen un delicado sabor y pueden consumirse al vapor, cocidas o fritas.

Sus botones florales resultan deliciosos fritos en mantequilla o añadidos a una tortilla, y los tallos jóvenes y las hojas de la escorzonera son igualmente comestibles.

Las raíces del salsifí son blancas, y las de la escorzonera, negras, aunque peladas son blancas.

Se siembran a principios de primavera directamente en el exterior. Se ponen dos semillas a unos 2,5 cm de profundidad cada 20 cm, dejando una distancia de 30 cm entre filas. Hay que dejar sólo la plantita más fuerte de las dos. La cosecha se hace en invierno, a medida que se necesite.

Escorzonera

Salsifí

	PRIMAVERA		VERANO		OTOÑO		INVIERNO			
Salsifí «Sandwich Island»	🌱	🌱					🫘	🫘	🫘	Variedad dura con un sabor excelente y una textura suave
Salsifí «Giant»	🌱	🌱					🫘	🫘	🫘	Sabor delicioso, distintivo. Fiable
Escorzonera «Habil»	🌱	🌱					🫘	🫘	🫘	Variedad gustosa con pocas exigencias
Escorzonera «Russian Giant»	🌱	🌱					🫘	🫘	🫘	Variedad gustosa. Hojas jóvenes deliciosas en crudo

🌱 plantación   🫘 cosecha

Frutas

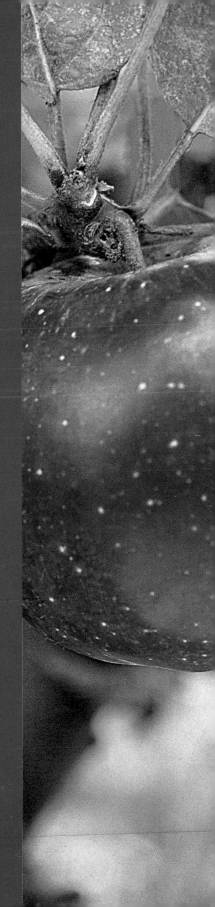

Árboles frutales

Los árboles frutales no permiten una cosecha inmediata. Constituyen una inversión a largo plazo que además realza la belleza –y el valor– de su huerto y su terreno.

Plantar un árbol constituye una inversión para el futuro. Este simple hecho muestra un compromiso con el huerto y en lo que vendrá. Se deberá esperar unos pocos años para su primera cosecha, y muchos más para que el árbol madure completamente y alcance su talla final.

Por tanto, lo más importante es tomarse un tiempo en escoger qué árbol frutal cultivar. Hay que tener en cuenta todos los factores, incluidos el espacio, la posición y cuánto tiempo se podrá dedicar a cuidarlo.

El espacio no es necesariamente el factor decisivo cuando se va a plantar un árbol. Algunos frutales, sobre todo muchas variedades de manzano y peral, crecen bien en un recipiente, siempre y cuando se abonen y se rieguen regularmente. Sólo hay que escoger una cepa enana y podarla para mantenerla bajo control

Hay también disponibles árboles familia, que tienen injertadas diferentes variedades en un único árbol. Estos árboles resultan una excelente idea para quienes sólo cuentan con un pequeño huerto. Están disponibles en manzano, peral y ciruelo, de forma que es posible tener fruta variada para recolectar a final del verano, tanto para cocinar como para postres.

Manzanas

Malus sylvestris var. *domestica*

Las manzanas son una fruta muy popular, especialmente en aquellos lugares de clima fresco y húmedo, que resulta ideal para su cultivo. Son fáciles de comer, no requieren ninguna preparación y se conservan bien. También son fáciles de cultivar, y como son de floración tardía están a salvo de heladas. Hay muchas variedades entre las que escoger, de modo que se puede satisfacer cualquier gusto, desde el dulce como la miel hasta el crujiente y ligeramente ácido.

Las cepas enanas se han hecho muy populares en los últimos años, en parte porque los horticultores aficionados suelen disponer de un espacio limitado y también porque los árboles fructifican antes y producen cosechas más abundantes. Las cepas muy enanas producen árboles que ponen toda su fuerza en dar fruta más que madera. Esto quiere decir que son muy productivos y requieren muy poca poda. Al ser más pequeños, también se pueden podar y recolectar la fruta con más facilidad.

Hay disponibles cinco patrones de manzano, lo que permite al horticultor una gran cantidad de posibilidades. El patrón que escoja dependerá del tamaño de árbol

Manzana «Cox's Orange Pippin»

suelo	Los manzanos crecen en la mayoría de los suelos, siempre que estén bien drenados y abonados
ubicación	Los lugares soleados y abrigados son los mejores. Evite plantarlos en zonas heladas
riego	Riegue los árboles abundantemente en los estadios iniciales; una vez arraigados sólo debe regarlos en períodos de sequía prolongada
abonado	Aplicar en superficie sulfato amónico durante la primavera si los árboles necesitan un extra
cuidados	Escardar alrededor del árbol en un radio de 1,2 m. Acolcharlos en primavera. Tutorarlos si es preciso. Entresacar la fruta
plagas y enferme-dades	Los manzanos son particularmente propensos al chancro, roña, oídio, avispas y pájaros

Manzana «Fiesta»

Manzana «American Mother»

que quiera, así como del tipo de suelo y cómo planee formar el árbol. Por ejemplo, si se quiere cultivar un árbol a medio viento, pero el suelo es muy pobre, entonces se puede compensar este problema escogiendo una variedad más vigorosa de lo que se hubiera elegido si fuera una zona con un suelo más rico.

Los patrones o portainjertos usualmente disponibles para horticultores aficionados son «M27», «M9», «M26», «MM106» y «MM111». La cepa más enana, la «M27», sólo alcanza los 1,5 m después de diez años, en condiciones ideales de cultivo, mientras que la más vigorosa, la «MM111», alcanzará los 4 m sin dificultad alguna. *Véase* pág. 23 para más información sobre los patrones.

El hecho de obtener una correcta polinización es tan importante como escoger el patrón correcto. Para asegurarse una cosecha abundante y sabrosa hay que cultivar siempre más de una variedad del mismo grupo de floración, incluso aunque una de las variedades sea autocompatible. Los grupos de floración son, simplemente, tablas de árboles que florecen al mismo

Manzana «Greensleeves»

Manzana «Golden Delicious»

tiempo y pueden polinizarse unos a otros. Los grupos de floración tienden a solaparse ligeramente, aunque para estar totalmente seguro hay que restringir la elección a un único grupo.

Escoger qué árboles polinizarán a cuáles es complicado porque hay algunas variedades triploides, lo que quiere decir que tienen poco polen y que no polinizarán otras variedades. Estas variedades precisan de dos variedades apropiadas para cultivarlas, mejor que una. Para estar absolutamente seguro de que se escogen variedades compatibles es mejor verificarlo con

Manzana «Lord Lambourne»

Manzana «Bountiful»

el viverista que suministre los árboles.

Generalmente es mejor comprar árboles a raíz desnuda para plantarlos durante el período de reposo.

La mayoría de los árboles frutales son muy exigentes en cuanto a la forma en la que están formados, y sólo dan fruta si se forman de una determinada manera. Los manzanos, de

Manzana «Golden Noble»

todos modos, son muy adaptables y pueden formarse de diferentes maneras. Se puede escoger entre árbol de tronco alto, mata, cordón, palmeta, espaldera o incluso pirámide enana (*véanse* págs. 36-38 para las instrucciones sobre la poda).

Hay varias labores que se deben llevar a cabo regularmente para mantener los árboles en las mejores condiciones. A finales de primavera, mantenga un área de unos 1,2 m alrededor del tronco libre de hierbas y acolchada para preservar la humedad del suelo.

También es importante clarear la fruta, sobre todo si tiene una cosecha muy abundante. Esto protegerá las ramas de la sobrecarga, y lo que es más importante, mejorará el tamaño y el sabor de la cosecha. Hay que esperar hasta que se caigan las frutas no fecundadas o deformadas al inicio del verano, y recorrer el árbol con una podadora afilada y limpia para eliminar el exceso de fruta. Vale la pena repetir la operación a mediados de verano. Debe quedar un espacio de 10-15 cm entre las frutas de postre –o para comer–, y de 15-22 cm entre la fruta de variedades para cocinar.

Manzana «Blenheim Orange»

Manzana «Bramley's Seedling»

Manzana «Charles Ross»

Las técnicas de poda concretas dependen de la forma que se le quiera dar al árbol, aunque todos los árboles deben podarse durante el verano para mantener su forma y evitar el crecimiento excesivo, así como para facilitar el desarrollo de las yemas florales.

Cada invierno se debe cortar toda la madera muerta y enferma, así como retirar las ramas sobrecargadas.

Al podar, debe recordarse que los manzanos mantienen sus flores y frutos en brotes de dos años o mayores.

La plantación se debe llevar a cabo en otoño, aunque también es posible en invierno. El proveedor puede indicar la distancia de plantado, ya que ésta varía según toda una serie de factores –desde el patrón, hasta la variedad y cómo se planee formarlos.

La época para recoger la cosecha de manzanas depende de la variedad. Una forma sencilla de probar la madurez consiste en tomar la manzana y darle un giro suave. Si se separa de la rama con facilidad, es que la manzana está madura. A continuación se ofrece una tabla con más detalles sobre la época de cosecha de una selección de variedades.

		PRIMAVERA	VERANO	OTOÑO	INVIERNO	
[POSTRE]	Manzana «George Cave»		cosecha	plantación	plantación	Temprana. Popular. Variedad de postre sonrojada. Grupo de floración 3
	Manzana «Charles Ross»		cosecha	plantación	plantación	Temprana. Se puede usar también para cocinar. Grupo de floración 3
	Manzana «Greensleeves»			plantación/cosecha	plantación	Temprana. Refrescante y jugosa. De confianza, de gran cosecha. Grupo de floración 3
	Manzana «Lord Lambourne»			plantación/cosecha	plantación	Temprana. Manzana de postre exquisitamente dulce. Grupo de floración 2
	Manzana «Egremont Russet»			cosecha/plantación	plantación	Media. Manzana de postre popular con un gusto fantástico. Buena para envasar
	Manzana «Cox's Orange Pippin»			plantación/cosecha	plantación	Media. Excelente, jugosa con mucho aroma. Grupo de floración 3
	Manzana «Fiesta»			plantación/cosecha	plantación	Media. Jugosa, similar a la variedad Cox. Grupo de floración 3
	Manzana «American Mother»			plantación/cosecha	plantación	Media. Manzana de postre fácil de cultivar. Manzana de aspecto más largo y fino
	Manzana «Golden Delicious»			cosecha/plantación	plantación	Tardía. Una de las variedades comerciales más populares. Grupo de floración 4
	Manzana «Laxton's Superb»			plantación/cosecha	plantación	Tardía. Manzana de postre dulce y jugosa que se conserva bien. Grupo de floración 4
	Manzana «Jonagold»			plantación/cosecha	plantación	Tardía. Variedad de postre vigorosa. Triploide. Grupo de floración 4
	Manzana «Cox's Orange Pippin»			plantación/cosecha	plantación	Tardía. Refrescante, variedad marrón verdosa. Se conserva bien. Grupo de floración 3
[PARA COCINA]	Manzana «George Neal»			plantación/cosecha	plantación	Temprana. Manzana para cocinar de gusto excelente. Grupo de floración 2
	Manzana «Golden Noble»			plantación/cosecha	plantación	Temprana. Buen gusto, se deshace al cocinarla. De confianza. Grupo de floración 4
	Manzana «Lord Suffield»			plantación/cosecha	plantación	Temprana. Manzana para cocinar de confianza. Grupo de floración 1
	Manzana «Blenheim Orange»			cosecha/plantación	plantación	Media. Excelente. Se conserva bien. De crecimiento vigoroso, autoincompatible
	Manzana «Cox's Pomona»			plantación/cosecha	plantación	Media. Buena para cocinar. Bastante vigorosa. Grupo de floración 4
	Manzana «Norfolk Beauty»			plantación/cosecha	plantación	Media. Buena para cocinar con un gusto exquisito. Grupo de floración 2
	Manzana «Bramley's Seedling»			plantación/cosecha	plantación	Tardía. Posiblemente la mejor manzana para cocinar. Muy vigorosa. Triploide
	Manzana «Bountiful»			plantación/cosecha	plantación	Tardía. Nueva variedad. Buena resistencia a las enfermedades. Grupo de floración 3
	Manzana «Newton's Wonder»			cosecha/plantación	plantación	Tardía. Variedad culinaria vigorosa. Se conserva muy bien. Grupo de floración 5

plantación cosecha

Peras

Pyrus communis
var. *sativa*

El peral es originario del Mediterráneo, lo que da una idea de sus requerimientos de cultivo. En pocas palabras, los perales no darán fruta si no disfrutan de un calor moderado, luz solar y protección frente a los vientos fuertes y las heladas.

Un modo de ayudar al peral a madurar y fructificar en las regiones más frías es plantarlos junto a una pared soleada donde le dé el calor irradiado por los ladrillos o las piedras. La mejor forma de cultivarlos de este modo es con espaldera (*véase* pág. 38).

Hay algunos perales autocompatibles aunque, de todos modos, para obtener una buena cosecha es importante tener cerca otro peral del mismo grupo –es decir, uno que florezca al mismo tiempo.

Los perales a veces se dividen en tres grupos de floración, aunque algunos cultivadores los dividen en cuatro grupos para ser más precisos. La época de floración se solapará un poco, por lo que árboles de grupos adyacentes pueden polinizarse unos a otros.

Hay que tener en cuenta que algunos perales son autoincompatibles y otros son triploides, por lo que no son polinizadores válidos, mientras que otros no polinizarán árboles de su propio grupo. Siempre es aconsejable pedir consejo al viverista cuando se adquieran los árboles.

Los perales se injertan en un patrón de membrillo para evitar que se hagan demasiado

Pera «Beaurré Hardy»

grandes y para que den fruta pronto. El patrón que produce el árbol más pequeño después de diez años –máximo 3 m– es «Quince C», mientras que los árboles que se injertan en un patrón «Quince A»

suelo	Crecen en la mayoría de los suelos, pero se desarrollan bastante mal en suelos calizos
ubicación	El lugar preferido por estos árboles es cálido, resguardado y soleado
riego	Hay que regarlos abundantemente al principio del desarrollo y después sólo en los períodos secos y calurosos
abonado	El suelo debe abonarse bien antes de la plantación. Hay que asegurarle bastante nitrógeno
cuidados	Eliminar la mala hierba y las hierbas alrededor del árbol y acolchar en primavera
plagas y enfermedades	Estos árboles son especialmente susceptibles a pulgones, avispas, conejos, pájaros y roña de la fruta

Pera «Conference»

pueden alcanzar los 4 m en el mismo tiempo. Los árboles totalmente desarrollados pueden alcanzar al menos 6 m, mientras que si crecen en un patrón de peral pueden doblar esta altura.

El patrón que se escoja debe depender de la forma que se pretenda dar al peral. Los perales se pueden formar como árboles de tronco alto, matas, pirámides, espalderas o cordones (*véanse* págs. 36-38 para instrucciones sobre la formación).

Si se decide optar por las formas más restrictivas, como las pirámides, las espalderas o los cordones, entonces se necesitará un portainjerto «Quince C», que es bastante enano; en cambio, un árbol de tronco alto necesitará el vigoroso «Quince A».

Pera «Joséphine de Malines»

Pera «Packham's Triumph»

Los perales presentan pocas necesidades de poda mientras son muy jóvenes –en lo que a un árbol de tronco alto se refiere, sólo es preciso retirar la madera muerta o enferma–. Las formas más restrictivas se deben podar también en verano.

Mediados de verano constituye también el momento de entresacar la fruta, con la intención de dejar una o dos frutas por grupo, lo que dependerá de la abundancia de la cosecha.

Es importante destacar que la fruta madura en fases y que si se deja se estropea rápidamente. Para evitar que esto ocurra, hay que repasar el árbol varias veces, teniendo cuidado de no magullar la delicada fruta. El mejor momento para plantarlos es en otoño, con una cosecha entre mediados de verano y mediados de primavera.

	PRIMAVERA	VERANO	OTOÑO	INVIERNO	
Pera «Early Jargonelle»					Temprana. Variedad resistente de frutos para postre. Grupo de floración 3
Pera «Williams' Bon Chrétien»					Temprana. Peras de postre dulces, de medianas a grandes. Grupo de floración 3
Pera «Beth»					Temprana. Pera de postre prolífica, jugosa y dulce. Grupo de floración 4
Pera «Beurré Hardy»					Media. Vigorosa y resistente variedad de postre. Grupo de floración 3
Pera «Conference»					Media. Deliciosa fruta de postre; buena para cultivo en maceta. Productividad regular
Pera «Joséphine de Malines»					Media. Frutos pequeños pero de gran sabor
Pera «Packham's Triumph»					Media. Fruta de postre jugosa y dulce. Grupo de floración 1
Pera «Winter Nelis»					Tardía. Variedad culinaria excelente, con buena resistencia a las heladas
Pera «Easter Beurré»					Tardía. Pera para cocinar, con un sabor excelente. Grupo de floración 3
Pera «Black Worcester»					Tardía. Pera para cocinar con un delicioso sabor. Grupo de floración 3
Pera «Catillac»					Tardía. Cosecha a finales de otoño, pero se puede mantener hasta final de primavera

plantación   cosecha

Ciruelas, claudias y ciruelas damascenas

Prunus domestica

La familia de los ciruelos es muy extensa, con muchos parientes poco vistosos olvidados en la sombra –ciruelos de San Julián, mirabolanos, ciruelos japoneses– junto a las ciruelas y las claudias, mucho más conocidas.

El grupo mejor conocido de la familia *Prunus domestica*, incluye las ciruelas comunes, las claudias y las damascenas, que son excelentes árboles frutales para el horticultor aficionado. La mayoría son autocompatibles. De todos modos, si en las cercanías hay otra variedad del mismo grupo de polinización, es más probable obtener una cosecha abundante.

La clave para una buena cosecha son las heladas. Los ciruelos florecen muy pronto, habitualmente a mediados de primavera. Por ello, si en el huerto suele helar, o bien se debe escoger una variedad de floración tardía o una variedad de damascena, que son más resistentes.

Hay cuatro portainjertos que se usan para los ciruelos. En orden de tamaño son: «Pixy», «St Julian A», «Brompton» y, menos frecuentemente, «Myrobalan B». El más pequeño, «Pixy», es un patrón enano que puede alcanzar los 2 m. El «St Julian A» es moderadamente vigoroso y puede alcanzar los 3 m, mientras que los otros dos pueden crecer hasta los 4,5 m, por lo que sólo resultan adecuados para jardines grandes. Algunos portainjertos son mejores para un método particular de forma que otros. Si se quiere conseguir una mata o una palmeta hay que decantarse por «St Julian A»; si se desea una pirámide los mejores son «St Julian A» o «Pixy», mientras que conviene elegir un

suelo	Bien drenado pero con un suelo que retenga la humedad. Gustan de niveles elevados de nitrógeno
ubicación	Es importante ponerlos en un lugar templado, soleado y abrigado, que no hiele
riego	Se deben regar regularmente al principio del desarrollo, y posteriormente, cuando lo requieran en períodos secos
abonado	Abonar bien el suelo antes de plantar. Realizar abonado superficial en primavera con fertilizante rico en nitrógeno
cuidados	Deben mantenerse sin malas hierbas, y acolchar en primavera con estiércol maduro o compost. Deben protegerse de las heladas y enmallarse para repeler a los pájaros
plagas y enfermedades	Estos árboles son especialmente propensos al mal del plomo, chancro bacteriano, pulgones, avispas, conejos y pájaros

Ciruela «Victoria»

Ciruela «Marjorie's Seedling»

«Brompton» o «Myrobalan B» si se quiere un árbol de medio viento.

Es más probable conseguir una cosecha abundante si se dejan los árboles sin podar hasta que hayan dado fruto durante varios años. Si se pretende dar una forma determinada habrá que podarlos antes, pero se debe limitar la poda al máximo.

La poda a principios de otoño, al contrario que para otros frutales, no es una buena idea, pues deja al árbol vulnerable al mal del plomo. Hay que realizar la poda entre finales de primavera y finales de verano, quitar toda la madera muerta, enferma o dañada, y clarear si es necesario. Debe recordarse que la fruta la producen las ramas de dos años, y en la base de los retoños de un año.

Si se desea una cosecha abundante, la formación en abanico es la mejor para las ciruelas, claudias y damascenas (*véase* pág. 37 para más detalles).

Las pirámides se forman reduciendo la guía principal a 1,5 m desde el suelo sobre un brote sano. Debe tener unos cinco laterales regularmente dispuestos a ambos lados de la guía principal. Hay que cortar todos los demás y recortar los laterales restantes para que configuren la forma piramidal básica.

Las ciruelas damascenas son variedades menos corrientes

Es muy importante aclarar la fruta si se quiere asegurar que el resto se haga tan grande como sea posible. Las variedades más pequeñas deben dejarse a unos 5-8 cm, mientras las frutas de más tamaño necesitan algo más de espacio. Se deben plantar a finales de otoño o principios de invierno.

	PRIMAVERA	VERANO	OTOÑO	INVIERNO	
Ciruela «Laxton»		cosecha	plantación	plantación	Temprana. De postre; adecuada para zonas sin heladas. Parcialmente autocompatible
Ciruela «Opal»		cosecha	plantación	plantación	Temprana. Fruta de postre de color púrpura con un magnífico sabor. Autocompatible
Ciruela «Stint»		cosecha	plantación	plantación	Temprana. Variedad de postre. Parcialmente autocompatible, grupo de floración 4
Ciruela «Czar»		cosecha	plantación	plantación	Temprana. Fruta de postre o de cocina. Autocompatible, grupo de floración 3
Ciruela «Pershore»		cosecha	plantación	plantación	Temprana. Fruta de cocina grande y amarilla. Autocompatible, grupo de floración 3
Ciruela «Rivers»		cosecha	plantación	plantación	Temprana. Prolífica y jugosa para cocinar. Autocompatible, grupo de floración 3
Ciruela «Victoria»		cosecha	plantación	plantación	Media. La ciruela favorita para postre o cocina. Autocompatible, grupo de floración 3
Ciruela «Purple Pershore»		cosecha	plantación	plantación	Media. Variedad de cocina. Buena y de confianza
Ciruela «Cox's Emperor»		cosecha	plantación	plantación	Media. Popular ciruela para cocina, de buen sabor
Ciruela «Marjorie's Seedling»			cosecha/plantación	plantación	Tardía. Variedad vigorosa que da grandes frutos, para cocinar. Autocompatible
Ciruela «Warwickshire Drooper»			cosecha/plantación	plantación	Tardía. Sabrosa variedad de cocina. Autocompatible, grupo de floración 2
Claudia «Denniston's Superb»		cosecha	plantación	plantación	Claudia de postre muy fiable. Autocompatible. También conocida como «Imperial»
Claudia «Oullins Golden Gage»		cosecha	plantación	plantación	De postre. Cosecha temprana para cocinar. Autocompatible, grupo de floración 2
Claudia «Laxton's Gage»		cosecha	plantación	plantación	Claudia de postre de gusto delicioso. Autocompatible, grupo de floración 3
Claudia «Cambridge Gage»		cosecha	plantación	plantación	Claudia de postre pequeña y jugosa. Autocompatible, grupo de floración 2
Claudia «Transparent»		cosecha	plantación	plantación	Fruta de postre pequeña, dulce y dorada. Autocompatible, grupo de floración 2
Damascena «Merryweather»			cosecha/plantación	plantación	Fruta de cocina, grande y fiable. Autocompatible, grupo de floración 3
Damascena «Shropshire Damson»			cosecha/plantación	plantación	Fruta para cocinar de gusto excelente. Autocompatible, grupo de floración 5
Damascena «Farleigh Prolific»			cosecha/plantación	plantación	Damascena de cocina, fiable. Parcialmente autocompatible, grupo de floración 4
Damascena «Bradley's King»			cosecha/plantación	plantación	Fruta para cocinar. Autocompatible, grupo de floración 4
Damascena «Frogmore Damson»			cosecha/plantación	plantación	Fruta para cocinar, de buen gusto y textura. Parcialmente autocompatible

plantación   cosecha

Cerezas
Prunus avium
y
guindas
Prunus cerasus

Las cerezas, con su piel de un profundo rojo negruzco, brillante, suave y sedosa, son frutas inspiradoras, y vale la pena cultivarlas, ya que en los supermercados suelen ser caras y de poca calidad.

Hay, por así decirlo, dos tipos de cerezas: las dulces, de postre (*Prunus avium*), y las ácidas o guindas, de cocina (*Prunus cerasus*). Ambas presentan las mismas necesidades en lo que al cultivo se refiere. Las diferencias principales, aparte del gusto, estriban en que los guindos suelen ser un poco más pequeños que los cerezos; la mayoría de las variedades son autocompatibles; son más resistentes, por lo que pueden crecer junto a una pared que no sea muy soleada; y en lugar de producir fruta sobre las ramas de más de un año, las guindas crecen en los brotes de un año.

Lo primero que se debe tener en cuenta para escoger las variedades son los grupos de floración y los portainjertos. La mayoría de los guindos son autocompatibles, lo que simplifica la

suelo	Prefieren suelos secos y bien drenados, ricos en potasio y caliza
ubicación	Les gustan los lugares cálidos, secos y soleados, aunque los guindos pueden resistir climas más frescos
riego	Hay que regarlos en abundancia al principio del desarrollo y durante el verano, especialmente en los veranos secos y muy calurosos
abonado	Realizar un abonado superficial con sulfato amónico a mediados de primavera
cuidados	Escardar alrededor de los árboles y acolcharlos a mediados de primavera. Hay que sujetarlos en la medida necesaria y protegerlos de los pájaros
plagas y enferme- dades	Estos árboles son especialmente propensos al chancro, mal del plomo, pulgones y pájaros

elección; pero hay menos variedades autocompatibles de cerezo dulce.

Vale la pena buscar estas variedades autocompatibles de cerezo, ya que puede ser muy complicado escoger los árboles correctos para que se polinicen entre ellos. Además de la necesidad de que florezcan al mismo tiempo, se añade la complicación de que ciertas variedades son autoincompatibles, por lo que no se polinizarán a ellos mismos. Además, algunas variedades no pueden polinizar otras variedades dentro de su propio grupo. En cualquier caso, existen variedades que son polinizadores universales –en otras palabras, polinizarán a cualquier variedad que florezca simultáneamente–. Por último, en cuanto a la polinización, hay que tener presente que los cerezos dulces no pueden polinizar las variedades ácidas.

Los dos portainjertos más comunes son «Colt» y la llamada «Malling F12/1». Esta última es extremadamente vigorosa, por lo que necesita mucho espacio. El portainjertos «Colt» es semi-enano, por lo que es ideal para un jardín de tamaño medio. También hay algunos portainjertos

Los cerezos florecen a mediados de primavera y tienden a fructificar durante el verano

Guinda «Morello»

Guinda «Nabella»

enanos que están disponibles desde hace poco, sobre todo el «Tabel», que resulta excelente para macetas o para lugares donde hay muy poco espacio.

La poda y la formación de los cerezos es una labor que consume mucho tiempo, ya que estos árboles constantemente intentan crecer fuera de sus límites. Un cerezo dulce totalmente desarrollado puede alcanzar los 7,5 m de altura y otro tanto de envergadura. Un cerezo en palmeta puede crecer hasta los 2,5 m de altura y tener el doble de envergadura.

Los árboles en palmeta deben estar fijados firmemente a cables horizontales fuertes que se mantengan separados de la pared mediante abrazaderas. Hay que dejar que el tallo principal alcance unos 38 cm desde el suelo, después localizar los dos tallos laterales más fuertes que estén bajo este punto (uno a cada lado del tallo principal) y cortar el tallo principal justo por encima de ellos. A medida que los laterales crezcan, hay que atarlos a cañas que estén unidas a los cables de soporte en un ángulo de unos 45°. Corte el resto de los tallos laterales. Mientras los laterales crezcan producirán brotes laterales; ate los seis más fuertes (tres por cada lateral) a los cables de soporte para darles la forma de abanico. Retire los brotes laterales restantes.

Recuerde que las cerezas dulces se cosechan sobre ramas de dos o tres años, mientras que las cerezas ácidas proceden de los brotes de un año.

Si el cerezo crece en exceso, se le pueden podar las raíces. Para ello hay que excavar una zanja alrededor del árbol a, aproximadamente, 1 m del tronco y recortar las raíces que sean más grandes.

Se deben plantar a finales de otoño. La cosecha tiene lugar entre principios de verano y principios de otoño, según la variedad. Consulte la tabla de variedades para más información.

		PRIMAVERA	VERANO	OTOÑO	INVIERNO	
[DULCES]	Cereza «Early Rivers»		cosecha	plantación		Temprana. Jugosa y dulce, de fruto oscuro. Incompatible con las de su grupo
	Cereza «Waterloo»		cosecha	plantación		Media. Grupo de floración 2. Incompatible dentro de su grupo
	Cereza «Merton Bigarreau»		cosecha	plantación		Media. De crecimiento rápido. Frutos oscuros y grandes. Grupo de floración 3
	Cereza «Merton Glory»		cosecha	plantación		Media. Autoincompatible, grupo de floración 2. Polinizador universal
	Cereza «Stella»		cosecha	plantación		Tardía. Frutos de color rojo intenso brillante. Autocompatible, grupo de floración 4
	Cereza «Lapins»		cosecha	plantación		Tardía. Variedad muy popular. Autocompatible, grupo de floración 4
	Cereza «Noir de Guben»		cosecha	plantación		Tardía. Autoincompatible, grupo de floración 1. Polinizador universal
[GUINDAS]	Cereza «Kentish Red»	cosecha		plantación		Temprana. Resistente, frutos excelentes. Autocompatible
	Cereza «Morello»		cosecha	plantación		Excelente para paredes frescas. Autocompatible
	Cereza «Nabella»		cosecha	plantación		Excelente para paredes frescas. Autocompatible y grupo de floración 4

plantación   cosecha

Melocotones
Prunus persica
y
nectarinas
Prunus persica
var. *nectarina*

A diferencia de otros frutales, los nectarinos y los melocotoneros no tardan años en dar su primer regalo dorado. Los primeros frutos se pueden obtener a la tan temprana edad de tres años.

Los melocotones, y sus lampiñas primas, las nectarinas, se originaron en China; son frutales que resultan muy exigentes en cuanto a sol, calor y protección para poder fructificar. También deben protegerse de las heladas, y no les gustan los inviernos húmedos, aunque pueden resistir el frío durante cortos períodos. Estas necesidades implican que, en los climas más frescos, melocotoneros y nectarinos tendrán más oportunidades de fructificar si se los cultiva a cubierto.

Las nectarinas son especialmente exigentes en lo que respecta a la temperatura. Necesitan un poco más de calor, por lo que es muy difícil que den fruto en áreas templadas si se las cultiva en el exterior.

Tradicionalmente, los melocotoneros y nectarinos se cultivan en forma de palmeta contra una pared resguardada y soleada. En el exterior, esto se lleva a cabo en la pared que recibe más sol a lo largo del día. También pueden podarse en forma de mata o como árboles estándar en macetas –para lo cual las variedades enanas son las más adecuadas–. Sin embargo, la palmeta es la más fiable, pues maximiza la cantidad de calor y de luz solar que recibe el árbol en todas sus ramas. Se les debe reservar un buen espacio, pues pueden llegar a crecer hasta unos 4,5 m.

Además de decidir la variedad, se debe considerar cuál será el portainjertos que se va a utilizar. A veces se usan portainjertos

de melocotón. Sin embargo, lo más común es utilizar los patrones de ciruelo, «St Julian A» y «Brompton». De los dos, el más vigoroso es «Brompton».

En el momento de decidir el patrón, hay que tener en cuenta las condiciones de cultivo. Si el suelo no es especialmente bueno para

Melocotón «Autumn Rose»

suelo	Los melocotoneros y nectarinos prefieren suelos profundos, fértiles y que retengan la humedad –pH ideal 6,5-7
ubicación	Si no se puede cultivar a cubierto, es mejor una posición resguardada, cálida y soleada, donde no hiele
riego	Necesitan un riego abundante en los períodos iniciales, y después en los períodos secos. Sobre suelo arenoso necesitan más riego
abonado	Añadir harina de hueso o una fuente de nitrógeno de liberación lenta similar
cuidados	Pulverizar y remojar los árboles cultivados a cubierto (aunque no en el período de floración)
plagas y enferme-dades	Son propensos a la muerte de ramas, chancro bacteriano, abolladura. araña roja, pulgones, tijeretas y pájaros

Los melocotones prefieren una posición en el huerto orientada al sol

el cultivo de melocotones o nectarinas, resultará mejor decantarse por el patrón «Brompton», más vigoroso, para compensar las deficiencias del suelo.

Los melocotoneros son autocompatibles, por lo que no se necesita más de un árbol. Sin embargo, la polinización manual puede contribuir al éxito de la fructificación.

Es especialmente aconsejable en climas frescos y en cultivos a cubierto.

El cultivo a cubierto constituye la manera más segura de garantizar la cosecha en las regiones más frescas, por lo que no es una tarea que deba tomarse a la ligera.

Lo primero que necesita el árbol es el espacio —un invernadero más grande de lo normal es esencial, pues el árbol podrá crecer hasta los 3 m de anchura— y después se debe disponer de tiempo para cuidarlo. Además de necesitar un suelo fértil, precisará riego, abonado y remojones constantes, así como una cuidadosa polinización manual.

Igualmente se debe estar atento a la ventilación del invernadero —esencial para la salud y el desarrollo— y, por encima de todo, hay que asegurar que el árbol disponga de soportes adecuados para su formación (*véase* pág. 112 para el método).

Como con todas las plantas cultivadas en invernadero, la temperatura es la clave para obtener una cosecha con éxito. Se puede comenzar el ciclo con temperaturas de 8-10 °C en primavera durante unos catorce días, y luego subirla a 20 °C.

Melocotón «Autumn Rose»

Si las condiciones son óptimas, los árboles crecerán rápidamente. Esto resulta muy satisfactorio, aunque significa que se debe trabajar duro para cubrir sus necesidades de agua y abonado.

Los melocotoneros y los nectarinos son propensos a unos cuantos problemas, de los cuales el principal es la abolladura, que es sobre todo probable que se dé en las regiones húmedas. Puede prevenirse mediante la colocación de láminas de plástico sobre los árboles tan pronto como se abran las yemas en primavera. Hay que dejar algunos agujeros para permitir la ventilación y la polinización.

Una poda correcta es especialmente importante. Los árboles en mata deben podarse intensamente a finales de primavera, después de lo cual se puede contener el crecimiento excesivo mediante una poda de raíces; los árboles demasiado vigorosos también deben someterse a una poda de raíces.

Para realizar una poda de raíces, conviene esperar unos cinco años tras la plantación; se cava una zanja circular en torno al árbol, a 1 m del tronco, y se cortan las raíces que sean más largas; después hay que volver a colocar la tierra, afirmarla y regar bien.

Para formar una palmeta, hay que esperar a que se hayan formado dos ramas laterales a cada lado del tronco y a unos 30 cm del suelo, y entonces se debe cortar la guía principal justo por encima de los laterales. Después se atan los laterales a unas cañas, atadas a su vez a los alambres horizontales con un ángulo de 45°, y se eliminan las demás ramas. Hay que permitir que crezcan un par de ramas hacia arriba y una hacia abajo en cada uno de los primeros laterales, y eliminar el resto de ramas. Hay que ir atando todas las ramas para conseguir la palmeta.

Una vez que se ha obtenido la forma, hay que podar en primavera para favorecer el nuevo crecimiento. Asimismo, debe podarse después de la fructificación para retirar las ramas fructificadas, la madera vieja y muerta y mantener la forma de palmeta. Siempre conviene recordar que las nectarinas y los melocotones se producen en ramas de un año de edad.

Nectarina «Alba Red»

Nectarina «Pacer»

Nectarina «Lord Napier»

Como en otros frutales, se obtendrá una cosecha mejor si se clarea el fruto. Inicialmente se entresacan para dejar sólo un fruto por grupo, y después se clarean para que queden a un mínimo de 15 cm.

El mejor momento para plantarlos se da entre finales de otoño y mediados de invierno, y se debe dejar un espacio de 5,5 m entre árboles.

La fruta se cosecha, en general, de mediados a finales de verano o principios de otoño, según cual sea la variedad. A continuación se ofrece una tabla con las labores por época para cada variedad.

	PRIMAVERA	VERANO	OTOÑO	INVIERNO	
Melocotón «Amsden June»		cosecha cosecha		plantación plantación plantación	Temprano. De carne blanca, dulce y jugosa. Productor abundante
Melocotón «Early Alexander»		cosecha		plantación plantación plantación	Temprano. Frutos medianos de pulpa blanca
Melocotón «Duke ot York»		cosecha		plantación plantación plantación	Temprano. Grandes frutos de carne blanca y gusto excelente
Melocotón «Waterloo»		cosecha cosecha		plantación plantación plantación	Temprano. Deliciosa carne tierna y blanca
Melocotón «Bonanza»		cosecha		plantación plantación plantación	Medio. Variedad enana, buena para macetas. Carne amarilla
Melocotón «Crimson Galande»		cosecha		plantación plantación plantación	Medio. Frutos de pulpa blanca, dulce y jugosa
Melocotón «Peregrine»		cosecha		plantación plantación plantación	Medio. Productor fiable de frutos de carne blanca y gusto suave
Melocotón «Royal George»		cosecha		plantación plantación plantación	Medio. Frutos grandes de carne amarilla
Melocotón «Autumn Rose»			cosecha	plantación plantación plantación	Tardío. Variedad de sabor suave y carne amarilla
Melocotón «Bellegarde»			cosecha	plantación plantación plantación	Tardío. Frutos deliciosos de carne amarilla
Melocotón «Dymond»			cosecha	plantación plantación plantación	Tardío. Pulpa amarilla y jugosa
Nectarina «Early Rivers»		cosecha		plantación plantación plantación	Temprana. Sabor excelente. Fiable para exteriores
Nectarina «John Rivers»		cosecha		plantación plantación plantación	Variedad temprana y muy productiva. Sabor excelente
Nectarina «Lord Napier»		cosecha cosecha		plantación plantación plantación	Media. Deliciosos frutos de carne blanca. Buena para el exterior
Nectarina «Alba Red»			cosecha	plantación plantación plantación	Media. Frutos jugosos teñidos de naranja intenso o rojo
Nectarina «Pacer»			cosecha	plantación plantación plantación	Tardía. Frutos suculentos de sabor distintivo

plantación   cosecha

Albaricoques
Prunus armeniaca

Los albaricoqueros pueden resultar un cultivo complicado en los climas más frescos. Presentan diversos problemas: son muy susceptibles al daño por heladas, ya que florecen muy temprano; sin embargo, el principal problema es la muerte de las ramas, que afecta por sorpresa y, con frecuencia, primero a las ramas más vigorosas y saludables.

La mejor posición, con mucho, para los albaricoqueros es contra una pared orientada al sol, en forma de palmeta, o a cubierto.

Los albaricoqueros son autocompatibles, por lo que sólo se necesita una variedad, aunque se incrementan las probabilidades de éxito si se tienen dos o tres y se les ayuda mediante una polinización manual con un pincel suave.

Una poda correcta y la formación son esenciales para mantener la salud y el tamaño de la cosecha. Los albaricoqueros fructifican en las ramas del año anterior, por lo que se debe estimular el crecimiento nuevo mediante la poda a principios de primavera de las ramas viejas, así como con la eliminación de ramas muertas o enfermas. Hay que concentrarse en el pinzamiento de las ramas laterales a unos 5 cm y volver a pinzar los brotes que de éstas salgan para dejarlos sólo con un nudo. La clave está en atar todo el crecimiento nuevo para mantener la forma.

suelo	Prefieren suelos francos, bien drenados, con niveles de caliza altos, aunque no muy ricos
ubicación	Necesitan posiciones orientadas al sol, resguardadas, cálidas y en las que no hiele; y si no, a cubierto
riego	Hay que regarlos en abundancia al principio, y, una vez establecidos, sólo en los períodos secos
abonado	No hay que excederse, pues los suelos muy ricos podrían contribuir a la muerte de ramas
cuidados	Hay que mantenerlos libres de malas hierbas. Protegerlos de las heladas (con vellón) y los pájaros (con una malla)
plagas y enfermedades	Los albaricoqueros sólo son vulnerables a unas pocas plagas y enfermedades como la muerte de ramas, la roya, las tijeretas y los pájaros

Los albaricoques se dan mejor a cubierto

Hay que entresacar el fruto entre mediados y finales de primavera para que los restantes puedan crecer. Se dejan primero tres frutos por grupo, y se vuelven a entresacar para dejar unos 10 cm entre frutos.

Hay que esperar a que los frutos estén completamente maduros antes de cosecharlos y depositarlos sobre un fondo de algodón o de lana. Deben usarse inmediatamente o congelarse.

Se plantan hacia finales de otoño. Si se planta más de uno, deje un espacio de 5,5 m entre árboles; si los cultiva contra una pared, coloque a 30 cm de ésta y con el tronco inclinado.

	PRIMAVERA	VERANO	OTOÑO	INVIERNO	
Albaricoque «Hemskerk»		cosecha cosecha	plantación plantación		Temprano con un sabor excelente
Albaricoque «New Large Early»		cosecha cosecha	plantación plantación		Temprano y buena resistencia a enfermedades
Albaricoque «Alfred»		cosecha	plantación plantación		Medio. Variedad canadiense muy productiva. Frutos grandes
Albaricoque «Breda»		cosecha	plantación plantación		Frutal fiable de media temporada
Albaricoque «Farmingdale»		cosecha cosecha	plantación plantación		Medio. Frutos jugosos con un buen sabor
Albaricoque «Shipley's/Blenheim»		cosecha	plantación plantación		Mediados a final de temporada. Variedad resistente y productiva de frutos pequeños
Albaricoque «Moorpark»		cosecha	plantación plantación		Variedad antigua de producción tardía. También tiene una variedad temprana

plantación   cosecha

Higos
Ficus carica

Estos longevos árboles escultóricos son tan bellos, con unas grandes hojas impresionantes, que sólo por su aspecto merece la pena cultivarlos, incluso aunque no ofrezcan unos frutos tan jugosos y dulces.

Los higos –de variedades negras y blancas– necesitan temporadas de crecimiento largas y cálidas para crecer y madurar. Sin embargo, en una zona templada, con la variedad y la posición óptimas se puede disfrutar de una cosecha tardía.

Son plantas algo duras, y pueden resistir condiciones bastante adversas. Las higueras pueden podarse en forma de arbusto, que prosperará al lado de una pared soleada y resguardada. Responden bien a la forma de palmeta, que permite que todas las partes del árbol estén expuestas a la luz y el calor.

También crecen bien en recipientes, que son la mejor opción para las zonas frías, pues pueden trasladarse a un jardín de invierno o un invernadero durante los períodos fríos, para devolverlas al exterior cuando el tiempo mejore. Los recipientes deben tener unos 38 cm de diámetro.

Las higueras plantadas en el suelo pueden crecer mucho y producir grandes cantidades de hojas a expensas de la fruta. Para prevenir esta situación, se debe restringir el crecimiento de las raíces. Hay que sembrarlas en un agujero, de 1 m de profundidad y anchura, y cubrir el fondo con unos 25 cm de ladrillo roto o piedras. Además, hay que cubrir las paredes con losas de piedra y entonces llenar el agujero con tierra.

A medida que la fruta crece en las ramas del año anterior, hay que podar con cuidado, a fin de eliminar el crecimiento excesivo y las ramas dañadas, más que la madera vieja. Es mejor realizar la poda en primavera, aunque si fuera necesario se podría volver a cortar en verano.

Se planta en primavera en las áreas templadas, y a finales de otoño en el resto de zonas. Hay que cosechar los higos justo cuando empiezan a desprenderse.

Los higos pueden consumirse calientes y fríos

suelo	Las higueras prefieren suelos húmedos pero bien drenados, y mejor alcalinos
ubicación	Las posiciones soleadas, cálidas y resguardadas, son las mejores para las higueras
riego	Hay que regarlas en abundancia al principio; y después hay que prestar atención a las plantas en macetas durante los períodos cálidos y secos
abonado	Hay que proporcionarles abonados ocasionales durante el verano
cuidados	Mantenerlas libres de malas hierbas. Acolcharlas en primavera con compost o estiércol maduro
plagas y enfermedades	Las higueras sólo sufren unas pocas plagas y enfermedades, como la podredumbre gris, las avispas y los pájaros

	PRIMAVERA	VERANO	OTOÑO	INVIERNO	
Higos «Black Ischia»		cosecha	plantación		Temprana. Variedad resistente, excelente para áreas frías
Higos «St John's»		cosecha	plantación		Temprana. Carne blanca deliciosamente dulce y jugosa
Higos «White Marseilles»		cosecha	plantación		Temprana. Buena productora a cubierto
Higos «Brown Turkey»		cosecha	plantación		Media. Variedad buena y resistente
Higos «Brunswick»		cosecha	plantación		Media. Frutos largos y pálidos con una carne suculenta y blanca
Higos «Negro Largo»		cosecha	plantación		Media. Frutos oscuros con un sabor excelente

plantación   cosecha

Olivas

Olea europaea

Resulta sorprendente la importancia que ha adquirido este pequeño fruto, no especialmente cautivador. Los olivos se han cultivado durante siglos, y sus frutos y su madera han sido esenciales para la supervivencia de pueblos enteros –pero no menos importante es la sombra que producen.

Las olivas, o aceitunas, y su aceite, tienen unas propiedades tan enormemente beneficiosas para la salud, y su sabor ofrece tanto a la cocina, que es difícil imaginar el mundo sin este maravilloso fruto.

Siempre verdes, con hermosas hojas pequeñas que parecen resplandecer en el sol, los olivos pueden vivir centenares de años y son productivos prácticamente durante toda su vida. Los olivos viejos presentan una apariencia nudosa y venerable.

Los olivos no florecen durante los primeros tres años, y las cosechas pueden ser pobres durante quince años. Son autocompatibles, aunque es mejor cultivar más de uno en las regiones frescas para asegurar la polinización.

En las áreas más frescas, los olivos no producen flores o frutos si no es a cubierto. Puesto que los árboles pueden alcanzar 12 m de altura y 9 m de envergadura, es poco práctico cultivarlos en un invernadero del tamaño de una casa. Sin embargo, se pueden cultivar en macetas de 35 cm de diámetro, que puedan transportarse al exterior cuando el tiempo sea cálido y soleado. Obviamente, el tamaño del recipiente limita el crecimiento del árbol, al igual que la abundancia de la cosecha.

Las olivas negras maduran durante más tiempo

Las olivas pueden cosecharse cuando aún son verdes, pero ya maduras, para diversos aliños, o negras, para otros. Las olivas destinadas a hacer aceite se cosechan las últimas, cuando están completamente maduras. El método tradicional de cosecha se realiza con una malla que se coloca en el suelo, y sobre la que caen las olivas tras sacudir el árbol.

Con las olivas verdes se puede hacer aceite

Hay que cortar la guía principal cuando alcanza 1,5 m, y después volver a cortar la madera vieja para estimular el crecimiento. Debe recordarse que el fruto nace en las ramas de un año de edad.

suelo	Los olivos prefieren suelos bien drenados, de fertilidad baja o media, y alcalinos
ubicación	Prosperan en lugares orientados al sol, resguardados de los fuertes vientos
riego	Se deben regar en abundancia durante los primeros años, y regularmente durante los períodos secos una vez establecidos
abonado	Realizar una enmienda en superficie durante el período de crecimiento con un abono rico en nitrógeno
cuidados	Mantener los árboles tan libres de malas hierbas como sea posible y acolcharlos. Pueden necesitar un aclareo de frutos
plagas y enfermedades	Especialmente susceptibles a las cochinillas, marchitez por *Verticillium*, araña roja, trips y mosca blanca.

	PRIMAVERA	VERANO	OTOÑO	INVIERNO	
Oliva «El Greco»					Variedad popular y fiable, con un sabor maravilloso
Oliva «Sevillano»					Variedad rica en aceite con un sabor excelente
Oliva «Manzanillo»					Variedad deliciosa, muy productiva

plantación   cosecha

Moras
Morus nigra

Plantar un moral demuestra una clara confianza en el futuro, pues seguramente serán los nietos quienes disfruten del árbol en su plenitud. Además, es necesario un espacio respetable para contemplar el crecimiento de un moral.

Los morales son grandes árboles –pueden llegar a medir 10 m– con un hábito extremadamente abierto. Existen dos especies diferentes del mismo género, a veces denominadas morera negra o moral (*Morus nigra*) y morera blanca (*Morus alba*). La morera blanca es, en general, más pequeña, y se cultiva normalmente como ornamental. Es el moral el que proporciona unos frutos parecidos a frambuesas; pero es tan bello que merece la pena cultivarlo aislado para poder contemplarlo todo el año.

Aunque resulte extraño, el moral crecerá mejor en regiones frías si se planta en primavera; en otras zonas, es mejor hacerlo a finales de otoño o durante el invierno. Puesto que los morales son autocompatibles, no es preciso plantar más de uno.

Los morales no necesitan una poda regular. De hecho, «sangran» mucho cuando se cortan, de manera que es mejor restringir la poda durante el invierno a la eliminación de la madera muerta o enferma, así como a las ramas que se solapen. Cualquier herida que sangre debe cauterizarse con un atizador al rojo.

suelo	Prospera en suelos drenados pero húmedos, siempre que sean profundos, ricos y un poco ácidos
ubicación	Prefiere posiciones abiertas y soleadas con mucho espacio libre alrededor
riego	Hay que regarlo mucho al principio del desarrollo, y reducir el riego a los períodos secos una vez establecido
abonado	El suelo debe estar bien cavado y estercolado antes de la plantación
cuidados	Hay que mantenerlo libre de malas hierbas, y se ha de acolchar para mantener la humedad durante la primavera
plagas y enfermedades	Aparte del chancro del moral, este árbol no presenta otras enfermedades o plagas

El fruto del moral madura durante todo el verano, por lo que se considera más una recolección regular y continuada durante esta estación que una temporada de cosecha larga. Otro método consiste en disponer una lámina de polietileno bajo el árbol para recoger los frutos que caigan.

Una vez cosechados, los frutos resultan deliciosos en el momento, pero también se congelan bien mediante el método de la bandeja (*véanse* págs. 39-40).

Los morales jóvenes no se encuentran disponibles con frecuencia, y se adquieren en viveros especializados. Tampoco hay muchas variedades en el mercado, si bien una muy indicada es «Wellington», muy productiva y que produce grandes cantidades de deliciosos frutos.

El mejor momento para la plantación se da a finales de otoño o principios de invierno. En climas más frescos, es mejor esperar hasta la primavera. Debe recordarse que el fruto puede madurar en diferentes momentos del verano, aunque en general la cosecha se realiza entre mediados y finales de verano.

Morus nigra

Pequeños frutos

Lo que a los pequeños frutos les falta por la brevedad de su temporada, lo ganan gracias a su delicioso sabor. Este grupo incluye algunas de las frutas más populares, especialmente esa estrella cuya llegada indica que el verano realmente ya ha empezado, la fresa.

Faltas del atractivo de la fresa, pero igualmente deliciosas, las frambuesas, las zarzamoras y su progenie híbrida son una explosión de sabor, y además pueden congelarse para transportar el gusto de los días soleados a las profundidades del invierno.

Las uvas crespas y grosellas –rojas, blancas y negras– raramente están disponibles frescas en los supermercados, por lo que la mayoría de la gente las asocia, en el caso de la uva espina, con la versión enlatada o, en lo que concierne a las grosellas, con los refrescos. Es una lástima, ya que significa que actualmente poca gente tiene la oportunidad de disfrutar del suave gusto de los frutos frescos.

Además, por si su sabor no resulta suficiente, la mayoría de estas plantas pueden ser muy decorativas y pueden tutorarse para que crezcan contra paredes y vallas o, como el arándano, pueden proporcionar un resplandor azul durante el otoño. Las rastreras fresas son la excepción de este grupo, aunque resultan extremadamente atractivas para bordear los caminos –especialmente las variedades silvestres, que de alguna manera escapan a la atención de los pájaros.

Fresones

Fragaria x ananassa

y

fresas silvestres

Fragaria vesca

Olvídense de los fresones de supermercado –esos frutos inquietantemente grandes, duros, de un rojo artificial y por completo faltos de gusto que se ofrecen durante todo el año–. Las fresas «de verdad» sólo están disponibles durante el verano, no tienen esa apariencia dura que presentan las de los cultivos comerciales y su sabor es inigualable.

Las fresas no tienen por qué ser un cultivo cargado de problemas; muchas variedades se han seleccionado para ser resistentes a diferentes enfermedades y toleran distintos tipos de suelo, aunque prosperan mejor en suelos ligeros, ricos en humus.

Lo más importante que hay que procurar tener en cuenta cuando se establezca un cultivo es que el suelo esté libre de malas hierbas perennes, y que se incorpore tanto estiércol maduro como sea posible. Cualquier enmienda, como estiércol de granja, algas o compost, es idónea.

Una buena enmienda de harina de pescado es un excelente aporte de nitrógeno, potasio y fósforo. Hay que evitar el uso de fertilizantes químicos, que no mejorarán para nada el gusto y, en realidad, provocarán reducciones en el rendimiento.

Aparte de abonar el suelo, cavar grandes cantidades de estiércol y otros materiales que generen humus asegura que los suelos ligeros retengan mejor el agua, mientras que los pesados

suelo	Prefieren suelos bien estercolados, ricos en humus, ligeros, con un pH ideal entre 6 y 6,5
ubicación	Necesitan posiciones cálidas a pleno sol, un poco sombreadas en verano para fructificar. Proteger de los fuertes vientos
riego	Las plantas necesitan mucha humedad durante la primavera y el verano, mientras crecen los frutos
abonado	Aplicar una enmienda superficial de potasio antes de la siembra, especialmente si el suelo es ligero
cuidados	Mantener libres de malas hierbas. Aplicar capas gruesas de papel de periódico o paja para mantener los frutos limpios
plagas y enferme- dades	Propensas a los ataques de podredumbre roja, podredumbre gris, gusano de alambre, escarabajo de las fresas, babosas y pájaros

devienen más abiertos y aireados. Las fresas necesitan absorber grandes cantidades de agua, especialmente durante la formación de los frutos, para mantenerlos turgentes. Sin embargo, no les conviene el suelo inundado durante el invierno, así que un suelo de drenaje rápido pero que retenga la humedad es ideal. La incorporación de grandes cantidades de materia orgánica asegura este tipo de suelo.

Existen tres tipos de fresas: las que maduran en el verano (sean tempranas o tardías), las que fructifican a finales de verano y durante el otoño –conocidas como perpetuas– y las silvestres.

Las fresas silvestres son ideales para los aficionados, ya que requieren pocos cuidados y prosperan en las zonas más sombrías, no aptas para las otras fresas. Las que presentan estolones se propagan libremente, y las otras pueden cultivarse con facilidad; todas se cultivan de semilla sin dificultad. Presentan un aspecto bello en los bordes de los caminos, o cuando crecen en los espacios libres que hay

Fresón «El Santa»

entre las losas de un pavimento. El fruto es más pequeño que en los fresones híbridos, pero tiene un sabor delicioso.

Todos los tipos de fresas son excelentes candidatos para el cultivo en recipientes. Existen atractivas jardineras de cerámica especialmente diseñadas a tal efecto cuyo aspecto es maravilloso en una terraza –muy convenientes para tomar directamente el postre–.

Las plantas de fresas tienden a darse bien durante tres años, tras los cuales pierden vigor; entonces es mejor sacarlas y reemplazarlas –aunque las fresas silvestres duran más–. Es aconsejable plantar las nuevas en una zona diferente hasta que sea necesario renovar otra vez las plantas.

Aunque las fresas pueden cultivarse a partir de semilla, es más sencillo adquirir unas plantas inicialmente –tras comprobar que se certifique que están libres de virus– y propagarlas mediante estolones enraizados o, en el caso de las silvestres, dividiendo las plantas.

Las fresas se pueden cultivar a cubierto, lo que permite obtener cosechas mucho más tempranas –hasta unas cuatro semanas antes–. Sin embargo, hay algunos inconvenientes, ya que los frutos no tendrán ese delicioso y atractivo gusto, que hace la boca agua, de los frutos de verano.

Estas cosechas sólo pueden conseguirse en invernaderos con calefacción. Es importante que la temperatura sea la correcta. Debe ser

Fresón «Cambridge Favourite»

de, al menos, 10 °C durante el día, y unos 7 °C durante la noche.

Hay que mantener el ambiente húmedo, para lo que se puede remojar el invernadero si parece demasiado seco. La circulación del aire también es fundamental a fin de mantener las plantas saludables.

Una vez que empiezan a formar las flores, la temperatura se puede bajar unos grados, aunque deberá aumentarse otra vez cuando la floración propiamente dicha empiece.

Las campanas también pueden acelerar la maduración, además de proteger los frutos de los pájaros. Sin embargo, no hay que cubrir las plantas demasiado temprano, ya que podrían desarrollar podredumbre gris o mildiu. A finales de invierno es ideal.

Las plantas que fructifican en verano tienen que plantarse a finales de verano o en otoño; las perpetuas, en otoño o primavera, y las silvestres, en primavera o verano. Debe dejarse entre 45 y 60 cm entre plantas, y unos 30 cm para las silvestres. Las variedades de verano están listas el verano después de la plantación; las perpetuas, el verano u otoño siguientes; y las silvestres, apenas unas semanas

Fresón «Honeoye»

después de la plantación.

Otra manera de propagar las fresas es a partir de los estolones que producen los individuos establecidos. La planta utilizada debe ser fuerte, no tener plagas ni enfermedades y ser una buena productora. Los estolones crecen a partir de la planta madre durante el

Fresón «Claire-Maree»

Las fresas poseen un distintivo sabor «de verano»

verano y producen nuevas plantitas en el extremo. A veces, pueden tener varias plantas en un estolón, pero es aconsejable utilizar sólo la más fuerte.

Hay que acodar el estolón, sin separar la plantita de la madre, directamente al suelo o en un recipiente con compost hundido en el suelo. Debe regarse para favorecer que la nueva planta se establezca en su nuevo ambiente, pero después puede que no sea necesario regarla.

Después de, aproximadamente, un mes, la planta debería haber desarrollado un buen sistema de raíces y estar preparada para ser separada de la madre. Simplemente hay que cortar los restos del estolón y retirar las hojas muertas. Debe plantarse en un hoyo lo suficientemente profundo como para acomodar el cepellón y regarse. Sólo hay que esperar al verano siguiente para obtener una buena cosecha de la nueva planta.

	PRIMAVERA	VERANO	OTOÑO	INVIERNO	
Fresón «Honeoye»					Temprano. Muy productivo. Resistente a enfermedades. Frutos rojo anaranjado
Fresón «Claire-Maree»					Temprano de alto rendimiento. Frutos deliciosamente grandes y dulces
Fresón «Cambridge Favourite»					Media temporada. Da las cosechas más abundantes, muy fiable. Bueno a cubierto
Fresón «El Santa»					Media temporada. Crecimiento bueno, grandes frutos. Resistente a enfermedades
Fresón «Everest»					Tardío. Resistente y productivo. Frutos de alta calidad, deliciosos
Fresón «Cambridge Late Pine»					Frutos carmesíes muy dulces. De fructificación muy tardía
Fresón «Aromel»					Variedad perpetua excelente para recipiente. Frutos dulces y jugosos
Fresón «Calypso»					Perpetua. Frutos color rojo brillante. Produce bajo campanas hasta final de otoño
Fresa «Baron Solemacher»					Variedad alta popular. Frutos largos de delicioso gusto
Fresa «Alpine Yellow»					Variedad decorativa con frutos dulces
Fresa «Belle de Meaux»					Variedad francesa con frutos dulces, pequeños, carmesíes. Produce estolones

plantación   cosecha

Frambuesas

Rubus idaeus

Las frambuesas son frutos de aspecto extremadamente delicado con un sabor que se deshace en la boca –frutos del clímax del verano–. De hecho, son frutos de tiempo fresco que pueden mantenerse productivos hasta la entrada del invierno.

Hay dos tipos de frambueso: los que dan fruto en verano y los que maduran desde otoño hasta principios de invierno. Las variedades de verano tienen una temporada bastante corta, aunque producen cosechas muy numerosas, mientras que las de otoño producen frutos desde finales de verano hasta las primeras heladas.

Las frambuesas no prosperan en suelos ligeros y secos. Para obtener los mejores resultados necesitan suelos que realmente mantengan la humedad, bien repletos de estiércol, sea gallinaza, de establo o compost de jardín. Una vez plantados, los turiones agradecerán una aplicación de sulfato de potasio. Las cenizas de madera constituyen una fuente excelente.

Los turiones pueden requerir soportes cuando sobrepasan los 45 cm. El mejor método consiste en una serie de alambres paralelos y horizontales atados a unas estacas. Hay que disponer dos estacas de 1,8 m de altura, separadas por unos 3 m, y unirlas con tres alambres colocados a 75 cm, 1,1 m y 1,5 m del suelo.

Frambuesa «Glen Moy»

Se pueden atar los turiones de diferentes maneras. Es muy importante asegurarlos de tal modo que no puedan sufrir daños por el viento y que estén dispuestos de tal forma que sea fácil alcanzarlos para la recolección.

Los frambuesos que fructifiquen en verano deberán enmallarse, ya que de lo contrario los pájaros darán buena cuenta de los frutos. Las variedades de otoño al parecer escapan a la atención de los pájaros; como crecen en macollas bastante densas, resultan útiles como pantallas.

La poda es tan importante como el tutorado. Se lleva a cabo en dos épocas –a mediados

Frambuesa «Driscolls»

suelo	Prefieren suelos francos pesados, que retengan la humedad pero no se aneguen
ubicación	Posiciones soleadas y protegidas, libres de heladas, aunque pueden resistir media sombra
riego	Hay que asegurarse de que están bien regados durante el verano, cuando los turiones florecen y fructifican
abonado	El suelo debe estar bien estercolado antes de la plantación
cuidados	Deben estar limpios de malas hierbas. Enmallar para proteger el fruto de los pájaros. Acolchar mensualmente durante el verano
plagas y enfermedades	Las frambuesas son particularmente propensas al virus del mosaico, la podredumbre gris, el escarabajo de la frambuesa y los pájaros

de verano y después de que el fruto haya sido recolectado–. En verano, los turiones cortados después de la plantación deben eliminarse. Tras la cosecha, las variedades de fructificación estival deben podarse completamente, mientras que en los tipos de otoño, los turiones deben cortarse a unos 15 cm del suelo a finales de invierno o principios de primavera. También hay que eliminar cualquier crecimiento poco vigoroso.

Los frambuesos se adquieren como turiones, más que de semilla. Hay que comprobar que se certifique que están libres de virus. Se propagan mediante la eliminación de chupones que aparecen separados de la planta madre.

Se necesita un poco de paciencia para el cultivo de frambuesas. No debe esperarse

Frambuesa «Autumn Bliss»

Frambuesa «Glen Magna»

una cosecha el primer año, puesto que los frambuesos necesitan un tiempo para establecerse.

Los turiones se deben plantar entre finales de otoño y principios de invierno, a unos 38-60 cm de distancia, con las raíces unos 5 cm por debajo del nivel del suelo. Tras la plantación, los turiones deben cortarse a unos 30 cm del suelo.

El momento de la cosecha depende de la variedad. Las que fructifican a principios de verano están listas entre principios y mediados de verano. Las de temporada media pueden cosecharse a partir de mediados de verano. Las de finales de verano se recolectan entre mediados de verano y principios de otoño. Por último, las de otoño pueden recolectarse desde finales de verano hasta las primeras heladas.

	PRIMAVERA	VERANO	OTOÑO	INVIERNO	
Frambuesa «Glen Moy»		cosecha cosecha		plantación plantación	Temprana. Frutos grandes de rico sabor. Sin aguijones
Frambuesa «Malling Jewel»		cosecha cosecha		plantación plantación	Entre las mejores tempranas. Frutos dulces, exquisitos. Muy generosa
Frambuesa «Glen Prosen»		cosecha		plantación plantación	Media. Fantástico gusto, jugosas y dulces
Frambuesa «Malling Orion»		cosecha		plantación plantación	Media. Plantas vigorosas y productivas. Se congela bien
Frambuesa «Glen Magna»		cosecha cosecha		plantación plantación	Tardía. Frutos enormes, carmesíes. Gusto fantástico. Se congela bien
Frambuesa «Malling Joy»		cosecha cosecha		plantación plantación	Tardía. Frutos jugosos y coloreados con un gusto maravilloso
Frambuesa «Autumn Bliss»		cosecha	cosecha cosecha	plantación plantación	Otoñal. Variedad popular de frutos grandes y deliciosos
Frambuesa «All Gold»		cosecha	cosecha cosecha	plantación plantación	Otoñal. Variedad amarilla. Resistente, de frutos exquisitos

plantación   cosecha

Zarzamoras
Rubus fruticosus

Las zarzas son, en general, poco apreciadas, y en el peor de los casos se consideran un estorbo que hay que eliminar, y en el mejor, unos frutos silvestres de recolección entretenida en los setos, pero que no vale la pena cultivar. Sin embargo, si se cultivan, se obtendrán cosechas de zarzamoras más generosas de lo que producirán nunca las silvestres, y, como se puede controlar la cantidad de humus y nitrógeno, los frutos son más grandes y jugosos.

Las zarzas son plantas extremadamente resistentes a las que no afectan las heladas de primavera ni otras inclemencias, excepto los suelos muy secos. Sin embargo, son plantas que se expanden y necesitan una gran cantidad de espacio. Esta necesidad las hace apropiadas para las personas que cuentan con grandes huertos, donde su crecimiento desenfrenado no tiene por qué resultar desastroso.

Las zarzas se adquieren en forma de turiones de un año. Es muy importante conseguir plantas que estén certificadas para garantizar que se hallen libres de virus. Es preciso elegir entre las variedades sin aguijones, pues son ligeramente menos vigorosas pero incomparablemente más fáciles de manejar y cosechar.

Antes de la siembra conviene incorporar en el suelo grandes cantidades de estiércol maduro o compost. Hay que tratar los turiones jóvenes con cuidado ya que, aunque la zarza

Zarzamora «Black Bute»

es muy resistente, los turiones jóvenes son quebradizos, y una vez dañados tardan un año en recuperarse. Las zarzas toleran estar a media sombra, especialmente en los veranos muy cálidos, y agradecen cierta protección frente a los vientos fuertes.

Existen diversas maneras de tutorar las zarzas; muchas de ellas implican atar los turiones a alambres horizontales, de forma que sea fácil cuidarlas y recolectarlas. A medida que la zarza crece hay que tutorar los turiones con soportes y alambres horizontales similares a los usados para los frambuesos (*véanse* págs. 122-123). Las zarzas crecen, asimismo, extremadamente bien junto a paredes y vallas. Los turiones devienen muy pesados a medida que crecen y empiezan a producir frutos, así que hay que asegurarse de que los alambres son suficientemente gruesos y tirantes como para evitar que se comben.

Zarzamora «Loch Ness»

Una vez que se han recolectado los frutos, es necesario podar las zarzas. El método es muy similar al que se usa para los frambuesos. Hay que cortar los turiones que hayan producido fruto a nivel del suelo y tutorar los nuevos. Como las zarzamoras aparecen en los turiones de un año, hay que ir con cuidado de no eliminar los turiones hasta que no hayan producido fruto.

El control del número de turiones en la temporada resulta beneficioso no sólo para mantener la planta dentro de unos límites, sino para producir turiones de mayor calidad durante el año siguiente, y en consecuencia mejorar el tamaño y sabor de los frutos producidos.

El riego cuando los frutos empiezan a cambiar de color mejora su tamaño y el peso. Hay que regar el suelo sin mojar los turiones y los frutos, pues podrían contraer enfermedades.

Las zarzas son extremadamente fáciles de propagar, como sabrá cualquiera que haya batallado con una. Simplemente hay que encarar contra el suelo la punta de un

suelo	Las zarzas prefieren suelos húmedos y bien estercolados
ubicación	Lo mejor es un lugar soleado o a media sombra protegido de los fuertes vientos
riego	Una vez establecidas, hay que regarlas durante los períodos secos en el verano
abonado	El suelo debe estar bien estercolado antes de la plantación de los turiones
cuidados	Hay que mantener el área alrededor de los turiones libre de malas hierbas y acolchado, y proporcionar tanto soporte como sea posible
plagas y enfermedades	Aparte de la podredumbre gris, los escarabajos del frambueso y los pájaros, las zarzas no sufren otros problemas

Con el control del humus y el nivel de nitrógeno se obtendrán frutos grandes y jugosos

turión, en un agujero de unos 10 cm, y cubrirlo con tierra. La punta formará raíces y, cuando esté establecida, podrá separarse de la planta madre y replantarse.

El mejor momento del año para plantar zarzas es a finales de otoño o en invierno. Hay que plantarlas en un agujero poco hondo, y cortar los turiones a unos 23 cm sobre el nivel del suelo. Deben dejarse unos 4 m entre turiones. El mejor momento para la cosecha se da entre finales de verano y principios de otoño. Hay que recolectar el fruto maduro cada dos o tres días para evitar que maduren en exceso y se pudran. Cuando se recolecten, hay que procurar arrancarlos con el centro completo, ya que así el fruto conservará su forma.

Las zarzamoras, además de resultar espléndidas cocinadas, sirven para hacer una mermelada maravillosa y son excelentes para conservarlas congeladas, o en una bolsa en la nevera durante unos días.

	PRIMAVERA	VERANO	OTOÑO	INVIERNO	
Zarzamora «Loch Ness»					No tan desenfrenada. Ordenada y derecha. Sin aguijones y de producción abundante
Zarzamora «Black Bute»					Probablemente la zarzamora más grande; frutos de longitud 5 cm por 2,5 cm de anchura
Zarzamora «Merton Thornless»					La variedad más manejable, poco vigorosa

plantación   cosecha

Arándanos

Vaccinium corymbosum spp.

Los arándanos cultivados son, básicamente, descendientes de especies norteamericanas silvestres. Producen bayas muy atractivas, a veces tan oscuras que parecen negras liláceas, con una delicada borra por encima. Su sabor raya lo amargo, por lo cual generalmente se consumen cocinados más que crudos.

Los arándanos merecen la pena por sus bonitas flores, que recuerdan a las de la brecina, y por el despliegue de color del follaje en otoño. Las hojas reproducen todos los tonos, del bronce oscuro al dorado, pasando por el carmesí brillante.

Los arándanos no necesitan otra variedad para polinizarse, pero la cosecha resulta más abundante si se planta más de una variedad. También el rendimiento es superior después de un par de temporadas, y los arbustos maduros producen las cosechas más abundantes. Los arbustos pueden dar fruto durante unos treinta años.

Como los arándanos se pueden cultivar sin problemas en recipientes, constituyen una elección excelente para los espacios reducidos. Ésta también es la manera de tenerlos en zonas de suelos muy alcalinos. Los recipientes deben medir, por lo menos, 38 cm de anchura y estar llenos con compost para ericas.

suelo	Debe estar libre de malas hierbas, ser húmedo pero bien drenado y ácido –prefiere un pH de 4,5
ubicación	Prefiere posiciones soleadas o poco sombreadas, abiertas, pero protegidas del viento
riego	Una vez establecidos, hay que regarlos con agua de lluvia durante los períodos secos
abonado	A menos que sea ácido, el suelo debe tratarse con un compost ácido antes de plantarlos
cuidados	Mantenerlos libres de hierbas, acolcharlos con compost ácido o mantillo de hojas a principios de verano. Enmallarlos para protegerlos de los pájaros
plagas y enfermedades	Aparte de clorosis y ataques de pájaros, esta planta no presenta más problemas

Arándano «Darrow»

No hay que podarlos durante unos tres años, excepto para eliminar partes enfermas o tallos débiles. Después de este tiempo, se debe cortar la madera vieja, teniendo en cuenta que los frutos se producen en las ramas de dos o tres años de edad.

Los arándanos se propagan fácilmente mediante acodos o esquejes herbáceos a finales de verano. Éstos deben tomarse justo por encima de una hoja y tener unos 10 cm de longitud.

Hay que plantarlos entre finales de otoño y finales de invierno, a unos 5 cm de profundidad, con aproximadamente 1,5 m entre plantas. El mejor momento para la cosecha se da durante unas pocas semanas a mediados y finales de verano.

	PRIMAVERA	VERANO	OTOÑO	INVIERNO	
Arándano «Bluecrop»		🌰🌰		🖐🖐🖐🖐	Temprana. Follaje abigarrado en otoño
Arándano «Earliblue»		🌰🌰		🖐🖐🖐🖐	Temprana. Resiste el frío. Produce cosechas elevadas de bayas dulces y jugosas
Arándano «Berkley»		🌰🌰		🖐🖐🖐🖐	Media. Variedad popular, vigorosa y prolífica
Arándano «Herbert»		🌰🌰		🖐🖐🖐🖐	Media. Variedad fiable, de frutos de alta calidad
Arándano «Darrow»		🌰🌰		🖐🖐🖐🖐	Tardía. Excelente elección para cosechas tardías. Se congela bien
Arándano «Jersey»		🌰🌰		🖐🖐🖐🖐	Tardía. Una de las variedades más vigorosas. Grandes cosechas de bayas grandes

🖐 plantación   🌰 cosecha

Zarzas de Logan y «tayberries»

Rubus, híbridos

Las zarzas híbridas, las zarzas de Logan y las «tayberries» son el resultado de cruces controlados entre frambuesas y zarzamoras. El primer cruce obtenido fue la zarza de Logan, y se llevó a cabo en California a finales del siglo XIX; la «tayberry» le siguió poco después.

Las zarzas de Logan y las «tayberries» combinan el tamaño y la jugosidad de las zarzamoras con la dulzura de las frambuesas –las «tayberries» son un poco más dulces–. Se conservan especialmente bien congeladas, pues no pierden nada de su sabor y se mantienen firmes.

Como todas las plantas de turiones son susceptibles a los virus, así que hay que adquirir cepas certificadas libres de enfermedades.

Las zarzas híbridas son muy adaptables, prosperan en cualquier tipo de suelo y resultan lo suficientemente resistentes como para no sufrir daños con las heladas. La principal diferencia con las zarzas es que son menos leñosas y menos flexibles, así que deben tratarse con cuidado, igual que los frambuesos. Hay que tutorarlas y atarlas siguiendo la misma técnica que para las zarzas, aunque se puede intentar una forma en palmeta

Zarzas de Logan «LY654»

más que atar los turiones a lo largo de los alambres. Debe dejarse pasar un año antes de obtener una cosecha; este retraso es insignificante, pues los turiones serán productivos durante muchos años.

En cuanto a la poda, hay que seguir el mismo método que para los frambuesos: se deben cortar los turiones que han fructificado hasta unos 7,5 cm del suelo y tutorar el nuevo crecimiento para la próxima temporada.

La propagación de las zarzas híbridas se hace por acodo de puntas. No puede ser más sencillo: simplemente hay que enterrar la punta de un turión sano, y una vez enraizado, separarlo de la planta madre para trasplantarlo a su ubicación definitiva.

Conviene plantarlos, idealmente, a finales de otoño. Sin embargo, cualquier momento entre otoño y primavera es aceptable. Hay que dejar unos 3 m entre plantas. El mejor momento para la cosecha es entre mediados y finales de verano.

El fruto del híbrido «Tayberry» es alargado

suelo	Aparte de procurarles un suelo que no se anegue, no presentan necesidades especiales
ubicación	Es preferible colocarlas en zonas soleadas o parcialmente a la sombra, protegidas de vientos fríos
riego	Sin exigencias especiales. Aparte del riego en períodos secos, no es necesario regarlas
abonado	El suelo debe abonarse con cualquier fertilizante rico en nitrógeno
cuidados	Hay que mantenerlas libres de malas hierbas y acolchadas; hay que protegerlas de los pájaros
plagas y enfermedades	Aparte del escarabajo del frambueso, ambas plantas están relativamente libres de plagas y enfermedades

	PRIMAVERA	VERANO	OTOÑO	INVIERNO	
Zarza de Logan «LY654»	plantación	cosecha cosecha	plantación	plantación plantación plantación	Fiable y buena resistencia a enfermedades
Zarza de Logan «LY59»	plantación	cosecha cosecha	plantación	plantación plantación plantación	Muy productiva y vigorosa –crece hasta 2,4 m. Cepa libre de virus
Tayberry «Medana»	plantación	cosecha cosecha	plantación	plantación plantación	Buena resistencia a enfermedades. Gusto excelente

plantación   cosecha

Uva crespa

Ribes uva-crispa

La uva crespa es el fruto ideal para la iniciación del aficionado amante de los pequeños frutos, pues es resistente y capaz de prosperar en condiciones que otras plantas encontrarían intolerables.

Sombra parcial, viento, suelo poco profundo y suelos pesados –a las uvas crespas estos inconvenientes no les afectan–. De hecho, el fruto se puede mantener en la planta incluso mucho más tiempo que otros pequeños frutos sin que apenas le pase nada. Además, las uvas crespas no requieren una poda regular. Simplemente hay que eliminar la madera muerta o enferma y aclararlas si es necesario para facilitar la circulación del aire y la recolección.

Las uvas crespas han perdido algo de su fama debido a que mucha gente las asocia, simplemente, con los frutos verdes, inmaduros y ligeramente ácidos que se recolectan para cocinar y que se adquieren enlatados en el supermercado. Estos frutos amargos no dicen nada en favor de las uvas crespas, que se presentan en diversas variedades y colores –blancas, amarillas y rojas– y que pueden resultar deliciosamente dulces y suaves.

El truco está en dejar los frutos destinados al consumo en crudo –los de postre– más tiempo en el arbusto. De hecho, sólo deben recolectarse cuando tenido tiempo de madurar completamente. Se sabe cuando han llegado

Uva crespa «Invicta»

suelo		Evitar los suelos o muy secos o anegados. Los suelos ligeros, bien drenados, frescos y ricos en humus son ideales
ubicación		Las uvas crespas prosperan en posiciones soleadas o moderadamente sombreadas
riego		Son plantas poco exigentes, aunque es preciso que se rieguen en los períodos secos
abonado		Realizar una enmienda primaveral en superficie con sulfato potásico
cuidados		Mantenerlas libres de malas hierbas y acolchadas. Es necesario enmallarlas contra los pájaros
plagas y enferme- dades		Aparte del mildiu americano de la uva crespa, están prácticamente libres de problemas

a este punto porque su color ha alcanzado su máxima intensidad.

Estas uvas crespas maduras raramente se ven en supermercados, seguramente debido a las dificultades y los costes que suponen el empaquetado y transporte para que lleguen sin daños hasta su destino final en un tiempo tan breve. Así pues, es mejor hacerles un agujero en el huerto.

Existen varias maneras de tutorar las uvas crespas, pues éstas se acomodan a la mayoría de formas. Pueden mantenerse como arbustos, atados a alambres entre estacas o tutorados para configurar elegantes formas.

El mejor método para los huertos más pequeños es el cordón –sea doble o simple–. Las uvas crespas podadas en cordón pueden cultivarse junto a una pared o una valla, puesto que necesitan muy poco espacio –la solución perfecta si el espacio va justo–. (Para más

Uva crespa «Leveller»

Uva crespa «Whinham's Industry»

detalles sobre las diferentes formas de poda, *véanse* págs. 36-38.)

La propagación de las uvas crespas se realiza mediante esquejes herbáceos de unos 30 cm, tomados a principio de otoño. Hay que escoger la madera más nueva disponible –que es la de color más claro– y eliminar todas las yemas, excepto las cuatro superiores. Después hay que impregnar el extremo cortado con hormonas de enraizamiento y pincharlo unos 10 cm en una mezcla arenosa húmeda. Después de un tiempo, las yemas se desarrollarán en ramas.

Es importante plantar los esquejes tan pronto como sea posible. Si se retrasa la plantación y se empiezan a secar, es probable que no enraícen.

El mejor momento para plantarlos es a finales de otoño, aunque pueden plantarse en cualquier momento durante el invierno –a menos que el suelo sea especialmente pesado o esté mal drenado, en cuyo caso es mejor esperar hasta la primavera–. Hay que plantar los arbustos a 1,5 m de distancia y asegurar una separación de 30 cm para los cordones.

Deben regarse durante los períodos secos, y especialmente durante el desarrollo de los frutos, ya que ello mejorará su tamaño y su peso. Hay que acolcharlas con estiércol maduro o compost para mantener la humedad y protegerlas de las malas hierbas.

Los arbustos poco saludables o estresados pueden producir chupones. Para eliminarlos es conveniente arrancarlos de cuajo, mejor que cortarlos con unas tijeras de podar, pues así se previene la formación de más chupones al año siguiente.

El mejor momento para la cosecha se da entre inicios y mediados de verano. Hay que recolectarlos con un pequeño tallito, ya que en caso contrario se despellejan al intentar quitar el pezón.

	PRIMAVERA	VERANO	OTOÑO	INVIERNO	
Uva crespa «Broom Girl»	plantación	cosecha / cosecha		plantación / plantación / plantación	Temprana, para cocinar o postre. Sabor excepcional y apariencia atractiva
Uva crespa «May Duke»	plantación	cosecha / cosecha		plantación / plantación / plantación	Temprana. Cosecha de finales de primavera para cocinar o de verano para postre
Uva crespa «Invicta»	plantación	cosecha / cosecha		plantación / plantación / plantación	Media. Variedad para cocinar. Crecimiento rápido, muy resistente a enfermedades
Uva crespa «Leveller»	plantación	cosecha / cosecha		plantación / plantación / plantación	Media. Variedad de postre muy popular con un sabor maravilloso
Uva crespa «Careless»	plantación	cosecha / cosecha		plantación / plantación / plantación	Media. Variedad blanca bien conocida, da cosechas muy abundantes
Uva crespa «Whinham's Industry»	plantación	cosecha / cosecha		plantación / plantación / plantación	Media. Frutos oscuros con un sabor suave. Variedad fiable de cocina y postre
Uva crespa «Warrington»	plantación	cosecha		plantación / plantación / plantación	Tardía. Frutos de color carmesí oscuro que producen una mermelada estupenda
Uva crespa «White Lion»	plantación	cosecha		plantación / plantación / plantación	Tardía, muy productiva, vigorosa, con un sabor excelente para cocinar o para postre

plantación   cosecha

Grosellas negras
Ribes nigrum
y grosellas rojas y blancas
Ribes rubrum

Si piensa que el cultivo de las grosellas es tan complicado que no vale la pena, debe reconsiderar esta idea. Estos pequeños frutos son riquísimos en vitamina C y su sabor es tan delicioso que incluso unos pocos resultan muy convincentes. Son insuperables en mermelada, conservas y refrescos, y rara vez se encuentran en los supermercados.

Las grosellas son plantas poco exigentes, y con sus brillantes bayas resultan suficientemente decorativas como para realzar la belleza de cualquier jardín.

suelo	Bien cavado y estercolado (si es para groselleros negros, más estiércol)
ubicación	Abierto pero resguardado. Los groselleros negros necesitan más calor y protección
riego	Hay que asegurarles un buen suministro durante los períodos secos, aunque no mientras los frutos maduran
abonado	Realizar una enmienda superficial con estiércol y sulfato amónico
cuidados	Desherbar a mano alrededor de los arbustos y acolchar en primavera. Se deben proteger de los pájaros
plagas y enfermedades	Todas las grosellas son propensas a los ataques de podredumbre gris, virus de la reversión, pulgones y pájaros

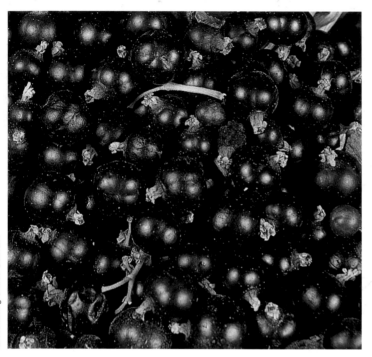

Grosella negra «Ben Connan»

Grosella blanca «Blanka»

Se pueden adquirir como plantas certificadas de uno o dos años, y se las puede dejar crecer en su estado natural como arbustos –pueden alcanzar 1,5 m– o se pueden atar a alambres contra una pared o una valla. Los groselleros rojos y blancos presentan un hábito más erguido que los negros, que son más expansivos. Además, los primeros responden bien a la poda en cordón, ya sea doble o simple. Pueden usarse muy efectivamente para separar áreas del huerto y ahorran espacio.

Los groselleros prefieren los suelos bien cavados y estercolados; los groselleros negros requieren, especialmente, una buena nutrición, de manera que necesitan más estiércol. También son más sensibles que los rojos o los blancos, por lo que necesitan lugares cálidos, protegidos de los vientos fríos y las heladas.

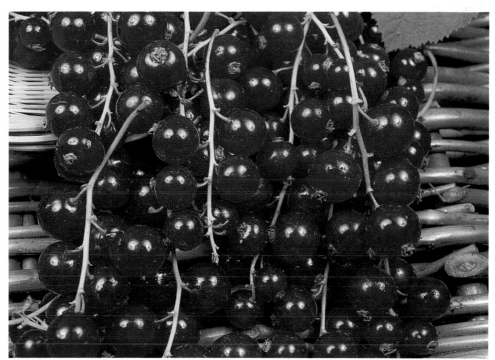

Grosella roja «Jonkeer van Tets»

Los groselleros negros precisan un tratamiento algo diferente del de los otros groselleros en lo que a la poda se refiere. Los negros producen fruta en ramas de un año de edad, mientras los otros fructifican en ramas viejas. Después de la cosecha se deben podar todas las ramas de los groselleros negros para estimular el crecimiento nuevo. Sin embargo, en los rojos y los blancos sólo hay que eliminar la madera muerta o dañada, así como cortar para abrir la planta y formarla. Los cordones requieren más trabajo, ya que los laterales deben cortarse a unos 3 cm del tallo principal.

El virus de la reversión (BCRV) puede producir efectos devastadores como reducir de forma progresiva el rendimiento, de manera que resulta aconsejable trasladar las plantas cada diez años como medida de precaución.

Si se observa algún síntoma de la enfermedad, hay que desenraizar y quemar las plantas afectadas.

Sólo se deben recolectar los frutos cuando el racimo entero está formado, y separar las bayas «peinándolas» con un tenedor. Se congelan extremadamente bien, conservan su sabor y se mantienen firmes.

Para multiplicar los groselleros, se toman esquejes en otoño de la madera joven y sana. Los esquejes deben medir unos 20 cm y se deben dejar con todas sus yemas. Se impregnan con hormonas de enraizamiento y se plantan inmediatamente en suelo arenoso empapado.

El mejor momento para plantarlos es a finales de otoño. Se colocan a 1,2 m de distancia y se cortan a unos 5 cm del suelo. La cosecha se realiza entre mediados y finales de verano.

	PRIMAVERA	VERANO	OTOÑO	INVIERNO	
Grosella negra «Ben Connan»		🌰	🪝		Productor superior de bayas jugosas y sabrosas. Buena resistencia a enfermedades
Grosella negra «Ben Sarek»		🌰🌰	🪝		Muy compacto, excelente para espacios reducidos. Tardía
Grosella blanca «Blanka»		🌰	🪝		Variedad muy productiva de bayas muy sabrosas
Grosella blanca «White Grape»		🌰🌰	🪝		Bayas grandes y sabrosas, de aroma encantador. Muy fiable
Grosella roja «Jonkeer van Tets»		🌰	🪝		Bayas de buena medida, jugosas, sabrosas. Temprana
Grosella roja «Red Lake»		🌰🌰	🪝		Variedad bien conocida de frutos grandes y gustosos. Hábito derecho

🪝 plantación   🌰 cosecha

Frutos de enredadera

Las enredaderas reptan, cuelgan y se enrollan, e iluminan el huerto con su atractivo follaje y la cocina con sus deliciosos frutos.

Este grupo incluye el fruto más popular y más cultivado en el mundo, las uvas. Durante muchos siglos han sido cultivadas y mimadas por personas que han apreciado sus muchas cualidades. Sea como fruta de postre, para hacer vino o para crear un emparrado sombrío, las uvas son insuperables.

Los melones, a veces incluidos entre las hortalizas más que con la fruta, tienen mucho en común con las calabazas –por ejemplo, sus encantadoras hojas grandes–. Tanto los melones como las sandías son tan refrescantes y deliciosos que es un reto comer sólo una tajada. Como el kiwi y el maracuyá, los melones necesitan mucho sol y calor; sin embargo, es impresionante lo que se puede lograr con un invernadero e incluso con una cajonera cubierta.

El kiwi y el maracuyá son también extremadamente atractivos, por lo que merece la pena cultivarlos por su elegante follaje y su hábito deliciosamente vigoroso. Los frutos son una recompensa deliciosa, pero no se puede confiar en ellos si las plantas se cultivan en el exterior en zonas frescas. Sin embargo, estas plantas proporcionan una dimensión más que espectacular a cualquier jardín, de manera que merecen su espacio.

Uvas

Vitis labrusca
y *Vitis vinifera*

El mundo sería un lugar considerablemente menos agradable sin las uvas y su poción revitalizante, el vino. Tanto la viña europea (*Vitis vinifera*) como su prima americana (*Vitis labrusca*) producen frutos realmente mágicos. Las variedades europeas son de una calidad inmejorable, aunque no presentan la tolerancia de las variedades americanas, que resultan mucho más adecuadas para climas fríos.

Además de la obvia distinción entre uvas blancas y negras, las variedades de uva pueden clasificarse en uvas de mesa, para vino o de doble propósito; dentro de estas categorías es posible distinguir entre tempranas, medias o tardías.

Las uvas de mesa se dividen, a su vez, en tres grupos: las «sweetwater», las más tempranas y dulces; la moscatel, la siguiente en madurar, con un sabor inigualable, y las vinosas, las últimas en madurar, con menos sabor pero más fuerza.

Las vides son todo un cúmulo de contradicciones. Son resistentes –muchas pueden resistir heladas severas con facilidad– pero, sin embargo, necesitan largos veranos, soleados y secos, para madurar, razón por la cual no se cultivan con mucha frecuencia en los huertos de zonas templadas o frescas.

Las diversas variedades están adaptadas a diferentes áreas y condiciones climáticas, por lo que es posible compensar unas condiciones

suelo	Suelos con texturas francas, profundos, fértiles y bien drenados. Las vides prefieren subsuelos de caliza
ubicación	Necesitan posiciones cálidas, protegidas y soleadas; de lo contrario deben cultivarse a cubierto
riego	Se deben regar durante toda la temporada de crecimiento, especialmente si es cálida y seca, hasta que los frutos empiecen a madurar
abonado	Abonar con fertilizante líquido cada 10-12 días mientras las uvas se desarrollan, y no abonar mientras maduren los frutos
cuidados	Pulverizar con agua los brotes cuando revienten; parar las pulverizaciones cuando el fruto empiece a madurar. Acolchar las de exterior a principios de primavera
plagas y enferme-dades	Las vides son propensas al oídio, la podredumbre gris y la araña roja

Uvas «Thompson White»

Melón

Cucumis melo

y sandía

Citrullus lanatus

Tanto los melones como las sandías son frutas tropicales que necesitan temperaturas altas y mucho sol para que puedan germinar y fructificar. Esto implica que, en climas templados, la mayoría de las variedades deben cultivarse a cubierto para madurar, a menos que se dé un verano especialmente cálido.

Las cajoneras cubiertas, los invernaderos o los politúneles son ideales para el cultivo de los melones; sin embargo, las sandías son tan grandes –sus tallos alcanzan los 4 m y sus frutos pueden crecer hasta 60 cm– que un politúnel resulta más adecuado que un invernadero. Éstos han de ventilarse de vez en cuando para evitar la condensación excesiva de humedad, que podría favorecer el desarrollo de virosis.

Los melones y las sandías son plantas anuales, pero que necesitan muchos nutrientes, por lo que el suelo debe ser extraordinariamente rico –necesitan mucho estiércol maduro–. Otra opción es el cultivo en bolsas de cultivo. El problema de éstas es que son relativamente poco profundas, por lo que es recomendable apilar dos bolsas y cortar la base de la bolsa superior para proporcionar suficiente espacio a las raíces de la planta.

Los melones se pueden dividir en tres grupos: cantaloupe, de invierno y reticulados o moscateles. Todos ellos presentan aspectos

Melón «Honeydew»

muy diferentes. Los moscateles son los más pequeños; los cantaloupe, los siguientes, con piel gruesa y rugosa, y los inodoros, los más grandes, con piel lisa o poco rugosa.

Los melones y las sandías deben polinizarse para producir fruto. La polinización por insectos es factible, aunque para asegurar la cosecha es mejor la polinización manual. Este proceso no es complicado, pues las flores femeninas son fáciles de reconocer por el hinchamiento que presentan detrás de la flor. Sólo hay que aplicar un poco de polen de una flor masculina en las femeninas.

A medida que se desarrollan las plantas necesitan un soporte adecuado. Unas pequeñas redes sujetas a los marcos del invernadero o del politúnel cumplirán con dicha función. También hay que colocar un plástico bajo la planta para proteger los frutos.

Es importante controlar el crecimiento para asegurar que la energía de la planta se destina a los frutos y no al follaje. Hay que pinzar las puntas de los tallos laterales cuando presenten unas cinco hojas, y volver a pinzar los tallos que surjan de los laterales cuando tengan unas tres hojas.

suelo	Bien estercolado, drenado y fértil. Melones: pH 6,5-7; sandías: pH 5,5-7
ubicación	Necesitan posiciones muy soleadas, cálidas y protegidas; si no es posible, a cubierto
riego	Tanto los melones como las sandías necesitan un riego frecuente para producir frutos jugosos
abonado	Hay que proporcionarles un abonado líquido cada dos semanas hasta que se desarrollen los frutos
cuidados	Desherbarlos. Acolcharlos para mantener la humedad y dar soporte. Pinzar las puntas y entresacar los frutos
plagas y enfermedades	Tanto los melones como las sandías son susceptibles a ataques de pulgones, mildiu y virus del mosaico

A medida que los frutos empiecen a desarrollarse sólo hay que dejar uno por tallo, y se debe eliminar todo el crecimiento que se dé más allá de dos o tres nudos desde el fruto. Este aclareo permite que los frutos restantes alcancen su tamaño máximo.

El riego, sobre todo durante la floración, es necesario para obtener la mejor cosecha. El suelo debe mantenerse rico en nutrientes mediante la aplicación de mucha materia orgánica.

Para el cultivo a cubierto, el mejor momento para la siembra de semilla es de finales de invierno a finales de primavera. Las semillas requieren una temperatura constante de unos

Melón «Sweetheart F1»

18-20 °C para germinar. Las semillas se colocan de lado en recipientes individuales con compost, a 1 cm de profundidad. Deben mantenerse húmedas y cubiertas con un plástico hasta que germinen. Conviene endurecerlas y trasplantarlas una vez haya pasado todo riesgo de heladas y las plantas tengan unas tres o cuatro hojas. Se deben colocar en el suelo, sobre un pequeño montículo, con 1 m de distancia entre plantas (para más detalles, *véanse* págs. 20-21).

La cosecha de melones y sandías se puede realizar desde mediados de verano. Hay que esperar a que los frutos estén completamente maduros. Los melones desprenden un olor dulce cuando están maduros, y el tallo empieza a romperse; las sandías empiezan a madurar cuando el tallo se seca y el fruto cambia de color. También deben sonar a hueco cuando se las golpea.

Las sandías necesitan un espacio grande y muy cálido para madurar completamente

	PRIMAVERA	VERANO	OTOÑO	INVIERNO	
Melón «Sweetheart F1»	🪣🪣🪣🪣	🌱 🫘🫘🫘🫘		🪣	Variedad cantaloupe de pulpa naranja y gustosa. Temprana
Melón «Ogen»	🪣🪣🪣🪣	🌱 🫘🫘🫘🫘		🪣	Cantaloupe pequeño y dulce. Necesita estar a cubierto en climas frescos
Melón «Minnesota Midget»	🪣🪣🪣🪣	🌱 🫘🫘🫘🫘		🪣	Cantaloupe muy pequeño pero muy dulce. De crecimiento rápido
Melón «Blenheim Orange»	🪣🪣🪣🪣	🌱 🫘🫘🫘🫘		🪣	Moscatel atractivo, de gusto maravilloso
Melón «Tiger»	🪣🪣🪣🪣	🌱 🫘🫘🫘🫘		🪣	Moscatel de frutos impresionantes, de márgenes marcados y sabor suave
Melón «Oliver's Pearl Cluster»	🪣🪣🪣🪣	🌱 🫘🫘🫘🫘		🪣	Melón de invierno dulce y jugoso, de fantástica textura
Sandía «Sin F1»	🪣🪣🪣🪣	🌱 🫘🫘🫘🫘		🪣	Variedad popular, fiable y vigorosa
Sandía «Florida Favorite»	🪣🪣🪣🪣	🌱 🫘🫘🫘🫘		🪣	Pulpa jugosa que se deshace en la boca
Sandía «Sugar Jade»	🪣🪣🪣🪣	🌱 🫘🫘🫘🫘		🪣	Sabor dulce y refrescante

🌱 trasplante   🫘 cosecha   🪣 siembra

Kiwi

Actinidia deliciosa

Aunque procedente de China, su nombre actual da una pista de quién es el principal productor mundial de kiwis: Nueva Zelanda. Repleto de vitamina C, la fruta del kiwi se transporta bien y puede almacenarse durante bastante tiempo.

El kiwi crece en unos atractivos bejucos que es preciso ubicar en zonas extremadamente cálidas, soleadas y protegidas si se pretende cultivarlos en el exterior. Fructifican con más frecuencia si se los cultiva a cubierto, aunque su longitud –pueden alcanzar los 9 m– los hace poco adecuados a la mayoría de invernaderos. Los politúneles largos y espaciosos son mucho más apropiados para su cultivo a cubierto.

Los bejucos necesitan un soporte y pueden tutorarse fácilmente en espalderas. Es un método ante todo bueno si se dispone de una pared cálida y protegida que retenga el calor del sol. Una solución menos decorativa pero igual de útil es emparrarlos en alambres dispuestos horizontalmente, como en una pérgola.

El kiwi es una planta vigorosa si cuenta con las condiciones adecuadas, pero puede dedicar mucha energía a la producción de follaje a expensas de la producción de frutos.

suelo	Cavado en profundidad, con mucho estiércol maduro y bien drenado. pH ideal 6-7
ubicación	Para los mejores resultados, plantar en una posición soleada, cálida y protegida
riego	El riego regular es importante, especialmente en períodos secos de la temporada de crecimiento
abonado	El suelo debe estar bien abonado antes de la plantación
cuidados	Mantener el área alrededor de la enredadera libre de malas hierbas y acolchar a conciencia en primavera. Proveer soporte
plagas y enfermedades	Aparte de podredumbre de raíces, trips y cochinillas, los kiwis no sufren plagas ni enfermedades

Kiwi «Hayward»

La poda resulta, en consecuencia, esencial. Es importante recordar que los frutos se producen sobre la madera de un año. Los brotes laterales que hayan producido fruto pueden cortarse para dejar tres o cuatro nudos mientras la planta está en reposo, y mientras crezca en verano se puede cortar el crecimiento excesivo justo por encima de los frutos.

Hay que plantar pies masculinos y femeninos para que se polinicen las flores y produzcan fruto. Los kiwis tardan un tiempo en dar fruto, así que no se debe esperar cosecha alguna hasta pasados unos cuatro años desde la siembra.

Las plantas se pueden multiplicar mediante esquejes leñosos y herbáceos. Los últimos se toman en primavera, y los leñosos a finales de verano. Se propagan a finales de primavera, cuando ya no existe riesgo de heladas.

	PRIMAVERA	VERANO	OTOÑO	INVIERNO	
Kiwi «Allison»	🌱		🥝🥝🥝		Femenino. Extremadamente vigoroso, de atractivo follaje
Kiwi «Hayward»	🌱		🥝🥝🥝		Femenino. Muy fiable y buen sabor
Kiwi «Tomuri»	🌱		🥝🥝🥝		Masculino. Resiste las heladas ligeras cuando está en reposo

🌱 plantación		🥝 cosecha	

Maracuyá

Passiflora spp.

Estas frutas muestran unas hermosas flores blancas con un impresionante centro púrpura, y son tan bellas que se puede perdonar su extrema delicadeza. La sensibilidad de la enredadera conlleva que sólo se las pueda cultivar a cubierto. Sin embargo, crecen mucho mejor en el exterior, siempre que se les ofrezca un lugar realmente protegido y soleado.

El maracuyá o fruta de la pasión requiere suelos ricos, bien drenados; puede cultivarse con bastante éxito en grandes recipientes, aunque debe mantenerse bien abonado y regado. Una dosis de fertilizante multipropósito cada pocos meses es ideal. Además, hay que añadir materia orgánica bien descompuesta y arena gruesa en el agujero de siembra.

Para las plantas cultivadas en recipientes, hay que usar un compost fértil con un elevado contenido en materia orgánica. Deben plantarse preferiblemente en recipientes de más de 35 cm de diámetro.

Como el kiwi, el maracuyá es una trepadora capaz de alcanzar grandes longitudes. Necesita, en consecuencia, un buen soporte, que puede dársele mediante una pérgola resistente o con alambres tendidos entre postes altos y erguidos. Puede prosperar en arriates contra la pared de una casa o a cubierto en un jardín de invierno.

La poda es relativamente simple. A principios de primavera, hay que pinzar las puntas de los tallos laterales cuando alcancen unos 15 cm, y se deben eliminar los tallos que hayan producido fruto en ese año. Además hay que podar para evitar que la enredadera crezca demasiado.

El maracuyá es autofértil, pero como otras plantas autocompatibles siempre es mejor cultivar más de una planta para asegurar la polinización (la polinización manual mediante un pincel suave mejora mucho la cosecha).

La variedad disponible más común es «Ruby Gold», que presenta una piel roja y una deliciosa carne amarilla pulposa. Como muchas frutas de la pasión, son tan atractivas en un jardín que pueden cultivarse exclusivamente por el interés de sus flores.

El mejor momento para plantarlas es a finales de primavera, siempre que no haya riesgo de heladas. La cosecha se produce, normalmente, en otoño. Se deben reemplazar las plantas cada seis años como precaución contra la marchitez por infecciones fúngicas.

Maracuyá «Ruby Gold»

suelo	Bien cavado, con mucho estiércol maduro, y que drene bien. pH ideal de 6
ubicación	Un lugar soleado, cálido y resguardado es preferible para unos mejores resultados
riego	El riego regular es importante, sobre todo en períodos secos durante la temporada de crecimiento
abonado	El suelo debe estar bien abonado antes de la plantación para conseguir los mejores resultados
cuidados	Mantener la zona de alrededor libre de malas hierbas y acolchar a conciencia en primavera. Proporcionar soporte
plagas y enferme-dades	El maracuyá es sensible a diversas enfermedades fúngicas, moscas de la fruta, pulgones y araña roja

Cítricos

Los cítricos son algo más que productos exóticos, pues recrean al instante una sensación típicamente mediterránea. Con una buena comprensión de sus necesidades y una dedicación especial, no existe razón alguna por la que no se pueda disfrutar de una cosecha de limones o naranjas, sea cual sea el clima en que se viva.

Los cítricos son un grupo de árboles muy bonitos. Primero, porque son perennes, con hojas verdes, oscuras, brillantes y aromáticas, y segundo, porque son de formas extremadamente atractivas. Además, los árboles presentan frutos y flores al mismo tiempo. Esta rareza se debe a que los frutos tardan mucho en madurar –aproximadamente un año–, de manera que mientras maduran los frutos del año anterior se produce la floración.

Son generalmente autocompatibels, lo que evita el problema de tener que escoger las variedades correctas para la polinización. Como frutos subtropicales que son, necesitan calor –una temperatura entre 15-30 °C es suficiente– y por ello se cultivan mejor a cubierto. Son plantas típicas de jardines de invierno, donde es más fácil mantenerlas a la temperatura y la humedad (60-70 %) correctas. Sin embargo, a menos que se disponga de un gran invernadero, es más fácil cultivarlos en recipientes, pues éstos permiten llevar las plantas al interior en invierno y principios de primavera, y trasladarlos al exterior, a zonas soleadas, una vez pasadas las últimas heladas.

Los cítricos son una excepción en tanto que no se adaptan a las estaciones. Mientras que otros frutales tienen un reloj biológico controlado por el momento del año –en primavera florecen, mientras que en otoño la fruta madura– los cítricos florecen siempre que se dé la combinación correcta de calor, agua y luz. Esto posibilita que el hortelano que los cultiva a cubierto pueda jugar a ser Dios y estimule al árbol creando condiciones adecuadas –aunque sintéticas.

Naranjas dulces
Citrus sinensis

y naranjas agrias
Citrus aurantium

Ambos tipos de naranjas muestran un resplandor dorado que recuerda los largos y cálidos días estivales y saben a sol embotellado. Algunos hortelanos descartan el cultivo de estos frutos porque los asocian con climas más cálidos. Sin embargo, aunque se viva en regiones templadas –o incluso en áreas sometidas a heladas– pueden cultivarse con bastante éxito en invernaderos y jardines de invierno.

Existen tres grupos de naranjas dulces: valencianas, navel y sanguina. Las valencianas son las que se encuentran más disponibles, especialmente la variedad «Jaffa», aunque las sanguinas han vivido un resurgimiento de su popularidad en los últimos años. Las naranjas navel difieren de los otros tipos en que presentan un fruto secundario en miniatura en el extremo del fruto. También disfrutan de la ventaja de que son más fáciles de pelar y dividir en gajos.

Resulta muy complicado elegir entre las tres categorías de naranjas dulces en cuanto a sabor, pues todas son deliciosas. En lo que respecta a la adaptabilidad a climas templados, de las tres, las navel son las mejor adaptadas a climas más frescos.

Aunque la mayoría de las naranjas dulces pueden propagarse por semillas, los cultivadores aficionados pueden conseguir fácilmente un árbol joven en maceta. Hay que comprobar que no presente ningún síntoma de enfermedad –las hojas son un buen indicador– y también se debe controlar que las raíces no estén apelmazadas, que no sobresalgan por los agujeros del fondo de la maceta. Finalmente hay que

suelo	Prefieren suelos muy bien drenados y fértiles. Idealmente un poco ácidos; pH 6-6,5
ubicación	A cubierto o en áreas cálidas, resguardadas y soleadas
riego	Se deben regar mucho durante los períodos secos, especialmente durante la floración y producción de frutos
abonado	En verano: alto en nitrógeno. En invierno o primavera: fertilizante foliar con magnesio, zinc y hierro
cuidados	Mantenerlos libres de malas hierbas y no descuidar el régimen de abonado. Podar para formarlos
plagas y enferme- dades	Particularmente propensos a los pulgones, arañas rojas, cochinillas y podredumbre de raíz y cuello de la raíz

comprobar que el compost esté libre de malas hierbas y que el árbol se haya mantenido bien regado: si se ha dejado secar en algún momento, las raíces pueden estar dañadas y el árbol no prosperará (*véanse* págs. 24-25).

Si se pretende cultivar más de un árbol, entonces la distancia de siembra dependerá de la variedad escogida. Si se los cultiva en recipientes, hay que trasplantarlos a macetas mayores durante el invierno, e incrementar el tamaño a medida que el árbol crece.

Hay que esperar hasta que las raíces

Naranja «Navelina»

estén casi limitadas por la maceta para el trasplante, ya que a los naranjos les gusta tener las raíces un poco comprimidas –otra razón por la cual se dan bien en recipientes–; si el recipiente es demasiado grande producirán mucho follaje pero casi ningún fruto.

Cuando el árbol se halle en su maceta definitiva, convendrá reemplazar los 5 cm superiores de compost en primavera y abonarlos regularmente durante todo el año.

Resulta curioso el hecho de que las naranjas dulces mantengan dos cosechas simultáneamente. Esto se debe al largo período de maduración de los frutos, que implica que con frecuencia la fruta nueva se desarrolle al mismo tiempo en que tiene lugar la cosecha de la fruta anterior.

Naranja dulce «Valencia»

Naranja agria

Las naranjas agrias presentan un aspecto un poco diferente a las dulces, y difieren mucho en su gusto. Mientras que las dulces tienen la piel fina y son, obviamente, dulces, las agrias cuentan con una piel gruesa y suelen ser bastante ácidas y muy amargas.

No resultan aptas para el consumo en crudo, pero pueden utilizarse para hacer deliciosas mermeladas. La mermelada de naranja agria es todo un clásico que supera al resto de mermeladas en sabor, por lo que es una fruta muy popular.

Inferior: las fechas de siembra y cosecha de los cítricos varían en función del calor y la luz que reciben

		PRIMAVERA	VERANO	OTOÑO	INVIERNO	
[AGRIAS]	Naranja «Bouquet»					Clásico gusto agrio
	Naranja «Bouquet de Fleurs»					La variedad más comúnmente disponible
	Naranja «Chinotto»					Ácida, de piel gruesa
[DULCES]	Naranja valenciana «Hamlin»					Siempre con un buen sabor
	Naranja valenciana «Jaffa»					La variedad mejor conocida
	Naranja navel «Navelina»					Jugosa y fácil de pelar
	Naranja navel «Robertson»					Sabor agradablemente fresco
	Sanguina «Malta Blood»					Color rojo rubí
	Sanguina «Moro»					Popular, deliciosamente jugosa
	Sanguina «Ruby»					Venas sorprendentemente rojas

Mandarina

Citrus reticulata
e híbridos

El naranjo mandarino (*Citrus reticulata*) o, simplemente, mandarino ha dado lugar a infinidad de imitadores: los híbridos. Entre éstos existen cruces con limones, el mandarino-limón (*Citrus x meyeri*) y los kumquats, mandarinos-kumquat, a veces llamados naranjas del Japón (*Citrus x Citrofortunella microcarpa*, sin. *Citrus mitis*), y muchos más que son seleccionados continuamente.

Las mandarinas, al igual que las naranjas, pueden dividirse en diferentes grupos: satsumas, Cleopatra, king y comunes o clementinas.

No todos los frutos de estos grupos son comestibles. Sólo los de las satsumas y clementinas se cultivan normalmente como frutas, en lugar de ser ornamentales.

El éxito de los mandarinos y sus híbridos radica en el pequeño tamaño de sus frutos y la facilidad con la que se pelan. Los frutos poseen un aroma fuerte y fresco, con un sabor distintivo, muy diferente del de las naranjas dulces.

Existe una excelente gama para los recipientes, ya que sus pequeños frutos mantienen una perfecta proporción con el tamaño del árbol, y muchos empiezan a producir frutos mientras aún son bastante pequeños.

Como otros cítricos, la temperatura es muy importante para la producción de frutos, y debe superar los 18 °C para una fructificación exitosa.

suelo	Prefieren suelos muy bien drenados y fértiles. Idealmente un poco ácidos pH 6-6,5
ubicación	Necesitan posiciones resguardadas y soleadas, o a cubierto
riego	Se deben regar mucho en los períodos secos, especialmente en la floración y fructificación
abonado	En verano, alto en nitrógeno; en invierno y primavera, fertilizante foliar con magnesio, zinc y hierro
cuidados	Hay que mantenerlos libres de malas hierbas y abonados todo el año, variando la composición en función de la época. Podar para formarlos
plagas y enfermedades	Particularmente propensos a los pulgones, la araña roja, las cochinillas y la podredumbre de raíz y de cuello de la raíz

Mandarinas «Clementina»

Inferior: las fechas de siembra y cosecha de los cítricos varían en función del calor y la luz que reciben

	PRIMAVERA	VERANO	OTOÑO	INVIERNO	
Mandarina común «Clementina»					Pequeña, dulce, de gusto inigualable. De crecimiento rápido
Mandarina común «Dancy»					Variedad popular, jugosa y dulce
Mandarina-limón «Meyeri»					Poco común pero deliciosa. De crecimiento lento

Limón
Citrus limon
y
lima
Citrus aurantiifolia

Los frutos de estos árboles tienen un sabor ácido, aunque con un regusto extrañamente dulce. Esto es sobre todo cierto para la lima, cuyo sabor resulta muy distintivo. Tanto los limones como las limas son muy jugosos y forman arbolillos especialmente adaptados a crecer en macetas, sea en el interior o en el exterior en los climas más soleados.

Los limoneros y los limeros tienen un aspecto maravilloso en macetas de cerámica. Sus frutos verdes y amarillos relucen sobre el fondo de hojas de color verde oscuro.

Las limas resultan especialmente aptas para las macetas, pues son árboles muy compactos y ordenados. La variedad de lima «Bearss» es un espécimen básicamente bueno.

Existen varios cruces de limas y limones. El híbrido más exitoso es el «Lemonimo», pero sólo es apto para el cultivo ornamental en el exterior en zonas subtropicales.

Las limas pueden clasificarse en dos grupos, en función de si son dulces o ácidas. Generalmente son frutos de piel fina y con pocas semillas.

Muchas variedades de limón no se vuelven amarillas con la maduración, a pesar de la concepción popular que en general existe, y pueden mantenerse verdes. Esto puede causar cierta confusión entre limas y limones.

suelo	Ambas especies prefieren suelos bien drenados y fértiles, mejor un poco ácidos –pH 6-6,5
ubicación	Limas y limones prosperan en posiciones cálidas, protegidas y soleadas, o a cubierto
riego	Hay que regarlos abundantemente durante los períodos secos, sobre todo durante la floración y la fructificación
abonado	En verano, abono rico en nitrógeno; en invierno y primavera, abono foliar con magnesio, zinc y hierro
cuidados	Hay que mantenerlos libres de malas hierbas, sin descuidar el abonado todo el año. Podar para formarlos
plagas y enferme-dades	Son particularmente propensos a ataques de araña roja, pulgones, cochinillas y podredumbre de raíz y de cuello de raíz

No todas las variedades de limón se vuelven amarillas cuando maduran

Los limeros se adaptan especialmente bien a las macetas

Como en otros cítricos, la temperatura y la luz son vitales para el crecimiento y la producción de fruto. Los limones, por ejemplo, requieren una temperatura bastante constante, que no debe bajar de los 20 °C.

El control de la temperatura puede ser un tanto difícil. Actualmente, los jardines de invierno modernos son poco más que habitaciones extra en las casas, y pueden resultar excesivamente calientes y mal ventilados; en cambio, los invernaderos resultan caros de calentar. Demasiado calor durante el invierno puede afectar la floración, igual que puede afectar demasiado frío. Además, las heladas pueden matar fácilmente los limoneros y los limeros.

Mantener un riego adecuado también es muy importante. Limoneros y limeros no resisten los suelos anegados; lo mejor es una mezcla de drenaje rápido con partes iguales de marga, arena gruesa y fibra de coco, con un acolchado de compost. Aunque agradecen un riego muy generoso, al mismo tiempo no conviene que tengan las raíces sumergidas, de manera que siempre hay que regarlos desde arriba hasta que el agua salga de la maceta. Hay que abonarlos del mismo modo que las naranjas (*véanse* págs. 141-142).

Como las naranjas, los limones y las limas no necesitan mucha poda. Un simple pinzado de las puntas para mantener su forma es lo único que requieren, aunque puede ser necesario recortar el crecimiento nuevo otra vez en primavera.

Inferior: las fechas de siembra y cosecha de los cítricos varían

en función del calor y la luz que reciben

	PRIMAVERA	VERANO	OTOÑO	INVIERNO	
Limón «Garey's Eureka»					Forma chaparra, extendida
Limón «Lisbon»					Frutos y hojas encantadoramente brillantes
Limón «Primafiori»					Extremadamente jugoso, con pocas semillas
Lima «Bearss»					Jugosa y muy sabrosa. Sin semillas
Lima «Persian»/«Tahiti»					Variedad dulce, con un gusto delicioso
Lima «West India»/«Mexican»					Variedad popular ácida

Pomelo

Citrus x paradisi

Los pomelos precisan un buen espacio, ya que son árboles de crecimiento rápido y capaces de alcanzar alturas de 10 m. Este factor hace que su cultivo no sea muy conveniente para el hortelano que cuenta con un invernadero de tamaño medio. Sin embargo, si se les puede proporcionar espacio y calor suficiente, las recompensas son muchas.

Los frutos amarillos del pomelo son grandes. De hecho, son los cítricos más grandes, de hasta 10-15 cm de diámetro. Como otros cítricos, los pomelos presentan atractivas hojas ovales bastante duras y brillantes.

En el pasado, sólo las variedades de pulpa amarilla estaban disponibles con cierta frecuencia, tanto para su cultivo como para la compra de los frutos. Éstas son muy jugosas, aunque tienen un gusto bastante ácido, por lo que resultan excelentes para la elaboración de mermeladas o su consumo ligeramente azucaradas. Desde hace poco, las variedades de pulpa rosa han devenido mucho más populares. Son igualmente jugosas, además de dulces.

Los pomelos necesitan una temperatura más alta que los otros cítricos, pues no les van bien las temperaturas inferiores a 25 °C. También requieren una elevada humedad, sobre el 60-70 %, lo que representa un problema para las áreas templadas.

suelo	Los pomelos prefieren los suelos fértiles y bien drenados, idealmente un poco ácidos –pH 6-6,5
ubicación	Los pomelos prosperarán en ubicaciones protegidas, cálidas y soleadas, o a cubierto
riego	Hay que regarlos abundantemente durante los períodos secos, sobre todo durante la floración y la fructificación
abonado	En verano, abono rico en nitrógeno; en invierno y primavera, abono foliar con magnesio, zinc y hierro
cuidados	Hay que mantenerlos libres de malas hierbas, sin descuidar el abonado todo el año. Podar para formarlos
plagas y enfermedades	Son particularmente propensos a ataques de araña roja, pulgones, cochinillas y podredumbre de raíz y de cuello de raíz

Pomelo «Duncan»

Pomelo amarillo

Pomelo rosa

Por ser árboles más grandes, los pomelos necesitan un poco más de poda. Cuando se plantan, hay que cortar las ramas principales un tercio de su longitud durante el primer año, y después eliminar cualquier rama muerta, enferma o demasiado espesa, pero sólo tras la fructificación. Se debe promover un crecimiento redondeado, bastante claro y ligero, sin ramas superpuestas.

Si se cultiva un pomelo en un recipiente, es preciso ponerlo con una mezcla para macetas con suelo, con hasta un 20 % de perlita y un 80 % de suelo de drenaje rápido mezclado con un fertilizante de liberación lenta. Debe hacerse un abonado en superficie en primavera.

Inferior: las fechas de siembra y cosecha de los cítricos varían en función del calor y la luz que reciben

	PRIMAVERA	VERANO	OTOÑO	INVIERNO	
Pomelo «Golden Special»					Color brillante y gusto agridulce
Pomelo «Duncan»					Rosa. Extremadamente jugoso y sabroso
Pomelo «Marsh Seedless»					Variedad de pulpa amarilla

Hierbas

Nadie puede pretender ser un cocinero serio si no dispone de un huerto y no cultiva hierbas frescas. El aroma es tan superior al de las hierbas secas que una vez probadas no hay vuelta atrás.

Por fortuna, la mayoría de las hierbas crecen con facilidad en recipientes, así que no constituye ningún problema el que el espacio disponible sea minúsculo –igualmente se podrá disfrutar de los sabores vibrantes y los aromas embriagadores de las hierbas frescas.

Dos de las más populares son, seguramente, la menta y el perejil, con el romero y el laurel en disputa por un segundo lugar. Sin embargo, estas plantas representan solamente una pequeña fracción de las hierbas disponibles para el hortelano. Algunas son tan decorativas que seguramente posarán con más frecuencia entre los arriates de flores que en los huertos. La altura y el follaje del hinojo lo hacen inapreciable, mientras que otras, incluida la salvia y el tomillo, tan decorativos, forman bellos márgenes de arriates y caminos. Algunas especies vuelven a aparecer en la sección «Flores comestibles», en la pág. 156, ya que sus flores también tienen un uso culinario.

Las hierbas son algo más que atractivas plantas con un potencial como especias. La mayoría tienen usos medicinales y atraen insectos beneficiosos –como las abejas, que polinizan las plantas, o los sírfidos, cuyas larvas comen pulgones–. También son irresistibles para las mariposas. En resumen: las hierbas son las campeonas.

Anuales y bienales

Cilantro

El cilantro posee un aroma delicioso y un sabor inigualable, y es un ingrediente fundamental de los platos mediterráneos, mejicanos y tailandeses. Las hojas, parecidas a las del perejil, se cosechan mientras la planta es joven; después se recolectan las semillas para hacer curry y platos picantes, así como pasteles, y las hojas picadas pueden usarse de guarnición. Si se desea usar más las hojas que las semillas, hay que plantar una variedad de hojas grandes como «Cilantro». Se siembran las semillas *in situ* a principios de primavera, entresacándolas hasta que queden a 30 cm. Las semillas se recolectan a finales de verano. Se pueden utilizar para cosecha de corte (*véase* pág. 45).

Angélica

Es una planta muy decorativa, alta, normalmente bienal, cuya raíz se usa para hacer infusiones y cuyos aromáticos tallos tradicionalmente se caramelizaban y usaban en pasteles. Sus hojas también son comestibles y resultan deliciosas añadidas a las ensaladas. La angélica puede crecer hasta 1,8 m y se propaga sola mediante sus semillas. Prefiere suelos frescos y húmedos; resiste el sol directo, pero es mejor ponerla a la sombra. Se cultiva a partir de semillas sembradas en el exterior a mediados de primavera o principios de verano, con una de distancia entre las plántulas de 30 cm.

Perejil

Entre las muchas variedades, las más comunes son las rizadas, como «Moss Curled» y «Curlina», muy compactas y de hojas densamente rizadas. Existe también un perejil común, llamado francés o italiano, con hojas más suaves y un sabor excepcional. Se propaga a partir de semillas, que pueden sembrarse directamente en el exterior a finales de primavera o principios de verano. Prefiere los suelos ricos y húmedos, por lo que no deben dejarse secar nunca. Se corta a medida que se necesitan. Se da bien en macetas.

Matalahúga

Las hojas de matalahúga o anís son un condimento poco corriente de las macedonias, aunque las semillas se han utilizado durante siglos para conferir un gusto característico en repostería. Esta planta es poco resistente, por lo que necesita un lugar protegido a pleno sol para prosperar. Se siembra de semilla *in situ* a finales de primavera. Para recolectarla se debe comenzar por las hojas más bajas, y las semillas se recogen en otoño para su uso durante el invierno.

Perifollo

Con su gusto anisado, el perifollo se usa con frecuencia en vez del perejil, aunque tiene un sabor más delicado. Es popular en salsas al estilo francés o en ramilletes de especias. Tiempo atrás, el perifollo también se cultivaba por sus raíces, que se hervían y se mezclaban con aceite y vinagre para hacer ensaladas. Se trata de una hierba de crecimiento rápido de hojas atractivas, parecidas a las de un helecho, y está listo para ser recolectado unas seis semanas tras la siembra. Crece mejor a media sombra, y debe sembrarse escalonadamente desde finales de invierno hasta finales de verano.

Borraja

Con un gusto que recuerda al del pepino, las preciosas flores azules de la borraja resultan muy atractivas para las abejas; pueden añadirse, igual que las hojas jóvenes, a las ensaladas o las bebidas. Esta hierba también tiene usos medicinales: incluso hoy en día, sus hojas se utilizan como emplasto para las inflamaciones. La borraja es de cultivo muy sencillo: la semilla se siembra en surcos a unos 30 cm de distancia entre primavera e inicios de otoño, y se cosecha en ocho semanas. La borraja gusta de los suelos ligeros, bien drenados y las posiciones soleadas. Crece hasta 60 cm.

Albahaca

La albahaca es una anual semirresistente. Existen numerosos tipos: «Lemon» (compacta, de sabor espléndido); «Red Rubin» (muy decorativa, hojas bronceadas); «Cinnamon» (de color verde pálido y gusto a canela); «Thai» (ligera y picante); «Sweet» (hojas grandes, muy buena con tomate), y «Siam» (usada en sopas y salteados tailandeses). Pero las más conocidas son, probablemente, «Minette», una variedad enana muy aromática usada en pizzas, y «Sweet Genovese», con hojas grandes y un gusto fuerte y picante, como a clavo. Se siembran de semilla a cubierto en primavera, y se trasplantan en el exterior después de las últimas heladas.

Clavel moruno

Las brillantes flores naranjas de esta planta aparecen durante todo el verano. Las flores se recolectaban tradicionalmente con finalidades medicinales, y los pétalos pueden usarse como colorante y condimento en muchos platos, además de poderse consumir en ensaladas. Las hojas también pueden consumirse mientras todavía son jóvenes y tiernas, picadas en ensaladas. Se cultivan a partir de semilla a principios de primavera u otoño. Una vez establecidas se perpetúan solas.

Comino

Es una hierba tierna que necesita un lugar realmente cálido y soleado para prosperar. Se cultiva por sus semillas aromáticas, que constituyen un ingrediente esencial de muchos currys y platos de Oriente Medio. Para su propagación se siembran *in situ* tan pronto como el suelo esté caliente. Las cabezuelas se cosechan cuando empiezan a madurar y se vuelven marrones. Se cortan, con cuidado, y se secan en el interior, en un lugar cálido y ventilado. Hay que tener en cuenta que el comino seco presenta un aroma mucho más intenso que el fresco, por lo que se debe usar en pequeñas cantidades.

Alcaravea

Ésta es una planta resistente que puede crecer hasta 75 cm de altura. Las raíces pueden consumirse cocidas, y las hojas, como guarnición de sopas, ensaladas y cazuelas. Las semillas tostadas se pueden poner en pasteles y en el pan. Las semillas se siembran *in situ* a finales de primavera o de otoño, en suelo bien drenado. Las cabezuelas de las semillas aparecen en la primavera siguiente, y estarán listas para la recolección a principios o mediados de verano.

Capuchina

Tanto las hojas verde oscuro, las bonitas flores amarillas, naranjas y rojas e incluso las semillas de esta planta pueden comerse. Las capuchinas tienen un gusto picante que varía en intensidad de acuerdo con la parte de la planta –las semillas son las más fuertes–. Esta hierba va bien en ensaladas gustosas. Se debe cultivar en un lugar soleado, sembrando la semilla *in situ* en primavera a 1 cm de profundidad. Los suelos pobres producen cosechas más abundantes en flores que los ricos, donde producen más hojas. Tienen buena reputación como plantas acompañantes que mantienen las plagas de pulgones alejadas de las otras hortalizas y repelen las hormigas y la mosca blanca.

Eneldo

El fuerte sabor del eneldo, parecido al hinojo pero más dulce, es bueno con el pescado y el pollo, pero también con el queso y los encurtidos. El eneldo es una planta bastante resistente de hasta 90 cm, y sus cabezuelas planas de flores resultan muy atractivas para los insectos benéficos. Su follaje plumoso es muy decorativo en arriates mixtos, donde contrasta con otros follajes más carnosos. Se siembra directamente en el exterior, en un lugar soleado, entre finales de primavera e inicios de verano, y las hojas se cosechan en primavera y verano, antes de que la planta florezca.

Perennes

Bergamota

Esta planta perenne, resistente, produce grandes flores de color rojo brillante que resultan muy atractivas para insectos benéficos como las abejas. Puede crecer hasta 90 cm y es una planta versátil, de flores y hojas comestibles. Ambas resultan deliciosas crudas en ensaladas, mientras que con las hojas puede hacerse una infusión o utilizarlas como especia aromática para bolsas aromáticas. Se propaga a partir de semilla en primavera, por esquejes durante el verano o división de mata a principios de primavera.

Cebollino

Es una planta resistente muy fácil de cultivar, con un suave gusto a cebolla y hermosas flores. Las semillas se siembran en surcos superficiales, a pleno sol. A esta planta le convienen los suelos fértiles y húmedos, por lo que debe regarse regularmente en los períodos secos. Se puede obtener de los viveristas, pero merece la pena propagarlo uno mismo por división de las plantas en otoño. Ello se realiza desenterrando una macolla con cuidado, separando los bulbos y replantándolos en grupos de cuatro o cinco. Merece la pena repetir la siembra cada pocos años, pues el gusto se vuelve más suave año tras año. Una variedad más rara de cebollino difiere de la variedad común por sus hojas planas y un suave gusto a ajo.

Camomila

La camomila romana (*Chamaemelum nobile*) es una perenne resistente utilizada durante siglos en los céspedes. Tanto el follaje como las flores desprenden un delicado aroma cuando se machacan. Se multiplica mediante esquejes en verano o por división en primavera u otoño. La camomila o manzanilla (*Chamomilla matricaria*) es una especie anual, muy parecida, que produce una infusión fantástica usada durante siglos para facilitar la digestión y curar el insomnio. También se utiliza seca para confeccionar bolsitas aromáticas y para aclarar el cabello.

Hinojo común

El hinojo común y el hinojo bronceado tienen un follaje plumoso, tan decorativo que resulta tentador cultivarlos en arriates ornamentales más que en el huerto. El hinojo bronceado es algo más elegante gracias a su espectacular coloración, si bien ambos presentan un hábito erguido y una expansión lateral que son la envidia de muchas plantas. El hinojo común tiene un ligero sabor anisado, que en el hinojo bronceado es como de regaliz. Las hojas se utilizan para condimentar el pescado y el queso, mientras que las semillas dan un toque especial a sopas, pasteles y panes. Esta hierba resulta extremadamente atractiva para los insectos beneficiosos. Se propaga por semillas en primavera o por división en otoño.

Magarza

Las hojas de la magarza se utilizan secas en infusión, y tradicionalmente habían servido como efectivo remedio para aliviar las migrañas y la artritis. Sin embargo, esta planta es muy versátil: sirve de repelente contra las polillas, y las blancas flores, parecidas a las de un crisantemo y con un aroma peculiar, pueden incluirse en bolsas aromáticas. La magarza es una planta de cultivo fácil. Se siembra de semilla a principios de primavera en semillero, o *in situ* a mediados de primavera. También puede propagarse mediante división de las matas o por esquejes, así como sola por semillas. Prefiere estar a pleno sol.

Estragón

Existen dos tipos de estragón, el ruso y el francés. El ruso es una planta muy resistente, fácil de cultivar y con un sabor ligeramente más suave que el francés. El distintivo sabor del estragón complementa a la perfección con el pollo y el pescado, y es excelente para aromatizar el vinagre. El estragón francés se propaga mediante esquejes, mientras que el ruso se cultiva a partir de semilla. Ambas plantas requieren ubicaciones soleadas con un suelo de drenaje rápido. Para evitar que se extienda, se debe plantar en un cubo o maceta sin fondo.

Rábano rusticano

Con sus grandes hojas semejantes a la romaza, el rábano rusticano no es la planta más decorativa del mundo, pero el maravilloso gusto picante de sus raíces compensa por ello. Normalmente se prepara en forma de una salsa cremosa, sobre todo popular para bistecs y el sushi. Esta planta necesita un suelo cavado en profundidad y bien estercolado para crecer con fuerza. Puede ser invasiva, así que lo mejor es recolectarla cada año. Las raíces se almacenan en arena húmeda y se replantan en la primavera siguiente. Doce raíces son suficientes para una familia estándar.

Jengibre

El sabor excepcional del jengibre garantiza un toque entusiasta a infinidad de platos y bebidas, desde salteados y conservas hasta el «ginger ale». Además de utilizarse por su sabor instantáneamente reconocible, el jengibre se emplea por su inconfundible olor en bolsas aromáticas y ambientadores. También tiene propiedades curativas para el tratamiento de trastornos estomacales. Las delicadas plantas ofrecen una falsa impresión por el fortísimo aroma que encierran en los rizomas tuberosos. Estos rizomas pueden usarse frescos o se pueden conservar en almíbar en un tarro hermético. Para su propagación, los rizomas se dividen en cuanto empiezan a brotar.

Levístico

Ésta es una planta muy vigorosa y resistente cuyas hojas pueden recolectarse para aromatizar sopas y cazuelas, o usarse crudas para ensaladas mientras aún son tiernas. Las semillas se utilizan en bollería. El levístico tiene un gusto que recuerda al apio. Se siembra a cubierto en primavera y se trasplanta a principios de verano en suelo húmedo y rico. Las plantas adultas se pueden dividir a principios de primavera, o sacarles esquejes en verano. El levístico crece bien al sol o a media sombra.

Melisa

La melisa o toronjil es una planta vigorosa y resistente, ideal para cualquier margen soleado de un arriate de flores o del huerto. Se pueden usar las hojas, dulces y con aroma a limón, en infusiones que alivian el dolor de cabeza, o en ensaladas o como condimento. Las hojas de melisa también tienen un efecto calmante para las picaduras de insectos. Se cultiva a partir de semilla en primavera o por división de las plantas en otoño.

Lirio

Si se pretende confeccionar bolsas aromáticas o ambientadores, es obligado cultivar lirios. Su grueso rizoma, si se deja secar antes de molerlo, es un estupendo fijador de flores, pétalos y hojas perfumadas mezcladas, lo que asegura que su aroma se mantenga incluso meses más tarde. La cosecha del lirio es un proyecto a largo plazo. Las plantas deben dejarse crecer un mínimo de tres años, y después hay que dejarlas secar un par de años antes de molerlas. Se propaga por división en primavera u otoño.

Acedera

Esta planta tiene un gusto limonado bastante ácido, y se cultiva por sus hojas, parecidas a la romaza, que pueden consumirse en ensaladas o cocinadas. De los dos tipos de acederas, la redonda debe ser la primera opción; su gusto es más suave que el de la acedera común o vinagrera. Hay que eliminar los tallos florales para asegurar un buen suministro de hojas. Las acederas necesitan un suelo de drenaje rápido, y, aunque crecen bien al sol, se dan mejor a media sombra. Se propagan por siembra de semillas, en poca cantidad, entre principios de primavera y de verano, en hileras separadas unos 30 cm, y se aclaran para dejarlas a unos 15 cm; se pueden dividir en primavera o verano.

Orégano y mejoranas

El orégano (*Origanum vulgare*) es un condimento esencial de muchos platos mediterráneos. Tiene un fuerte sabor picante, y puede usarse para condimentar asados o incluso en ambientadores hechos en casa. Existen otras especies parecidas: la mejorana (*Majorana hortensis*), de hojas verde grisáceo, y la mejorana onites (*Origanum onites*), algo más suave que el orégano. En el pasado se le habían otorgado propiedades medicinales varias que incluían, entre otras, las mordeduras de serpientes, el dolor de muelas y los trastornos intestinales. Estas plantas gustan de lugares soleados con suelo bien drenado; se pueden propagar por esquejes herbáceos (en primavera) o por división de las plantas (en otoño o primavera).

Perifollo dulce

Esta planta recuerda a una hierba cicutaria más pequeña y delicada; se trata de una hierba resistente con hojas como de helecho y cabezuelas planas con flores estrelladas que aparecen en verano. Resulta bonita todo el año, pues sus delicadas flores producen, al madurar, unas grandes y distintivas semillas de color caoba. Sus hojas, raíces y semillas pueden consumirse; tienen un ligero gusto anisado. Se siembra a mediados de primavera, y se debe regar abundantemente en los períodos secos para mantener el suelo húmedo. Una vez establecido, se propaga por semillas sin ayuda.

Menta

La menta es un condimento esencial en la cocina seria, con infinidad de variedades –todas deliciosas pero extremadamente invasoras en el huerto si se les da la oportunidad–. Esta hierba armoniza a la perfección con el cordero, las patatas o ciertas bebidas. La menta se da mejor a media sombra, en suelos ricos y húmedos; se propaga por esquejes tomados en primavera u otoño. Para evitar que invada todo el huerto, hay que plantarla en una maceta o un cubo sin fondo y así restringir las raíces.

Arbustos y matas

Laurel

Aunque en general se le considera una planta delicada, el laurel es bastante resistente si se le permite un desarrollo natural. Necesita un lugar a pleno sol sobre un suelo bien drenado; con frecuencia se cultiva en grandes macetas –lo que es muy práctico, ya que permite trasladarlo a un lugar más protegido cuando las condiciones son adversas–. Las hojas del laurel se han utilizado con fines decorativos durante siglos –los antiguos griegos las usaban para hacer coronas para los poetas y los héroes–. El laurel responde bien a una poda de formación estándar. Para multiplicarlos se puede partir de semilla, pero es mejor tomar esquejes de ramas laterales con un poco de madera más vieja. Las hojas se recolectan y se usan en fresco o secas para aromatizar infinidad de platos diferentes.

Abrótano hembra

Esta planta, a veces conocida como manzanilla de Mahón, es una de las favoritas de los jardineros por su espectacular combinación de follaje gris plateado con flores amarillas en las cabezuelas. Presenta hojas todo el año y es resistente, por lo que constituye una planta ideal para los márgenes. Como hierba, sus aromáticas hojas son la parte más interesante, pues constituyen un ingrediente fundamental en los ambientadores hechos en casa. Se propaga mediante esquejes que se sacan a finales de verano.

Ruda

Ésta es una mata resistente y muy atractiva, siempre verde, que crece hasta unos 60 cm y ofrece un aspecto maravilloso tanto en los arriates ornamentales como en el huerto. Una variedad especialmente decorativa es «Jackman's Blue», de hojas de un color gris azulado intenso. Es por las hojas por lo que se cultiva la ruda. Se usan cuando aún son tiernas para aromatizar sopas y salsas, así como en ensaladas. La ruda se puede cultivar a partir de semilla en primavera o mediante esquejes de ramas laterales casi maduras que se toman a finales de verano.

Espliego

Éste es el rey de las hierbas: una mata arbustiva, siempre verde, resistente, tan atractiva y con un follaje y flores tan fragantes que se ha convertido en una de las plantas más populares en horticultura. Tiene muchos usos, de la cocina a los ambientadores, y su aceite puede extraerse y usarse para aliviar los dolores y para ayudar a conciliar el sueño. Se debe recolectar durante la mañana, en un día soleado y seco —antes de que se abran las flores–. Se debe secar colgado en un lugar seco y aireado. Se propaga durante el verano mediante esquejes de ramas casi maduras, pero no florales.

Hierba luisa

Originaria de Chile, esta planta presenta hojas largas, puntiagudas, con un fuerte sabor y olor a limón. Pueden utilizarse frescas o secas para aromatizar infusiones, mermeladas y pudines. La hierba luisa tolera la mayoría de los suelos; sin embargo, necesita una posición resguardada y una buena protección frente a las heladas. Se propaga mediante esquejes herbáceos, que se toman en primavera.

Romero

Las hojas estrechas, casi punzantes, del romero, ofrecen con el cordero una de esas combinaciones culinarias ya clásicas. Se trata de una planta muy útil para los jardines, pues es perennifolia, resistente y responde bien a la poda. Esto la convierte en una valiosa planta estructural, especialmente en invierno. El romero necesita un lugar soleado y protegido, con suelo bien drenado. Es mejor protegerlo o ponerlo a cubierto en inviernos muy fríos. Se siembra a cubierto en primavera y se trasplanta al exterior cuando las plantas jóvenes alcanzan unos 7,5 cm. Hay que formar las matas de romero mediante la poda después de la floración.

Hisopo

El hisopo posee unas hermosas flores púrpuras y es una mata semiperennifolia, ideal para cultivar como margen bajo. Las hojas tienen un sabor mentolado un tanto limonado, y pueden utilizarse en ensaladas o en sopas y cazuelas. El fuerte sabor combina especialmente bien con platos de caza. Necesita suelos ligeros y posiciones resguardadas a pleno sol; puede propagarse por división de la mata o por esquejes herbáceos que se toman en primavera, o si no, partir de semilla.

Salvia

Aunque actualmente relegada a la cocina, durante siglos fue una reputada planta medicinal, como indica su nombre latino *Salvia*. Es una hierba muy aromática, con un sabor acre; la salvia prefiere posiciones soleadas y protegidas de los vientos fríos. También necesita suelos fértiles y bien drenados. Todas, aparte de las formas comunes verdes, pueden multiplicarse mediante esquejes de brotes laterales en verano. Las formas verdes deben cultivarse a partir de semilla sembrada *in situ* a final de primavera. Se cosechan en otoño y las plantas deben renovarse cada tres o cuatro años o cuando se tornen leñosas. Aparte de las variedades comunes, existen formas decorativas, como las atractivas formas púrpuras o las formas variegadas.

Ajenjo

El ajenjo es una planta resistente, decorativa, de color gris, que crece hasta unos 90 cm; se cultiva principalmente por su follaje oloroso, que se usa en arreglos florales, ramos secos y ramilletes. Las hojas son tóxicas, por lo que no deben usarse como condimento, aunque resultan muy populares para aromatizar bebidas (absenta). El ajenjo es muy atractivo como margen de los arriates o de los caminos. También es adecuado para adornar rocallas, donde contrasta con las plantas reptantes o en cojín que forman estos jardines. Se propaga mediante esquejes herbáceos en verano.

Tomillo

El tomillo tiene un sabor fuerte, y se utiliza tanto como condimento como medicinalmente. Es la hierba ideal para complementar hortalizas como las zanahorias y las cebollas, y se puede usar para aromatizar estofados y sopas, o en platos de pescado o ternera. También puede usarse para hacer infusiones. Por si esto no es suficiente, sus hermosas flores diminutas y su fragancia también justifican su cultivo. El tomillo reptante, como sugiere su nombre, es perfecto para rocallas o para tapizar pequeñas áreas. Se mantiene siempre verde y puede cultivarse para formar impresionantes céspedes de color rosa durante muchos años. A esta versátil hierba le gusta estar a pleno sol y sobre suelos bien drenados. Puede multiplicarse por semilla en primavera, por división, por esquejes e incluso por acodo.

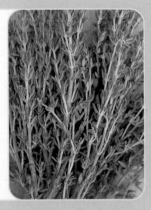

Ajedrea

Se trata de una mata enana resistente, con un fuerte sabor; es pariente cercana de la ajedrea de huerta (*Satureja hortensis*), que tiene un aroma más suave y puede recolectarse durante el verano. Las inflorescencias se deben pinzar cuando aparecen, pues las hojas pierden, tras la floración, rápidamente su gusto. La ajedrea de huerta debe sembrarse a mediados de primavera, en hileras separadas 30 cm, y las plantas se deben aclarar a 15 cm. La ajedrea se propaga por esquejes tomados en primavera o por división. Necesita una situación soleada sobre suelo ligero y rico.

Abrótano

El abrótano o abrótano macho posee un adorable follaje plumoso, de hojas de color verde plateado, y su aspecto es similar al del abrótano hembra. Las distintivas hojas tienen un agradable aroma dulzón limonado, y pueden utilizarse para ambientadores caseros; también constituyen un efectivo repelente de insectos y un antiséptico. Esta hierba es resistente y semi perennifolia, y como forma una mata compacta resulta excelente para márgenes bajos. El abrótano, como es una planta del sur de Europa, prefiere los lugares soleados. Produce grupos de pequeñas cabezuelas amarillentas a finales de verano. Se propaga mediante esquejes herbáceos, tomados en verano, y también por esquejes leñosos, tomados en otoño.

Flores comestibles

Es verdad, por desgracia, que en el pasado la dieta era, en muchos aspectos, mucho más diversa que la actual. Cierto es que no se tenía acceso a la amplia gama de frutas y hortalizas tropicales con las que hoy la gente está familiarizada –a menos que se viviera en grandes y cálidas casas, con un buen equipo de jardineros–. Sin embargo, se comían con frecuencia productos que ahora se rechazan porque «no son comida».

Las flores comestibles son un buen ejemplo de este síndrome. Hemos caído en la reducción de las clasificaciones estrictas: esto es para condimentar; esto es para decorar; y una larga lista de etcétera. Es una verdadera lástima, pues muchas plantas desafían estas clasificaciones. Aquí se presentan algunas de ellas.

Violetas

Las violetas de olor (*Viola odorata*) y las trinitarias (*Viola tricolor*) presentan flores menudas y delicadas, estrelladas, que dan un toque encantador a cualquier jardín y además tienen la virtud de ser comestibles. Tanto hojas como flores se pueden consumir crudas –la flor entera resulta muy decorativa en una ensalada y los pétalos son espectaculares con un risotto–. Además, las flores caramelizadas tradicionalmente se han utilizado para la decoración de pasteles.

Capuchinas

Posiblemente las flores comestibles mejor conocidas, ya que tanto flores como hojas de *Tropaeolum majus* se pueden comer crudas, igual que los capullos y las semillas inmaduras. Las capuchinas tienen un agradable gusto picante, y son muy atractivas en ensaladas y tortillas. Son mejores crudas, pues pierden mucho su sabor con la cocción. Esta flor es especialmente útil para aportar interesantes sabores a las ensaladas. Se deben cultivar en lugares soleados; se siembran de semilla *in situ* a 1 cm de profundidad. Los suelos pobres proporcionan mejores cosechas de flores que los suelos ricos, donde producen más hojas.

Caléndula

La caléndula, a veces llamada maravilla, tiene unos pétalos brillantes que llenan de vida cualquier plato. Simplemente hay que arrancarlos de las cabezuelas y espolvorearlos en crudo por encima de las cazuelas, los arroces, las pastas o las ensaladas; también se pueden usar cocinados en sopas o salsa blanca. Las semillas se siembran a principios de primavera u otoño. Una vez establecidas, se propagan solas.

Claveles

Los claveles (*Dianthus*) y las clavellinas (*Dianthus barbatus*) poseen preciosas y coloreadas flores en forma de pompón de gusto bastante picante que recuerda al clavo. Son muy buenos en infusión de aceite o vinagre, y también pueden caramelizarse para hacer atractivas decoraciones de pasteles y pudines.

Vellorita

La humilde flor de la vellorita o maya (*Bellis perennis*) tiene un aspecto tan alegre y tan pocas pretensiones que es bienvenida en cualquier jardín. Existe en muchos colores, siempre con hojas de color verde brillante, y anima incluso el más monótono arriate. Lo que ya no es tan conocido es que los pétalos son comestibles y se pueden utilizar para decorar pudines, mientras que las hojas pueden ser troceadas para las ensaladas.

Saúco

El licor de saúco ha sufrido un sorprendente resurgir de su popularidad. De ser una bebida anticuada, de repente ha devenido inmensamente conocida, tanto es así que los productores no logran obtener las suficientes flores de color blanco crema para producirla. Por suerte, los saúcos crecen en cualquier lugar. Sin embargo, se deben evitar las plantas que crecen en los márgenes de las carreteras, pues pueden estar contaminadas por los humos de los coches. Las flores del saúco también pueden usarse en infusiones, mientras que el fruto se puede preparar en mermeladas.

Rosa

La mayoría de la gente está familiarizada con los pétalos de rosa caramelizados usados como decoración en repostería, si bien los fragantes pétalos de rosa tienen muchos más usos. Pueden emplearse en mermeladas y jaleas, añadirse a sorbetes y a la miel, y en infusión en vinagre. El único inconveniente son los aguijones que adornan la planta y que pueden ser peligrosos en el momento de recolectar las flores.

Girasol

Capaces de provocar una sonrisa en cualquiera, el girasol (*Helianthus annuus*) tiene pétalos, semillas y yemas comestibles con un delicioso sabor a nueces. Los pétalos y las yemas pueden comerse en ensaladas, crudos, mientras que las semillas quedan bien crudas o tostadas, como aperitivo. Algunas cabezuelas se cuelgan del revés de los árboles cuando se marchitan para ofrecer un apetitoso bocado a los pájaros.

Flores de hortalizas y hierbas

No sólo el follaje de las hierbas es valioso en la cocina –muchas hierbas presentan preciosas flores que también son comestibles–. Igualmente muchas de las flores que dan gustosas hortalizas son deliciosas. Hay que arriesgarse: en vez de descartar las flores de las hierbas se les puede dar un uso. Y si se tiene un exceso de cualquiera de estas hortalizas se puede experimentar con las flores. Uno de los grandes placeres del cultivo de hortalizas, hierbas y flores comestibles estriba en ver cómo todas las partes de la planta se aprovechan una vez que la cosecha se ha llevado a la cocina.

CUIDADO

Nunca se deben usar las flores del margen de una carretera o las adquiridas a floristas, pues pueden estar contaminadas. Sólo se deben aprovechar las flores que se han cultivado a tal efecto. Se debe empezar comiendo pequeñas cantidades con el fin de asegurar que no producen ninguna alergia o reacción adversa.

Albahaca	Como las hojas, también las flores tienen un fantástico sabor dulce, casi picante. Pueden consumirse enteras, acompañan a la perfección los platos con tomate y constituyen unas buenas candidatas a las infusiones en aceites y vinagres. También se pueden utilizar cocinadas, con hortalizas mediterráneas asadas o en sopas.
Hisopo	El hisopo recuerda a la lavanda con sus tallos largos, leñosos y frecuentemente ornamentados con flores azules (aunque hay variedades de flores blancas, rosas y púrpuras). Tiene un sabor muy fuerte y las flores secas combinan bien con numerosos platos.
Bergamota	Esta hierba perenne tiene flores extremadamente decorativas de color rojo brillante o rosa, con pétalos largos y estrechos. Su aspecto es espectacular esparcidas sobre ensaladas, en infusión o cocinadas con el pescado, el arroz o la pasta. Su sabor es bastante fuerte y dulce.

Ruca	No hay que desesperar si la ruca se espiga, pues las flores también son comestibles. Como las hojas, tienen un intenso sabor picante, que también se presenta, con mayor intensidad, en los frutos inmaduros aún con flor. Se esparcen sobre las ensaladas o se utilizan en infusión en aceites o vinagres. Para un toque poco usual, se sirven mezcladas con la mantequilla para acompañar cualquier carne roja.
Borraja	Las flores azuladas de la borraja resultan espectaculares sobre las hojas verdes y oscuras de la espinaca en ensalada, y constituyen un ingrediente esencial de ciertas bebidas de verano. La borraja tiene un sabor refrescante, parecido al pepino.
Manzanilla	La infusión de manzanilla, producida a partir de las hojas y las flores de esta planta semejante a una margarita, se usa tradicionalmente para relajarse. Las cabezuelas de flores a veces se usan enteras en infusión; sin embargo, en general sólo se aprovechan los pétalos. Su sabor es muy fuerte, bastante amargo, por lo que a veces se endulzan con miel.

Achicoria	Las flores, con muchos pétalos, pueden ser de color azul, blanco o rosa, según la variedad. Los pétalos pueden comerse crudos en ensalada, junto con las hojas, mientras que los botones florales son excelentes en los encurtidos.
Perifollo dulce	Esta planta se parece a la cicutaria, con hojas de forma similar y cabezuelas poco densas de flores blancas. Estas pequeñas flores tienen un sabor anisado, y usualmente acompañan bien los platos salados de pescado y los dulces, como la macedonia.
Cebollino	Como en otros miembros de la familia del ajo, las flores son comestibles y tienen un sabor suave que recuerda, obviamente, a la cebolla. Combinan bien, sobre todo, con platos de pescado y de queso, y pueden usarse para condimentar diversos platos, desde las tortillas hasta la pasta.
Eneldo	Las delicadas flores, parecidas a un lacito, constituyen una hermosa guarnición de ensaladas y platos fríos, y dan un toque especial a los platos de pescado, así como a salsas y encurtidos.
Calabacín y calabaza	Las grandes flores brillantes, en forma de trompeta, son populares desde antiguo en la cocina mediterránea. Se cocinan y pueden consumirse en frío o en caliente. Son excelentes rellenas, a la manera de las hojas de parra, o rebozadas y fritas. Pueden usarse para dar color a los salteados, platos de pasta y tortillas. Las flores de los otros miembros de este grupo de plantas también se pueden usar.
Hinojo	Las brillantes flores amarillas del hinojo han sido usadas por los herbolarios para el tratamiento de problemas digestivos. La flores del hinojo tienen un sabor muy fuerte que complementa bien el pescado y los patés, y pueden utilizarse en infusión en aceite.

Lavanda	La lavanda, como el espliego, fue muy utilizada en la cocina, pero ha perdido buena parte de su popularidad con el tiempo, aunque mantiene su importancia en homeopatía. Es una lástima, pues el sabor de las flores de lavanda combina perfectamente con las carnes de pollo y cordero, y éstas pueden añadirse al pan y los helados, así como transformarse en gelatina.
Romero	El romero es una de las hierbas más populares; sin embargo, es más normal utilizar en la cocina el follaje que las flores. Estas últimas, aunque pequeñas, no deben desdeñarse, pues su sabor encantador complementa muchos asados y cazuelas, así como ensaladas, especialmente las de tomate.
Judías y guisantes	Las bellas flores de esta familia de plantas son una delicadeza que se disfruta mejor con ingredientes cuyo gusto no las enmascare. Se pueden probar en tortillas o huevos revueltos, o añadidas a la bechamel. También se pueden incluir en poca cantidad en risottos o ensaladas.
Familia de la cebolla	Las flores de los diversos miembros de esta familia son comestibles. Tienen un sabor similar, como a ajo o cebolla, que difiere en intensidad entre ellos. Las flores crudas se pueden utilizar en ensaladas o como aderezo de risottos y pescados; se pueden cocer y añadir a platos de verdura, patés y salsas. También acompañan bien a los huevos y las recetas de pasta con queso.
Tomillo	Las flores del tomillo tienen el mismo sabor que las hojas, por lo que se pueden usar de la misma manera, ya sea en rellenos o con hortalizas, o en infusión en aceites y vinagres. También se pueden condimentar tortillas, espolvoreándolas por encima.
Salsifí	Los tallos florales y los botones del salsifí y su pariente cercano, la escorzonera, tienen un delicado y atractivo sabor, mientras que los pétalos de las maravillosas flores pueden aprovecharse para decorar ensaladas y risottos.

Cebollino (*Allium schoenoprasum*)

Solución de problemas en hortalizas

Este cuadro de solución de problemas puede ayudar en el diagnóstico de los problemas más comunes de las hortalizas (para ayuda referente a frutas, *véase* pág. 162). Para usarlo, hay que empezar por la parte de la planta que parece la más afectada –hojas, tallos o raíces y tubérculos– y mediante las respuestas «sí» [✓] o «no» [X] a las sucesivas preguntas se llegará con facilidad a la posible causa. Los problemas específicos a ciertas hortalizas o grupos de hortalizas se ofrecen en la tabla de la página opuesta. Una vez identificada la causa, hay que buscar la entrada en el directorio de plagas para saber cómo tratar el problema.

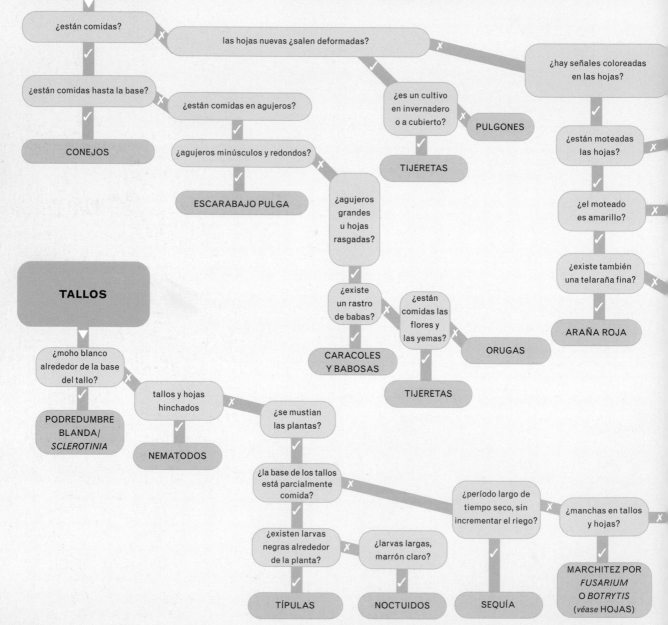

HOJAS

¿están comidas?

las hojas nuevas ¿salen deformadas?

¿hay señales coloreadas en las hojas?

¿están comidas hasta la base?

¿están comidas en agujeros?

¿es un cultivo en invernadero o a cubierto?

PULGONES

¿están moteadas las hojas?

CONEJOS

¿agujeros minúsculos y redondos?

TIJERETAS

¿el moteado es amarillo?

ESCARABAJO PULGA

¿agujeros grandes u hojas rasgadas?

¿existe también una telaraña fina?

¿existe un rastro de babas?

¿están comidas las flores y las yemas?

ARAÑA ROJA

TALLOS

CARACOLES Y BABOSAS

ORUGAS

TIJERETAS

¿moho blanco alrededor de la base del tallo?

tallos y hojas hinchados

¿se mustian las plantas?

PODREDUMBRE BLANDA/ *SCLEROTINIA*

NEMATODOS

¿la base de los tallos está parcialmente comida?

¿período largo de tiempo seco, sin incrementar el riego?

¿manchas en tallos y hojas?

¿existen larvas negras alrededor de la planta?

¿larvas largas, marrón claro?

MARCHITEZ POR *FUSARIUM* O *BOTRYTIS* (*véase* HOJAS)

TÍPULAS

NOCTUIDOS

SEQUÍA

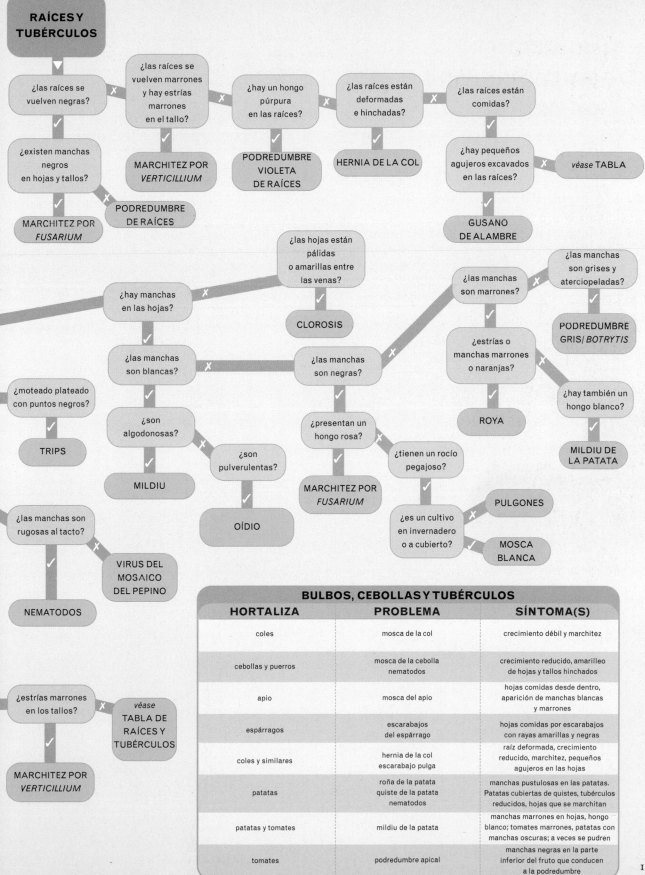

RAÍCES Y TUBÉRCULOS

¿las raíces se vuelven negras?

¿las raíces se vuelven marrones y hay estrías marrones en el tallo? ✗

¿hay un hongo púrpura en las raíces? ✗

¿las raíces están deformadas e hinchadas? ✗

¿las raíces están comidas? ✗

✓ ¿existen manchas negros en hojas y tallos?

✓ MARCHITEZ POR *VERTICILLIUM*

✓ PODREDUMBRE VIOLETA DE RAÍCES

✓ HERNIA DE LA COL

✓ ¿hay pequeños agujeros excavados en las raíces? ✗ *véase* TABLA

✓ MARCHITEZ POR *FUSARIUM* ✗ PODREDUMBRE DE RAÍCES

✓ GUSANO DE ALAMBRE

¿las hojas están pálidas o amarillas entre las venas?

✗ ¿hay manchas en las hojas?

✓ CLOROSIS

¿las manchas son marrones? ✗ ¿las manchas son grises y aterciopeladas?

✓ ✓ PODREDUMBRE GRIS / *BOTRYTIS*

¿las manchas son blancas? ✗ ¿las manchas son negras? ✗ ¿estrías o manchas marrones o naranjas?

¿moteado plateado con puntos negros?

✓ TRIPS

✓ ¿son algodonosas?

¿son pulverulentas?

✓ ¿presentan un hongo rosa?

¿tienen un rocío pegajoso?

✓ ROYA

¿hay también un hongo blanco?

✓ MILDIU DE LA PATATA

✓ MILDIU

✓ OÍDIO

✓ MARCHITEZ POR *FUSARIUM*

✓ ¿es un cultivo en invernadero o a cubierto? ✗ PULGONES

✗ MOSCA BLANCA

¿las manchas son rugosas al tacto? ✗ VIRUS DEL MOSAICO DEL PEPINO

✓ NEMATODOS

¿estrías marrones en los tallos? ✗ *véase* TABLA DE RAÍCES Y TUBÉRCULOS

✓ MARCHITEZ POR *VERTICILLIUM*

BULBOS, CEBOLLAS Y TUBÉRCULOS

HORTALIZA	PROBLEMA	SÍNTOMA(S)
coles	mosca de la col	crecimiento débil y marchitez
cebollas y puerros	mosca de la cebolla nematodos	crecimiento reducido, amarilleo de hojas y tallos hinchados
apio	mosca del apio	hojas comidas desde dentro, aparición de manchas blancas y marrones
espárragos	escarabajos del espárrago	hojas comidas por escarabajos con rayas amarillas y negras
coles y similares	hernia de la col escarabajo pulga	raíz deformada, crecimiento reducido, marchitez, pequeños agujeros en las hojas
patatas	roña de la patata quiste de la patata nematodos	manchas pustulosas en las patatas. Patatas cubiertas de quistes, tubérculos reducidos, hojas que se marchitan
patatas y tomates	mildiu de la patata	manchas marrones en hojas, hongo blanco; tomates marrones, patatas con manchas oscuras; a veces se pudren
tomates	podredumbre apical	manchas negras en la parte inferior del fruto que conducen a la podredumbre

Solución de problemas en frutas

Este cuadro de solución de problemas puede ayudar en el diagnóstico de los problemas más comunes en la fruta (para ayuda referente a hortalizas, *véase* pág. 160). Para su uso, se debe empezar en la parte de la planta que parece más afectada –hojas y tallos o flores y yemas–, y respondiendo «sí» [✓] o «no» [✗] de forma sucesiva a las preguntas se llegará rápidamente a la causa probable. Una vez identificada la causa, hay que consultar la entrada correspondiente en el directorio de plagas y enfermedades para saber cómo hay que tratar el problema.

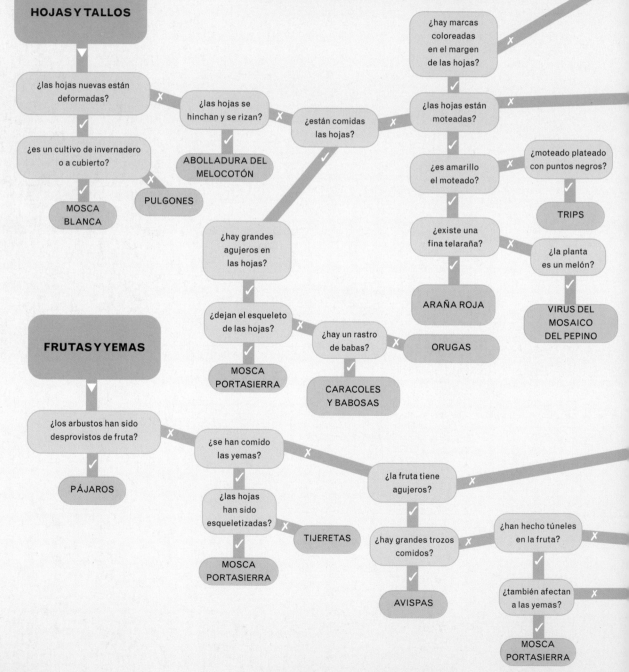

HOJAS Y TALLOS

¿las hojas nuevas están deformadas?

¿es un cultivo de invernadero o a cubierto?

MOSCA BLANCA

PULGONES

¿las hojas se hinchan y se rizan?

ABOLLADURA DEL MELOCOTÓN

¿están comidas las hojas?

¿hay marcas coloreadas en el margen de las hojas?

¿las hojas están moteadas?

¿es amarillo el moteado?

¿moteado plateado con puntos negros?

TRIPS

¿existe una fina telaraña?

ARAÑA ROJA

¿la planta es un melón?

VIRUS DEL MOSAICO DEL PEPINO

¿hay grandes agujeros en las hojas?

¿dejan el esqueleto de las hojas?

¿hay un rastro de babas?

ORUGAS

MOSCA PORTASIERRA

CARACOLES Y BABOSAS

FRUTAS Y YEMAS

¿los arbustos han sido desprovistos de fruta?

PÁJAROS

¿se han comido las yemas?

¿las hojas han sido esqueletizadas?

TIJERETAS

MOSCA PORTASIERRA

¿la fruta tiene agujeros?

¿hay grandes trozos comidos?

AVISPAS

¿han hecho túneles en la fruta?

¿también afectan a las yemas?

MOSCA PORTASIERRA

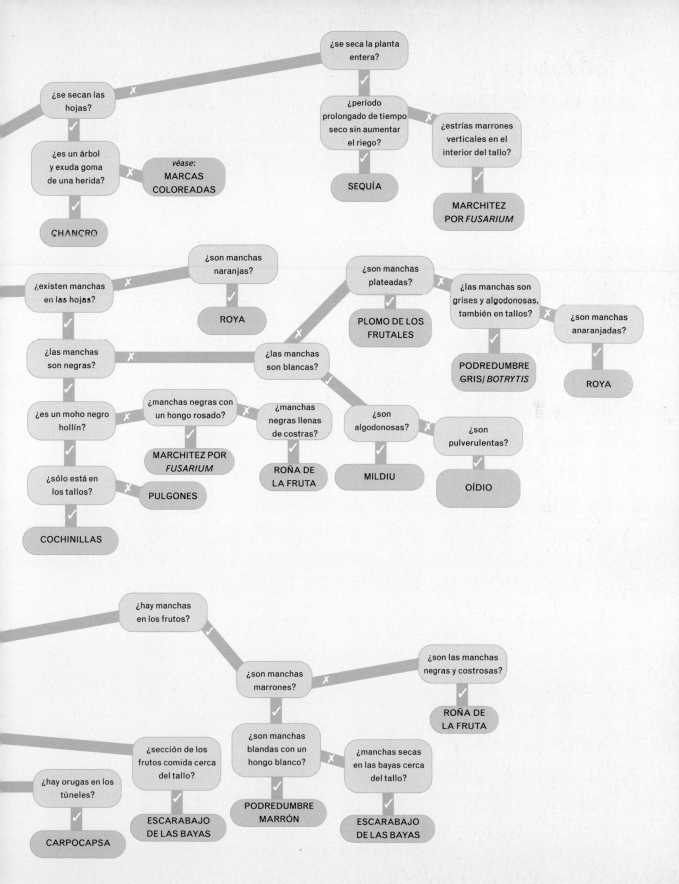

¿se seca la planta entera?

¿se secan las hojas?

¿período prolongado de tiempo seco sin aumentar el riego?

¿estrías marrones verticales en el interior del tallo?

¿es un árbol y exuda goma de una herida?

véase:
MARCAS COLOREADAS

SEQUÍA

MARCHITEZ POR *FUSARIUM*

CHANCRO

¿son manchas naranjas?

¿existen manchas en las hojas?

¿son manchas plateadas?

¿las manchas son grises y algodonosas, también en tallos?

¿son manchas anaranjadas?

ROYA

PLOMO DE LOS FRUTALES

¿las manchas son negras?

¿las manchas son blancas?

PODREDUMBRE GRIS/ *BOTRYTIS*

ROYA

¿es un moho negro hollín?

¿manchas negras con un hongo rosado?

¿manchas negras llenas de costras?

¿son algodonosas?

¿son pulverulentas?

MARCHITEZ POR *FUSARIUM*

ROÑA DE LA FRUTA

MILDIU

OÍDIO

¿sólo está en los tallos?

PULGONES

COCHINILLAS

¿hay manchas en los frutos?

¿son las manchas negras y costrosas?

¿son manchas marrones?

ROÑA DE LA FRUTA

¿sección de los frutos comida cerca del tallo?

¿son manchas blandas con un hongo blanco?

¿manchas secas en las bayas cerca del tallo?

¿hay orugas en los túneles?

ESCARABAJO DE LAS BAYAS

PODREDUMBRE MARRÓN

ESCARABAJO DE LAS BAYAS

CARPOCAPSA

Plagas y enfermedades

La mayoría de los frutos y las hortalizas sufrirán, en algún momento, un ataque de plagas y enfermedades. Existen muchas maneras de enfocar el problema de control de las plagas y las enfermedades, y no todos ellos implican el uso de un producto químico. Hay que recordar que más vale prevenir que curar, y con frecuencia se reducirán los problemas al mínimo. La mayoría de las enfermedades y plagas comunes de frutas y hortalizas se listan a continuación, seguidas de consejos sobre cómo tratarlas. Conviene mantenerse alerta con los pequeños animales y los pájaros.

Plagas de frutas y hortalizas

Pulgones

Entre las plagas más problemáticas. Debilitan las plantas al chupar sus jugos, con lo que hacen que el crecimiento sea deforme y se esparzan los virus. Además, se multiplican rápidamente. Viven en colonias bajo las hojas y alrededor de las partes jóvenes. La aparición de mascarones (mohos negros) es un indicador. Hay que expulsarlos lavándolos –en las habas hay que pinzar las puntas antes de que se desarrollen las colonias–. Un vellón ligero ofrece una buena protección tras la polinización. Los predadores naturales de los pulgones son las larvas de los sírfidos y las crisopas, y las mariquitas; se pueden colgar cajas de anidamiento de mariquitas. Si todo falla, habrá que recurrir a un insecticida.

Mosca blanca

La mosca blanca es una pariente de los pulgones que también provoca la aparición de mascarones por sus exudados dulces, pero sólo tienden a atacar a las plantas en los invernaderos. Hay que poner trampas pegajosas y aspirarlas. Si se las descubre en estadios iniciales, se puede introducir *Encarsia formosa*, una avispa parásita que pone los huevos en el interior de las larvas de mosca blanca entre mediados de primavera y mediados de otoño.

Babosas y caracoles

Ramonean rápidamente sobre el follaje y dejan grandes agujeros y rastros plateados de babas. Se deben buscar durante la noche, con una linterna, y se los mata en un cubo con agua salada. Los tarros llenos de cerveza y enterrados en el suelo hasta el cuello son una buena trampa: la cerveza los atrae y se ahogan en ella. No hay que usar cebos para babosas, pues entran en la cadena alimentaria: los pájaros pueden recoger los cadáveres para alimentar a los polluelos. Deben favorecerse los depredadores naturales, como ranas, erizos y tordos, o regar con nematodos para el control biológico.

Moscas de la col

Estos insectos afectan a todos los miembros del grupo de la col, así como a los rábanos. El daño lo causan unas pequeñas larvas blancas que excavan en las raíces, por lo que las plantas se marchitan y crecen poco. Se pueden evitar cubriendo con collares de unos 15 cm de diámetro alrededor de los tallos o cubriendo con vellón.

Mosca de la cebolla

La mosca de la cebolla ataca todos los tipos de cebolla y puerro, se come sus raíces y hace túneles hasta el bulbo, con lo que provoca un crecimiento pobre y amarilleo. Se puede prevenir mediante el establecimiento de una estricta rotación de cultivos y protegiendo las plántulas con vellón; también hay que destruir todas las plantas afectadas.

Mosca del apio

Las blancas larvas de la mosca del apio excavan en las hojas del apio, especialmente en primavera. Aparecen áreas blancas o marrones, que se decoloran o se manchan. Se controlan mediante la eliminación y destrucción de todas las hojas afectadas en cuanto se detecta el daño.

Trips

Los trips son diminutos insectos voladores que ponen sus huevos en las plantas de invernadero. Los adultos y las ninfas atacan el haz de las hojas, con lo que debilitan la planta y transmiten virus. Las hojas afectadas muestran un moteado plateado con puntos negros. Puesto que prosperan en condiciones cálidas y secas, el mejor remedio es empapar el invernadero y regar las plantas con regularidad, así como ventilar el invernadero. También hay pulverizadores disponibles.

Mosca de la zanahoria

Ponen sus huevos en las zanahorias, que las larvas comen creando túneles marrones. Para prevenir su ataque, hay que sembrarlas en verano; también se pueden cubrir con vellón o erigir una barrera vertical –una lámina de plástico de 1 m de altura alrededor de las zanahorias–. Hay que sembrarlas bien esparcidas y evitar el aclareo. Si se debe aclarar, hay que hacerlo a última hora de la tarde.

Araña roja

Estos ácaros atacan las plantas de invernadero. Las hojas presentan un moteado amarillento y, en estados avanzados, los ácaros cubren las puntas de las plantas con finas telarañas. Hay que pulverizar regularmente las plantas con agua y regar el invernadero en los días cálidos para detener el establecimiento de los ácaros. También es posible adquirir un ácaro depredador *Phytoseiulus persimilis*. Se debe que desinfectar el invernadero durante el invierno.

Tijeretas

Las tijeretas se comen las hojas, flores y yemas. La mejor manera de controlarlas consiste en eliminar todos los restos muertos de plantas y poner trampas. Se colocan macetas llenas de paja sobre unas cañas encima de la planta afectada. Las tijeretas treparán a las macetas durante el día, que pueden vaciarse cada la tarde.

Nematodos

Existen multitud de tipos de nematodos que atacan las raíces de diversas plantas, incluidas las patatas, los tomates, las cebollas y los puerros; provocan un moteado en las hojas y una hinchazón en los tallos. Es preciso sembrar variedades resistentes siempre que sea posible y establecer una estricta rotación de cultivos. Si las plantas se hallan afectadas, la única solución posible es quemarlas.

Milpiés

Los milpiés atacan los tubérculos y las plántulas, pero se puede evitar que devengan un problema serio con una buena higiene: así pues, hay que eliminar todos los restos muertos de vegetales. Si se cava el suelo alrededor de las plantas afectadas se encontrarán los milpiés, que se pueden atrapar y eliminar. Los ciempiés, sin embargo, no deben eliminarse, pues son los aliados del hortelano. Los ciempiés sólo tienen un par de patas por segmento, mientras que los milpiés tienen dos.

Orugas

Las orugas son muy destructivas, y a veces eliminan hojas enteras. Les gustan especialmente las hojas de las coles, coliflores y coles de Bruselas. Un método de control consiste en aplastar sus huevos o eliminar las larvas cuando aún son pequeñas. En infestaciones graves resulta efectivo un espolvoreo de derris.

Noctuidos o gusanos grises

Estas orugas son larvas de polillas que viven enterradas en el suelo y salen durante la noche para alimentarse de la base de las plantas, sobre todo lechugas. Los tallos afectados se ven parcialmente comidos, las plantas crecen poco y se marchitan. Se puede evitar la puesta de las polillas mediante una cubierta de vellón. Sin embargo, si ya están presentes, hay que buscarlas durante la noche o, en casos extremos, fumigar el suelo.

Típulas

Las larvas de las típulas provocan un daño similar al de los noctuidos, pero son más difíciles de controlar debido a que ponen los huevos durante el otoño anterior. Se comen las raíces y cortan los tallos a nivel del suelo, por lo que las plantas amarillean, se mustian y mueren. Al primer signo de daño, se debe cavar alrededor de las plantas afectadas para desenterrar las larvas, que deberían ser atacadas por los pájaros.

Escarabajo del espárrago

Son pequeños escarabajos con distintivas marcas negras y amarillas cuyas larvas se alimentan de las hojas de los espárragos y destruyen las plantas. Los daños se producen entre finales de primavera y principios de otoño. Se pueden prevenir con la escrupulosa eliminación de los restos muertos de espárragos y el control manual de los insectos. Si todo falla, se puede recurrir a un insecticida de contacto.

Gusanos de alambre

Estos gusanos son larvas de unos escarabajos que viven en el suelo y se alimentan de las raíces, excavan túneles y causan marchitez. Las patatas y las hortalizas de raíz son las más afectadas. Además de realizar pequeñas perforaciones en los cultivos subterráneos, los gusanos de alambre provocan la muerte de las plantas jóvenes. La eliminación de malas hierbas previene su aparición. Cuando se detecten daños, se debe intentar localizarlos y eliminarlos. Hay que arrancar los cultivos de raíces y tubérculos cuanto antes.

Carpocapsa

Las larvas de carpocapsa perforan las manzanas y peras en maduración, lo que las hace incomestibles en el momento de la cosecha; se pueden ver agujeros de salida en el extremo opuesto al rabillo u otras zonas de la fruta. Es posible evitar daños mediante la colocación de trampas de feromonas en los árboles desde finales de primavera hasta mediados de verano para atrapar a los machos, de manera que se evite la fecundación.

Cochinillas

Estos insectos atacan los tallos de manzanos, laureles, cerezos, cítricos, higueras, melocotoneros y enredaderas. No causan daños importantes, si bien retrasan el desarrollo de la planta y provocan la aparición de mascarones, pues exudan una excreción dulce y pegajosa, como los pulgones. Muchas especies de exterior eclosionan a mediados de verano, aunque en invernadero están presentes todo el año. Se pueden controlar pulverizando los árboles con un lavado con alquitrán en frío durante el invierno.

Mosca portasierra

Con esta denominación existen múltiples insectos cuyas larvas atacan las manzanas, ciruelas y uvas crespas, y las destruyen. La de la manzana también perfora los frutos inmaduros, que caen del árbol sin madurar. Se pueden ver indicios de su actividad en las manzanas en las cicatrices en forma de medallón de la piel. La única cura posible consiste en pulverizaciones de los árboles afectados, preferiblemente en el ocaso, para evitar daños a las abejas.

Escarabajo pulga

Éstos son unos minúsculos insectos negros que saltan cuando se los molesta y que comen pequeños círculos de las hojas de todo tipo de coles y similares. Para evitar que se conviertan en un problema hay que eliminar todos los restos de plantas, donde estos insectos hibernan, y proteger las plantas con vellón. Las siembras tempranas y tardías están libres de sus ataques. Un espolvoreo de derris también puede ayudar a controlarlos.

Enfermedades de frutos y hortalizas

Mildiu de la patata

Afecta a las patatas y los tomates de exterior, sobre todo en temporadas húmedas. Se identifica por unas manchas marrones en las hojas, las cuales acaban pudriéndose. Hay que prevenir su aparición mediante la siembra de variedades resistentes, y controlarlo con pulverizaciones en los estadios iniciales, y luego arrancar y quemar las plantas.

Roña

Existen varios tipos de roña. El de la patata se manifiesta en los tubérculos y es más problemática en los suelos ligeros. La elección de variedades resistentes, así como mantener una buena higiene del huerto –mediante la eliminación de todo el rastrojo en otoño–, es esencial.

Hernia de la col

Coles, coliflores, coles de Bruselas, nabos y colinabos son plantas propensas a esta enfermedad, que provoca deformidades en las raíces, marchitez y podredumbre. Está causada por las esporas que permanecen en el suelo en reposo, incluso durante un par de décadas, esperando un huésped adecuado. Hay que evitarla mediante un encalado del suelo y siguiendo una estricta rotación. Puesto que no existe curación, se deben eliminar y quemar todas las plantas afectadas.

Podre-dumbre apical

Afecta especialmente a los tomates, sobre todo a los cultivados en bolsas de cultivo o en macetas, pues este problema se debe normalmente a la falta de riego. El primer signo es la aparición de manchas negras en el ápice del fruto, que después se pudre. No puede curarse, sólo prevenirse mediante un riego y abonado correctos.

Podredumbre de raíces

Esta enfermedad afecta a judías, guisantes, tomates, pepinos y hortalizas cultivadas en recipientes. Es un hongo que provoca un ennegrecimiento de las raíces, la marchitez y la muerte de las plantas. Se debe prevenir su aparición mediante la rotación, el uso de compost esterilizado y el riego con agua de la red de abastecimiento. Hay que arrancar y quemar cualquier planta enferma, así como cavar y eliminar el suelo alrededor de las raíces, pues éste puede contener esporas.

Marras

Las marras de nascencia pueden afectar a cualquier plántula, que se colapsa y muere, y son provocadas por hongos en el suelo o el agua. Bandejas enteras de semillero pueden morir en pocos días. No hay curación, aunque se puede evitar mediante el uso de bandejas y compost estériles, así como con una siembra poco densa y una buena ventilación. Se considera que la siembra muy densa provoca una superpoblación y una iluminación inadecuada. Tampoco hay que excederse en el riego.

Fusarium

La marchitez por *Fusarium* puede afectar a muchas especies de hortalizas: ennegrece sus raíces y las mata lentamente. Los primeros síntomas son manchas negras en las hojas y los tallos, a veces cubiertas con un hongo rosado. Al primer síntoma de la enfermedad hay que eliminar y destruir las plantas afectadas para minimizar su expansión, así como eliminar el suelo circundante. No debe utilizarse para la pila del compost. Se deben limpiar todas las herramientas del huerto. Para prevenir su aparición conviene cultivar variedades resistentes. No hay curación química.

Verticillium

La marchitez provocada por este hongo afecta principalmente a plantas de invernadero, a las que mata en pocas temporadas. Al primer síntoma de la enfermedad –marcas marrones en los tallos y las raíces– hay que eliminar y destruir las plantas afectadas; en otros estadios de la enfermedad, el follaje se vuelve mustio y las hojas se pueden volver amarillas o marrones. También se debe retirar el suelo circundante, pues puede alojar al hongo, y limpiar las herramientas del huerto, especialmente tijeras y podadoras.

Mosaico del pepino

El virus del mosaico del pepino puede afectar a todas las cucurbitáceas. Lo transportan los pulgones y provoca un moteado amarillo en las hojas en forma de mosaico, y las plantas languidecen. La floración se reduce mucho o no se produce. No existe curación y las plantas deben destruirse. Hay que reducir el riesgo de infección mediante el control de los pulgones y el desherbado. La prevención incluye la eliminación de los pulgones en cuanto aparecen.

Mildiu

El mildiu aparece en forma de manchas blancas, algodonosas en el follaje, y, además de reducir el crecimiento, favorece otras infecciones. Afecta a todas las *Brassica*, lechugas, calabacines y cebollas, pero puede evitarse mediante el uso de variedades resistentes, la práctica de rotaciones, dejando un buen espacio entre plantas y asegurando un buen drenaje. Todo el material afectado debe ser retirado y quemado, y el riego se debe hacer desde la base de la planta para evitar esparcir la enfermedad. Si estas medidas fallan se puede utilizar un fungicida.

Oídio

Los oídios son diferentes tipos de hongos que atacan a gran diversidad de vegetales y que se reconocen por formar manchas de color blanco, polvorientas, sobre el follaje, que finalmente amarillea y cae. Las esporas se esparcen con el aire o con salpicaduras de agua; normalmente atacan a las plantas que crecen en lugares secos. Se pueden prevenir con un riego y un acolchado adecuados, y se controlan mediante la eliminación de todo el material afectado. Una aplicación de fungicida es útil cuando las otras medidas fallan.

Podredumbre gris

La podredumbre gris o *Botrytis* es un hongo que ataca una amplia gama de plantas (lechugas, pepinos, tomates), sobre todo las cultivadas en invernadero. Las plantas con heridas o cortes son especialmente vulnerables. Se presenta como un moho gris algodonoso y se esparce por el aire, las salpicaduras de agua o el contacto físico. Es muy resistente y puede permanecer en el suelo para reinfectar las plantas más tarde. Se debe evitar la dispersión mediante la eliminación de todos los restos vegetales y la recogida y la quema de todo el material afectado. Es preciso asegurar un buen espacio entre plantas para la aireación y, si todo falla, aplicar un fungicida.

Roya

Existen numerosas formas de royas que afectan a muchos tipos de plantas. Provocan manchas naranjas en los tallos y las hojas, que finalmente caen. La aparición de royas puede prevenirse mediante el uso de rotaciones estrictas y dejando un buen espacio entre plantas y entre ramas para que circule el aire. Si aparecen, se debe retirar todo el material afectado y quemarlo, incluso las hojas caídas en el suelo. Si estas medidas fallan, hay que recurrir a fungicidas.

Clorosis

Las clorosis es el amarilleo del follaje provocado por la falta de hierro, manganeso, nitrógeno o magnesio. También puede ser causado por el anegamiento del suelo, temperaturas bajas o contaminación por herbicidas. Afecta, básicamente, a las plantas que gustan de suelos ácidos, y puede prevenirse controlando que el suelo sea bastante ácido y, si es necesario, con la aplicación de un acolchado ácido.

Podredumbre violeta

La podredumbre violeta o mal vinoso es una enfermedad muy parecida a la podredumbre de raíces (*véase* pág. 167) y afecta a los espárragos, la remolacha, las zanahorias y los nabos. El hongo provoca amarilleo y marchitez de las hojas, mientras un hongo violáceo cubre las raíces. Se previene con la rotación de cultivos; para controlar un brote hay que retirar todas las plantas infectadas, así como el suelo de alrededor, y destruirlas.

Abolladura

La abolladura es un hongo que ataca a nectarinos y melocotoneros, y provoca que las hojas se arruguen, se tornen rojas y finalmente caigan. Las hojas enfermas son reemplazadas por hojas nuevas y sanas. Pero si un árbol sufre ataques repetidos al final acaba muriendo. La prevención es mejor que la cura: para prevenir la infección hay que proteger los árboles que crezcan junto a una pared con una cubierta de plástico. Deben recogerse y eliminarse todas las hojas enfermas.

Plomo de los frutales

Esta enfermedad afecta, sobre todo, a melocotones, cerezas y ciruelas, y es una enfermedad grave que puede matar el árbol. Se dispersa mediante esporas que penetran en la madera dañada. Puede reconocerse por las marcas de color plateado o plomizo que aparecen en las hojas. Se controla mediante la eliminación y la quema de todo el material afectado, además de unos 30 cm de la madera sana que lo rodee. Se puede prevenir con la poda en verano y la protección de las heridas de la poda.

Podredumbre blanda/*Sclerotinia*

Se trata de una especie de moho blanco que crece en la base de los tallos de hortalizas tales como alcachofas, apios, zanahorias y nabos. La mayoría de los tejidos aéreos pueden resultar afectados: se vuelven marrones y mucosos a medida que se pudren. Debe prevenirse con un plan de rotaciones estrictas y, puesto que no existe cura, es preciso retirar las plantas afectadas y quemarlas.

Virus del mosaico

El virus del mosaico afecta a lechugas, judías y patatas; tiene un aspecto similar al del virus del mosaico del pepino (*véase* pág. 168), aunque se dispersa a través de las semillas, no de los pulgones. No existe remedio, excepto la quema de todo el material afectado. Siempre hay que usar un nuevo lugar para el cultivo escalonado. Deben cultivarse variedades resistentes siempre que sea posible.

Chancro

El chancro es provocado por una bacteria que ataca manzanos, cerezos y ciruelos; penetra en el árbol a través de cortes o heridas y provoca que hojas y flores se sequen. El tallo también se deteriora. El primer síntoma del chancro es una goma dorada que rezuma de la herida. Hay que cortar y quemar inmediatamente todas las ramas afectadas y tratar las heridas con un cicatrizante. Se puede pulverizar el follaje con un fungicida basado en cobre a finales de verano o principios de otoño.

Calendario del hortelano

Este calendario proporciona de un vistazo una guía de las tareas que se deben realizar a lo largo del año, y resulta útil para una planificación anticipada. Sin embargo, sólo es una guía; así pues, no debe considerarse la Biblia del hortelano. Las condiciones autóctonas deben tenerse en cuenta, ya que la primavera puede llegar mucho más pronto y el invierno puede resultar mucho más severo. Las condiciones de la temporada también varían enormemente entre años. Este calendario sirve como referencia rápida, pero hay que mantenerse atento al pronóstico del tiempo.

Invierno

Cavado completo, abonado y preparación del suelo. Inspeccionar con regularidad la fruta almacenada, retirar las que parezcan deterioradas. Época para forzar el ruibarbo y las endibias.

	Inicio	Mediados	Final
Hortalizas	Cavar los arriates para abrir el suelo a fin de preparar la siembra de las siguientes semanas. Dejar los terrones grandes en la superficie para que los rompan las heladas.	Plantar el ruibarbo y cubrirlo con estiércol para protegerlo. Sembrar los guisantes y las escalonias en áreas protegidas. Siembra de las coles de Bruselas tempranas y las habas.	Continuar la siembra de habas tempranas y los guisantes en zonas resguardadas, así como la de escalonias. Grillar tubérculos de patata temprana. Sembrar zanahorias en cajoneras cubiertas.
Hierbas	Proteger el laurel, el romero y la mejorana de los fríos extremos envolviéndolos con una protección suave como el vellón de horticultura.	Época para la planificación de la siembra y la adquisición de las semillas.	Sembrar perejil durante los períodos secos. Propagar la menta a partir de los estolones.
Árboles frutales	Continuar la plantación y la poda. Realizar un lavado con aceite de petróleo de los árboles jóvenes. Cortar la guía principal de los manzanos, perales y cerezos nuevos.	Plantar los árboles a raíz desnuda si el suelo no está helado. Poda de los árboles establecidos. Abonar con un fertilizante rico en nitrógeno si es necesario, sobre todo los árboles y arbustos que crezcan en el césped. Comprobar tutores y sujeciones.	Continuar la plantación y la poda, si el tiempo lo permite.
Pequeños frutos	Recortar los plantones de las zarzas, los groselleros, los frambuesos y las uvas crespas nuevas.	Volver a poner los alambres de sujeción si es necesario. Poda de las uvas crespas y los groselleros nuevos cortando las guías principales a dos tercios del suelo.	Los frambuesos, las zarzas y los híbridos deben cortarse a 30 cm del suelo.
Hortalizas de temporada	Remolacha de mesa, acelga, coles de Bruselas, col, zanahoria, endibia, aguaturma, puerro, cebolla, chirivía, salsifí, escorzonera, espinaca, rábanos de invierno, nabo.	Coles de Bruselas, col, zanahoria, endibia, aguaturma, puerro, cebolla, chirivía, salsifí, escorzonera, rábanos de invierno y colinabo.	Coles de Bruselas, col, zanahoria, endibia, aguaturma, puerro, cebolla, chirivía, salsifí, escorzonera, colinabo, nabo y rábanos de invierno.

Primavera

Hay que regar en los períodos secos y después de plantar. Escardar entre el cultivo cada semana para mantenerlo sin malas hierbas. Aplicar un grueso acolchado alrededor de las plantas, los arbustos y los árboles para mantener la humedad y eliminar las malas hierbas.

	Inicio	Mediados	Final
Hortalizas	Acabar la siembra de escalonias y cebollas de cultivo principal. Plantar espárragos, aguaturmas, col rábano y patatas tempranas. Sembrar las espinacas de verano, cebollas de ensalada, rábanos, coles de Bruselas, chirivías, coles tardías de verano. Sembrar las zanahorias en cajón cubierto. Algunas lechugas pueden sembrarse en el exterior.	Siembra de hortalizas orientales (Pak Choi, Mizuna, col china), espinacas y mostaza. También se siembran remolacha, bróculi, zanahorias de cultivo principal, lechugas, coles de invierno. Sembrar las judías pintas a cubierto. Plantar las alcachofas y las aguaturmas, coles tardías de verano y cebollas.	Siembra de remolachas, bróculi, judías pintas, enanas y verdes, rábanos, espinaca, acelga, escorzonera, salsifí y maíz dulce. Siembra de judías pintas a cubierto. Continuar la siembra de hortalizas orientales, lechuga, espinaca de verano, etc. Preparar los arriates para los tomates de exterior, calabacines y calabazas.
Hierbas	Con el suelo caliente se siembran perifollo, cebollinos, eneldo, mejorana, perejil y acedera. Se siembra la albahaca a cubierto abundantemente, pues se necesita mucha hierba fresca para obtener una pequeña cantidad de hierbas secas. Algunas hierbas como la acedera, la bergamota y los cebollinos pueden dividirse.	Siembra del eneldo, hinojo, hisopo, mejorana, ruda, tomillo y más perejil. Continuar la siembra de la albahaca a cubierto. Plantar lavanda y romero.	Continuar la siembra de perifollo, eneldo, hinojo, hisopo y perejil. Trasplantar la albahaca al exterior; también se puede sembrar más en el exterior. Hacer esquejes de mejorana, romero, salvia y tomillo.
Árboles frutales	Finalizar la siembra y la poda. Realizar una enmienda superficial de los árboles nuevos con estiércol maduro o compost. Abonar los árboles plantados en el césped. Pulverizar manzanos, cerezos, melocotoneros, perales, ciruelos y nectarinos.	Cuando los árboles empiecen a florecer, vigilar la aparición de enfermedades y plagas. Proteger los árboles que crezcan junto a una pared con un vellón. Acolchar los árboles nuevos. Pulverizar manzanos, perales, cerezos, melocotoneros, nectarinos y ciruelos.	Abonar manzanos, perales, cerezos, melocotoneros, nectarinos y ciruelos. Empezar el aclareo de frutos en los árboles cultivados contra las paredes. Pulverizar manzanos, perales, cerezos, melocotoneros, nectarinos y ciruelos. Eliminar los chupones.
Pequeños frutos	Plantar las fresas y los frambuesos. Emparrar las zarzas y las zarzas de Logan. Abonar los arbustos establecidos.	Proteger la flor de los pequeños frutos de las heladas (con un vellón de horticultura ligero). Pulverizar las grosellas negras y las fresas. Eliminar las flores de los turiones que florecieron en otoño.	Abonar las zarzas, zarzas de Logan, uvas crespas, frambuesas y grosellas. Pulverizar las grosellas, uvas crespas y fresas, y acolchar las frambuesas, y eliminar el exceso de turiones. Esparcir paja para proteger las plantas de fresas.
Hortalizas y frutas de temporada	Coles de Bruselas, zanahoria, aguaturma, puerro, bróculi, rábanos y espinaca.	Espárragos, bróculi, lechuga y rábanos.	Espárragos, habas, col de primavera, col rábano, puerro, lechuga, rábano, cebolla de ensalada y espinaca de verano.

Verano

Regar durante los períodos secos y después de la siembra. Escardar cada semana entre los cultivos para mantener las malas hierbas bajo control. Aplicar un acolchado abundante alrededor de las hortalizas, arbustos y árboles para conservar la humedad y eliminar las malas hierbas. Empieza la siembra en serio.

	Inicio	Mediados	Final
Hortalizas	Sembrar judías verdes enanas, endibia, calabacín, lechuga, guisantes, rábanos, espinacas, rucas y colinabos. Trasplantar bróculi, coles de Bruselas, apio, endibia, puerro, calabacines, tomates, coles savoy y de invierno. Aporcar las patatas. Regar en los períodos secos (especialmente hortalizas de ensalada).	Sembrar colinabos, rábanos de invierno, nabos. Continuar la siembra de hortalizas de ensalada, acelga y espinaca, remolacha y zanahoria. Acabar el trasplante de puerros, coles de Bruselas, coles de invierno y bróculi de primavera. Eliminar los brotes laterales de las tomateras, excepto de las matas bajas (y en éstas poner paja alrededor de los frutos).	Sembrar coles de Bruselas, coles de primavera. Continuar la siembra de lechuga.
Hierbas	Continuar la siembra de eneldo y perifollo. Continuar la toma de esquejes de salvia y romero. Empezar la recolección de hierbas. Acolchar y descabezar en caso de ser necesario.	Continuar la siembra de perifollo, eneldo y perejil. Cosechar justo antes de que las hierbas estén en plena floración. Secar en un armario secador y congelar.	Continuar la cosecha y la congelación o el secado. Sacar esquejes de hierbas leñosas como laurel, menta, romero, ruda y salvia, y recortarlos.
Árboles frutales	Vigilar las plagas o enfermedades. Entresacar el fruto si es abundante para asegurar un buen tamaño de los frutos. Regar y acochar perales y manzanos. Sujetar los brotes de melocotoneros y nectarinos que crezcan junto a una pared. Enmallar ciruelos y cerezos para protegerlos.	Realizar la poda de verano para reducir el crecimiento. Dar soporte a las ramas de manzanos, perales y ciruelos sobrecargados de fruta. Acabar el aclareo de manzanas y peras. Enmallar los frutales y estar atento a los daños de avispas y tijeretas en los melocotones.	Continuar la poda de verano en los árboles en los que se pretenda limitar el crecimiento. Dar soporte a las ramas de ciruelos sobrecargados de fruto. Recolectar las manzanas y peras tempranas.
Pequeños frutos	Buscar signos de plagas y enfermedades. Cosechar las fresas. Regar y acolchar las grosellas negras. Atar los tallos de las zarzas. Realizar la poda de verano de uvas crespas y enredaderas. Enmallar las grosellas rojas, frambuesas y fresas para protegerlas de los pájaros. Acodar los estolones de fresa.	Cosechar la fruta a medida que madure. Atar los tallos nuevos de las zarzas. Cortar los turiones viejos después de la cosecha de frambuesa. Podar los groselleros negros después de la cosecha. Eliminar las plantas de fresa que hayan dado tres cosechas. Continuar la poda de verano de enredaderas.	Separar y trasplantar los estolones enraizados de fresa. Enmallar para proteger de los pájaros, especialmente las frambuesas tempranas de otoño. Cosechar las zarzamoras de Logan, eliminar los tallos que hayan fructificado y atar los tallos nuevos.
Hortalizas y frutas de temporada	Espárragos, habas, bróculi, acelga, lechuga, hortalizas orientales, guisantes, patatas, cebollas de ensalada, col de primavera, rábanos, espinaca de verano. Fruta de temporada: uvas crespas, fresas.	Remolacha de mesa, zanahorias, calabacines, pepino, alcachofa, col rábano, lechuga, judías pintas, escalonias y calabazas. Fruta de temporada: grosella negra, cerezas, frambuesas y grosellas rojas.	Apio, acelga, pepino, escalonia, maíz dulce, judías verdes enanas, cebollas, hortalizas orientales, rábanos y tirabeques. Fruta de temporada: manzana, zarzamora, grosellas blancas, rojas y negras, peras.

Otoño

Cosechar y almacenar o conservar los cultivos inmediatamente. Limpiar y estercolar el suelo después de la cosecha. Plantar árboles nuevos y empezar la poda de invierno de los árboles ya establecidos.

	Inicio	Mediados	Final
Hortalizas	Continuar la cosecha y eliminar los restos de los cultivos ya cosechados, por ejemplo, plantas de calabazas y guisantes. Sembrar a cubierto las zanahorias y las lechugas de invierno. Aporcar y tutorar las brásicas.	Continuar la cosecha y limpieza de los cultivos ya cosechados, como los calabacines y los guisantes. Plantar ajos y trasplantar las coles de primavera, las lechugas de invierno y primavera. Forzar el ruibarbo. Sembrar guisantes y habas a cubierto. Proteger las plantas en caso de que sea necesario.	Sembrar habas, guisantes y lechugas de invierno a cubierto.
Hierbas	Sembrar perejil y perifollo. Tomar esquejes de laurel y ruda, y mantenerlos a cubierto.	Continuar la toma de esquejes de laurel y ruda. Dividir los cebollinos y la menta.	Entresacar los cebollinos, el eneldo, el hinojo y el perejil. Proteger el perejil y el perifollo sembrados a principios de otoño (campanas o similar).
Árboles frutales	Continuar la cosecha. Acabar la poda de verano.	Continuar la cosecha. Preparar el suelo para nuevos árboles (si se plantan en el lugar de árboles viejos, hay que esterilizar el suelo primero). Poner bandas de grasa alrededor de manzanos y cerezos para atrapar las polillas de invierno.	Preparar el suelo, plantar los árboles nuevos y podarlos una vez plantados. Comenzar la poda de invierno de los árboles ya establecidos.
Pequeños frutos	Cosechar el fruto de otoño temprano de frambuesos y zarzas y retirar todo el crecimiento viejo antes de atar los turiones nuevos. Plantar fresas a cubierto.	Continuar la cosecha (por ejemplo, fresas de otoño). Eliminar los turiones que hayan fructificado y atar los tallos nuevos. Tomar esquejes de uva crespa.	Empezar la siembra de nuevos arbustos. Dividir los chupones de frambueso y sembrar las fresas silvestres.
Hortalizas y frutas de temporada	Remolacha de mesa, col, zanahorias, coliflor, apio, acelga, pepino, judías verdes, alcachofas, lechuga, calabacín, hortalizas orientales, guisantes, cebollas, rábanos, judías pintas, maíz dulce, escalonias y tomates. Fruta de temporada: manzana, albaricoques, zarzamoras, grosellas negras, cerezas, uva crespa, melocotones, peras, ciruelas y frambuesas.	Judías verdes, coles de Bruselas, col, zanahoria, apios, hortalizas orientales, guisantes y tirabeques, patatas, rábanos, judías pintas, escalonias, espinacas, maíz dulce, tomates y nabos. Frutas de temporada: manzanas, uvas, melocotones, peras, ciruelos, fresas.	Remolacha de mesa, col, zanahoria, acelga, endibia, aguaturma, calabacín, salsifí, escorzonera, colinabo, maíz dulce, chirivía y rábanos.

Índice de plantas

Índice general

Agradecimientos

Agradecimientos del autor:
este libro está dedicado a Isabel, Antonia y Cicely.

La mayoría de las fotografías de este libro son de Tim Sandall. Otras tantas han sido amablemente proporcionadas por S.E. Marshall & Co Ltd, y una fotografía por John Fetwell/Garden Matters (pág. 117).

Los editores agradecen a Coolings Nurseries por su colaboración y ayuda con las fotografías de este libro, así como por el préstamo de las herramientas y buena parte del equipo específico. Estamos especialmente agradecidos a: Sandra Gratwick, Garry Norris, Ian Hazon y Brian Archibald. Coolings Nurseries Ltd., Rushmore Hill, Knockholt, Kent, TN14 7NN. Tel.: 00 44 1959 532269; correo electrónico: coolings@coolings.co.uk; página web: www.coolings.co.uk